教養としての
グローバル経済

新しい時代を生き抜く力を培うために

FRESH AND FRIENDLY GUIDANCE ON THE GLOBAL ECONOMY

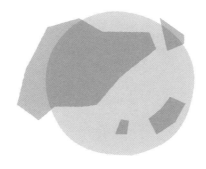

齊藤 誠

有斐閣

16 歳から 18 歳の読者のために

　この教科書は，中学校を終えた若者に対して，経済のグローバル化という現象を，やさしく，丁寧に，そして，深く講義していくものである。

　経済のグローバル化とは，非常に乱暴にまとめてしまうと，ヒト，モノ，カネ，情報が国境を越えて活発に行き来をし，地球規模の経済活動が生まれるという経済現象である。もちろん，本書を読み始める前の読者には，グローバル経済について前提知識を持っている必要などまったくない。むしろ，若者には，経済のグローバル化に関してなまかじりの知識で，ときに，もろ手をあげてグローバル経済を称賛したり，ときに，こぶしを振り上げてグローバル経済を非難したりすることに，大切な時間を割かないでほしいと強く願っている。

　経済のグローバル化を正しく理解していくのが非常に難しいのは，人間が営む社会において，ヒト，モノ，カネ，情報は，やすやすと国境を越えることができないからである。そうした国境の障害にもかかわらず，ヒト，モノ，カネ，情報が国境を越えるためには，ややこしい仕組みやルールが必要になってくる。それらの複雑な仕組みやルールを理解していくためには，私たちの経済社会がどのようなメカニズムで動いているのかを正確に理解しなければならない。そこで，この教科書では，経済の仕組みを勉強する経済学の講義から始めていきたい。そして，一歩一歩，教科書を読み進めていくと，経済のグローバル化のメカニズムについても，手に取るように理解できるような手はずになっている。さらに，読者の方々も非常に難しい対応を迫られているであろう新型コロナウイルスの大流行も，経済のグローバル化を通じて考えることができるような教材を提供していく。

　とりわけ，力を込めて書いたのは，グローバル化していく私たちの社会が岐路に立たされているという点である。「価格の安さ」だけを勝ち負けの基準にしてひたすら競っていると（第 2 章では，「単純な競争」と呼んでいる），世界全体が「勝ち組」と「負け組」にきっぱりと分かれるよう

な格差拡大に突き進んでしまう。一方，さまざまな評価基準でお互いに切磋琢磨していくと（第2章では，「多様な競争」と呼んでいる），経済のグローバル化がもたらす豊かさを分かち合うことができる。豊かさを分かち合うような国際社会を築いていくには，社会で懸命に生きている1人1人が多様な価値を受け入れていく姿勢がぜひとも必要になってくる。このように書いてくると，「何だか難しそう……」と思われかねないのでこの辺でやめるが，本書を読み終わったら，もう一度，「はじめに」に戻ってきてほしい。私がこの段落でいおうとしていることがきっと理解できると思う。

　最終的には，この教科書を読み進めることが，グローバル化が進行していく私たちの経済社会において，1人1人が生き抜いていくための力を培う一助になればと思っている。

　非常に長い道のりであるが，道中をできるかぎり楽しんでほしい。

2020年11月29日

齊藤　誠

18 歳以上の読者のために

この教科書は，商業高校向けの社会科科目として新たに設けられる「グローバル経済」の教科書の学習指導要領にそって作成したものである。文部科学省が作成した「グローバル経済」の学習指導要領の解説はとてもよくできていて，新しい社会科教科書の誕生を予感させるようなところがあった。こんなすばらしい学習指導要領にそって，16 歳から 18 歳の若者に向けて新しい社会科の教科書を作ってみたかったというのが，本書を著すことになった正直な思いであった。

しかし，もう 1 つ，大切な理由があった。2020 年初めから世界中で新型コロナウイルスの流行が起きていたが，日本の内外で「コロナ禍が経済のグローバル化の息の根を止めてしまう」という議論が盛んに展開されていた。しかし，多くの場合，そうした議論はとても稚拙なのに，やたらと難しすぎて，前途有為な 16 歳から 18 歳の若者に自信をもって語れるような代物ではなかった。そこで，この機会に，コロナ禍と経済のグローバル化について，高校生たちの前でも，自信をもって語れるような，平易であるが，深みのある書物を書いてみたいと思ったのである。

私たちの社会を襲ったコロナ禍は，グローバル化する経済が多様な人々によって支えられている事実を浮き彫りにした。たとえば，レタスなどの高原野菜を栽培する農家は，コロナ禍で途端に人手不足に陥った（第 5 章）。2020 年春までに技能実習生として入国し野菜栽培に従事するはずであった外国人労働者が，新型コロナウイルスの流行のために入国できなかったからである。一方では，日本に滞在をしていた外国人労働者は，居住環境が劣悪であるところに感染予防の情報から隔絶されて，高い感染リスクにさらされた。外国人労働者は，私たちの社会の大切なステークホルダー（第 4 章で詳しく説明しているが，利害関係者の意味）である。グローバル化する経済であるからこそ，さまざまな立場にある人々を大切にし，多様な価値観を尊重する必要があることを，若い人に向けて語ってみたかった。

そんなとりとめもないアイディアを，これまで何度も仕事をしてきた有斐閣の渡部一樹さんに相談をしたら，学習指導要領が求める章立てに「コロナ禍と経済のグローバル化」について新たな章を加えることで，出版を進めることになった。本当にありがたいことであった。

　2020年4月から毎日，就寝前の2時間を執筆に充てる作業は，とても充実していて楽しかった。執筆作業は，非常に順調に進んだ。6月には，9割方の原稿がそろった。しかし，コロナ禍と経済のグローバル化の関わりについて筆を進めるためには，11月ごろまでに公表される各国の統計データを待つ必要があったことから，すべての原稿を有斐閣の方に渡すことができたのは，12月に入ってからであった。

　この教科書は，第1章から第4章までは，章や節のタイトルも，それぞれの内容も，「グローバル経済」の学習指導要領に忠実に従っている。第5章の「コロナ禍と経済のグローバル化」だけは，学習指導要領とは独立に書き下ろしたものであるが，当然ながら，第1章から第4章の議論を踏まえたものとなっている。国語，英語，数学などの高校の学習指導要領はしばしば問題視されるが，こと「グローバル経済」の学習指導要領は，これに忠実になれば，すばらしい教科書ができること間違いなしという内容である。

　この10年ぐらい，高校に出向いて講義をする機会が多くなった。社会科関係の先生方からお話を聞くと，あまりに忙しすぎて，現代社会に直結した教材を準備する時間がまったくないのが実情のようである。

　そういう意味では，先進的な学習指導要領にさらに新しい時代の息吹を吹き込みつつ，グローバル化が進行する現代社会の新鮮な空気を思い切り呼吸しているような社会科教科書を出版するということになにがしかの意味があるのかもしれない。

　そんな新しい教科書には，検定という古めかしい枠組みは似つかわしくないのかもしれない。素直に，新しい葡萄酒には，新しい革袋こそふさわしいと考えることにしたい。

2020年12月4日

齊藤　誠

目次

CONTENTS

CHAPTER 3 グローバル化の動向・課題 101

CHAPTER 1

経済のグローバル化と日本

—— No. 1-1-1 ——

経済のグローバル化とは？

→ POINT 国境を越えるヒト，モノ，カネ，そして，
情報の行き来を経済のグローバル化という視点から考えてみよう。

グローバル化と国際化

「経済のグローバル化」と「経済の国際化」は，しばしば同じ意味のように解釈されている。ときには，「国際化」が「グローバル化」の訳語のように考えられてさえいる。しかし，英語で見ると，「グローバルな」を意味する形容詞は global ❶ であり，「国際的な」を意味する形容詞は international となっていて，ずいぶんと違う感じがしてくる。

最も大きく違う点は，国と国の境（さかい），すなわち，国境をめぐるイメージであろう。まず，international は，接頭語の inter が「間（あいだ）の」を意味する前置詞の between を表すラテン語なので，「nation（国）と nation（国）の間」を意味していて，国境がきっちりとイメージされている。一方，global は，そもそも「地球規模の」という意味であって，地球の表面から国境をいっさい消し去って，全世界にわたって広大な地域が広がっているイメージが強い。

こうして見てくると，「経済の国際化」という場合，国境がしっかりと意識されながらも，国と国の経済的な関係が活発になることを意味する。一方，「経済のグローバル化」という場合，国境を越えた経済活動が活発になって，あたかも地球全体が1つの広大な経済圏であるかのようになることを意味している。

したがって，この教科書のタイトルにある「グローバル経済」は，「地球規模で展開されている経済」ということになる。

国境を越えていくヒト，モノ，カネ，そして，情報

「あたかも国境がなくなってしまい，経済活動が地球規模で展開されている

● 「塀」の低い国境，「塀」の高い国境

かのよう」といっても，なんのことだかあまりピンとこないであろう。経済活動とは，おおざっぱにいうと，**ヒト**（人），**モノ**（物），**カネ**（金）❷，情報をやり取りすることなので，地球規模の経済活動とは，ヒト，モノ，カネ，情報が地球上を駆け巡っていることになる。

　ここで，国と国の境に「塀」が設けられているとしよう。その「塀」が高いと，ヒト，モノ，カネ，情報が国境の「塀」を越えるときに，さまざまな手続きを経なければならない。ヒトの場合，外国への入国に際してはパスポートやビザを示して，**入国審査**❸を受ける必要がある。モノの場合，外国に輸出すると，輸入国でモノが検査され，**関税**❸と呼ばれる税金がかけられる。カネを海外に送る場合も，不正な取引で得たカネでないかを厳しく吟味される。情報についても，国家機密や企業秘密が海外に漏れてしまうことが強く警戒される。国際化した経済とは，国境の高い「塀」があるにもかかわらず，ヒト，モノ，カネ，情報が活発に行き交っている状態といえる。

　一方，「完全に」グローバル化した経済とは，国境の「塀」がまったくなく，ヒト，モノ，カネ，情報が，自由に国境を越えて行き来している状態を指している。ヒトは，パスポートやビザを持たずに国境を越えることができ，輸入されたモノには，いっさいの関税がかからない。カネも自由に海外に送ることができる。すべての情報を海外に持ち出したり，国内に持ち込んだりすることができる。たとえていうならば，世界中の「国境」が，あたかも国内にある「県境」になったかのようである。今の日本でも，ヒト，モノ，カネ，情報は，たとえば，愛知県と岐阜県の間で自由に行き来することができる。

封建社会と近代社会

　鎌倉時代から江戸時代までの封建社会と，明治以降の近代社会では，国境の意味合いがだいぶ異なっている。

　近代社会では，一国の領土が定められ，まさにその領土と他国の領土が接するところが国境ということになる。日本のような島国には他国の領土と物理的に接するところはないが，港や空港などの国の玄関口が事実上の国境となっている。そして，国境には，ヒト，モノ，カネ，情報の行き来を妨げる「塀」が設けられている。一方，国内には県や市町村の境があるが，そこには「塀」などない。

　それに対して，封建社会では，将軍が一国を治めてはいたものの，将軍の直轄領以外の領土が領地として分割され，数多くの領主がそれぞれの領地を支配していた。こうした封建社会では，領地と領地の境が国境（くにざかい）となって，ところどころでヒトやモノの行き来を妨げる「塀」が設けられていた。たとえば，関所では，通行人は手形（通行証）を示し，通行税を支払わなければならず，所持している荷物は検分された。

　こうして見てくると，封建社会から近代社会への移行は，領地と領地の間の国境の「塀」が取り払われて1つの国で経済圏が生まれるという意味で，世界中の国境の「塀」が取り払われて地球規模の経済圏が誕生する経済の「完全な」グローバル化と共通する面がある。

この教科書で学ぶこと

　もちろん，「完全に」グローバル化した経済など，この世のどこにも存在しない。しかし，高かった国境の「塀」が徐々に低くなるという社会現象は，世界のあちらこちらで起きている。EU（欧州連合）❸と呼ばれるヨーロッパ経済圏の国民は，入国審査を受けることなく圏内の国々をめぐることができる。世界中の国々では，輸入されたモノにかけられる関税が大きく引き下げられてきている。そうした国境の「塀」が徐々に低くなる現象こそが，経済のグローバル化といえる。

　この教科書では，経済のグローバル化のさまざまな側面を丁寧に説明していく。そもそも，「ヒト，モノ，カネ，情報が国境を越える」とはどういうことなのかについて，わかりやすく，しかし，深く解説している。そのためには，

経済学の知識が不可欠なので，まずは，経済学の解説にも力を入れている。その後，グローバル化する日本経済で，あるいは，世界経済で何が起きているのかを観察するために企業活動の現場にも踏み込んでいこう。

　2020年初めから世界で猛威を奮った新型コロナウイルスは，経済のグローバル化が進展するのを押し止めたといわれる。すなわち，国境の「塀」を再び高いものにして，ヒト，モノ，カネ，情報の行き来を遮ったと考えられてきた。しかし，よくよく見ると，ヒトやモノの行き来は確かに鈍ったが，カネや情報の行き来はかえって活発になった面もある。一方，新型コロナウイルスに対するワクチンが開発され，コロナ禍が終息する見込みが持たれるやいなや，再び国境の「塀」が低くなって，これまで停滞していたヒトとモノの動きが一挙に回復するようなことも起きている。

　まさに，経済のグローバル化について一生懸命に学んでいくことは，私たちが生きている日本と世界の経済社会について広く，深い知見を得ていくことになる。読者の方々には，そうした知の冒険を存分に味わってほしい。

【 用語解説 】

❶ global を英和辞典で引いてみると……

　global という英単語を，手元にある小学館の『ランダムハウス英和大辞典』で引いてみると，以下のように5つの意味が与えられている。グローバル経済の「グローバル」は，第1の意味だが，他の意味も見てみると，global という単語の語感を得ることができるであろう。カタカナ用語に出くわしたら，その都度，英和辞典で意味を確認してみよう。

　1．全世界の，地球上の，世界的な，全世界にわたる，世界的な規模の／2．範囲の広い，全体的な／3．球状の，球形の／4．地球儀の／5．［コンピュータ用語］広域の，汎用の

❷ ヒト，モノ，カネって，なぜカタカナなの？

　なぜ，人をヒト，物をモノ，金をカネと書くのかというと，直接の理由は，音読みでなく，訓読みで読んでほしいからである。しかし，間接的な理由としては，ヒト，モノ，カネと書くと，「人」，「物」，「金」の漢字にまとわりつく具体的なイメージが見事に消えてしまう効果を期待できるということがある。

❸ 第1章には専門用語がいくつも出てくるが，後の章で説明するので心配無用。

・入国審査 ………………………… No. 3-1-3　　│　・EU ………………………… No. 3-1-3, 3-2-2
・関税 ……………………………… No. 3-2-2

経済のグローバル化の光と影

→ POINT なぜ，経済のグローバル化は，
勝ち組，負け組の区別で語られるのであろうか？

経済のグローバル化における勝ち組と負け組……

国境の「塀」が低くなって，ヒト，モノ，カネ，情報が自由に行き来するようになる経済では，**たくさんの良いこと**がある。たとえば……

【ヒト】 世界中で労働者は，自分にふさわしい仕事と待遇を求めて，国境を越えて就職をしていく。あるいは，若い人々は，自国で学ぶことが難しい知識を習得するために，海外に留学をしていく。また，世界中の観光地を自由に訪れることができる。

【モノ】 関税がかけられなくなって自由に貿易ができるようになると，海外から安価で良質のモノを輸入することができる。優れた技術を持った生産者は，海外に良質のモノを競争力のある価格で自在に輸出することができる。

【カネ】 事業を拡張したい企業は，国内の銀行 ❶ からだけでなく，海外の銀行からもカネを借りることができる。カネを蓄えた投資家は，国内の株式 ❶ だけでなく，海外の株式も積極的に購入することができる。

【情報】 インターネット ❶ を用いれば，家に居ながらにして，世界中の情報に接することができ，海外のモノを購入することも簡単にできる。

しかし，良いことばかりではない。**たくさんの悪いことも起きる**のである。たとえば……

【ヒト】 海外から安い賃金で働く労働者が入国してくると，高い賃金を要求する国内の労働者は，職を奪われてしまうかもしれない。あるいは，失業 ❶ を避けるために，安い賃金を受け入れざるをえなくなるかもしれない。

【モノ】 海外から安くて良質なモノが輸入されると，同じモノを作っている国内の生産者は，販売競争に負けて，廃業してしまうかもしれない。あるいは，生産の拠点を思い切って国内から海外に移さざるをえなくなるか

もしれない。

【カネ】 麻薬取引で不正に儲けたカネを海外に送って，隠してしまうかもしれない。海外の投資家が国内の企業の大半にカネを貸し付けて，国内企業全体を支配してしまうかもしれない。

【情報】 国境を越えて行き交う国家機密，企業秘密，個人情報が，誰かに盗み取られて，悪用されてしまうかもしれない。

こうして見てくると，経済のグローバル化には，それをうまく活かして豊かになっていく人々，いわゆる勝ち組と，その犠牲者となって貧しくなっていく人々，いわゆる負け組がいるように思えてしまう。

経済格差の拡大

この教科書では，「経済のグローバル化が勝ち組と負け組という格差を生み出している」という単純なストーリーは必ずしも正しくないことを明らかにしていく。むしろ，私たちが生きている経済社会の当事者となって，経済のグローバル化に向き合うことの意義を見出していきたいと考えている。

しかし，経済のグローバル化が進展した20世紀の終わり（1980年代，1990年代）から21世紀の初め（2000年代，2010年代）に貧しい者と富んだ者の間の経済格差が拡大したことも事実である。経済のグローバル化と経済格差の拡大が同時進行したことから，前者が原因となって後者の結果をもたらしたと考えられたわけである。繰り返しになるが，そうした因果関係❷は必ずしも明らかなわけではないのであるが……

ここで経済格差や不平等の度合いを表す興味深い指標を紹介してみよう。以下で取り上げる不平等指標は，1年間に生み出された所得❶について，高い所得を得た者から低い所得を得た者へと順に並べて，上位1％の者が経済全体の所得に占める割合（所得占有率）を示したものである。

たとえば，いま経済に1000人いて，経済全体の所得が10億円とする。総所得が等しく分配されていれば，1人当たりの所得が100万円となる。この状況では上位も下位もないのであるが，1％の人々が全体の所得の1％を占めるわけなので，この不平等指標は1％となる。一方，指標が1％を超えていれば不平等が生じていることになる。たとえば，この不平等指標が10％であると，1000人のうち1％（10人）の人が，10億円の10％（1億円）を稼いでいるので，上位1％の人は，1人当たりで1000万円を稼いでいることになる。

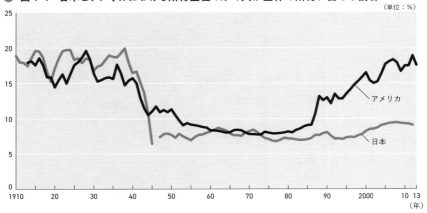

● 図 1-1：日本とアメリカにおける所得上位 1% の人が全体の所得に占める割合

（単位：%）

出所：森口千晶「日本は『格差社会』になったのか——比較経済史にみる日本の所得格差」『経済研究』2017 年 68 巻 2 号

一方，下位 99% の人は 1 人当たりで約 91 万円を得ていることになる。したがって，上位 1% と下位 99% の経済格差は，1000 万円対 91 万円と非常に大きい。さらに，同じ不平等指標が 20% になると，上位 1% と下位 99% の経済格差は，2000 万円対 81 万円となる。

　図 1-1 は，この不平等指標を使ってアメリカ（黒線）と日本（青線）の経済格差を測ったものである。第 2 次世界大戦（1939〜45 年，**No. 1-2-1** の COLUMN も参照）が始まる前は，アメリカも，日本も，不平等指標が 15% から 20% と非常に高い水準で推移していた。すなわち，戦前の両国は，非常に不平等な経済社会であった。しかし，戦中から終戦にかけて不平等指標は急速に低下し，両国とも 10% 前後の水準まで落ちた。戦争が継続するなかにあって，両国の経済社会で平等化が進展したのである。戦後の両国は，1980 年代初頭まで不平等指標が 7% から 8% と非常に低い水準で推移した。

　1980 年代半ば以降は，アメリカと日本では，不平等度の傾向が異なってきた。アメリカでは不平等指標が大きく上昇し，1990 年代末までに 15% を超え，21 世紀に入ると 20% に迫る勢いになった。

　一方，日本の不平等指標は，1990 年代末まで，7% の水準で推移した。しかし，日本も，21 世紀に入ると，アメリカほどではないが，経済格差の拡大が進行した。**No. 1-2-2** で紹介するように，上位 10% の所得占有率で不平等度を見ていくと，日本でも 1990 年代以降の不平等度の拡大は顕著である。

まさに，アメリカでは，そして，アメリカほどではないが，日本でも，経済のグローバル化の進展と経済格差の拡大が同時進行したといえる。

COLUMN

ウォール街を占拠せよ！

　2007年から2008年にかけての世界金融危機❶で失業率❶が上昇し，経済格差がいっそう拡大したことを受けて，2011年秋より，アメリカの金融拠点であるニューヨーク市のウォールストリート（ウォール街）で大規模な抗議デモが繰り広げられた。その際のデモのスローガンが「ウォール街を

ウォール街のデモ（2011年，AFP＝時事）

占拠せよ！（Occupy Wall Street!）」であった。この抗議運動では，経済格差の元凶として，経済のグローバル化のなかでも，金融（カネ）のグローバル化に矛先が向かったわけである。

　この抗議デモで用いられたもう1つのスローガンが，「私たちは，下位99%である。（We are the 99%.）」というものであった。このスローガンは，本文で用いた不平等指標が示すように，上位1%の少数の富者が経済全体の所得や富のかなりの部分を支配していることに対する憤りの表明であった。

【 用語解説 】

❶ 第1章には専門用語がいくつも出てくるが，後の章で説明するので心配無用。

- ・銀行 ……………………………… No. 2-1-7
- ・株式 ……………………………… No. 2-1-8
- ・インターネット ………………… No. 3-4-1
- ・失業 ……………………………… No. 2-3-1
- ・所得 ……………………………… No. 2-2-1
- ・世界金融危機 …………………… No. 3-3-4
- ・失業率 …………………………… No. 2-3-1

❷ 因果関係と相関関係

　経済のグローバル化と経済格差の拡大が同時進行しているだけの関係は，相関関係と呼ばれている。もし，経済のグローバル化が原因となって，経済格差が拡大するという結果が生じているとすると，両者の関係は，因果関係と呼ばれる。ここで注意してほしいのは，相関関係があるからといって，すぐに因果関係を意味するわけではないという点である。

コロナ禍と経済のグローバル化

> **POINT**　コロナ禍が経済のグローバル化に突き付けた
> 重たい課題を考えていこう。

新型コロナウイルスの猛威

　経済のグローバル化を見直すきっかけとなったのは，経済格差の拡大だけではない。2019 年末に中国の武漢（ウーハン）市で発見された新型コロナウイルス（呼称については COLUMN を参照）が 2020 年になって世界的に大流行（パンデミック ❶ と呼ばれている）したことも，経済のグローバル化の動向に大きな影響を及ぼしたのである。新型コロナウイルスは，感染力が非常に強いうえに，感染者が重篤な肺炎で死に至ることも少なくない。このウイルスがもたらすさまざまな災いはコロナ禍と呼ばれた。コロナ禍は，国境を越えるヒトやモノの行き来にも大きな災いをもたらした。

　世界中の国々では，感染予防のために人々の移動が制限され，自宅に滞在することを強いられたことから，国内の経済活動は著しく停滞した。また，新型コロナウイルスが外国から国内に侵入しないように，国境の「塀」を再び高くした。その結果，国境を越えるヒトとモノの行き来も衰えてしまった。一方，第 5 章で詳しく見ていくように，カネや情報は，国境の高い「塀」を平気で乗り越えて，かえって行き来が盛んになった。

　この教科書全体で示していくように，コロナ禍は，経済のグローバル化のありようをあらためて考えるきっかけになったのである。

新型コロナウイルスの世界的な流行

　それでは，新型コロナウイルスがどのように流行したのかを，中国（正式には中華人民共和国），アメリカ（正式にはアメリカ合衆国であるが，単にアメリカ，あるいは米国と略されることも多い），日本のケースで見ていこう。武漢市において世界最初の感染爆発を経験した中国では，感染者数が 2020 年 1 月下旬から 3 月上旬にかけて急増した。図 1-2 が示すように，累積した感染者数は，3 月初めに 8 万人を超えた。しかし，その後は，感染者の増加が急速

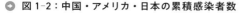

図 1-2：中国・アメリカ・日本の累積感染者数

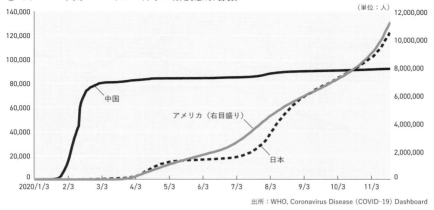

出所：WHO, Coronavirus Disease（COVID-19）Dashboard

図 1-3：中国・アメリカ・日本の累積死者数

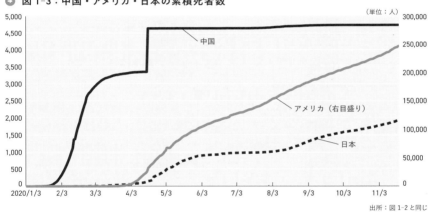

出所：図 1-2 と同じ

に鈍化し，8 月下旬になってようやく 9 万人を超えた。**図 1-3** によると，累積の死者数は 3 月初めに 3000 人を超えた。4 月 17 日に感染死の定義が変更され，3352 人から 4642 人にジャンプしたが，それ以降はほぼ横ばいで推移してきた。

　アメリカについては，感染者数も，死者数も多いことから，**図 1-2** と **図 1-3** では右目盛りになっていることに注意してほしい。累積した感染者数は，3 月中旬から増加しはじめ，3 月下旬に 10 万人を，7 月下旬に 400 万人を，10 月中旬に 800 万人を，そして，11 月中旬にはとうとう 1000 万人を超えた。累積

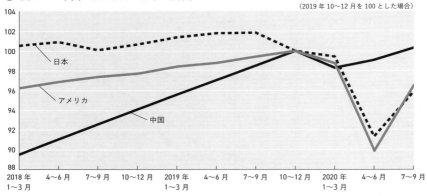

● 図1-4：中国・アメリカ・日本の実質GDP

(2019年10〜12月を100とした場合)

出所：日本は内閣府，アメリカは商務省

の死者数も，5月下旬に10万人を，9月下旬に20万人を超えた。アメリカの感染は，2020年11月現在も拡大し続けている。

　最後に，日本について見てみよう。**図1-2**も，**図1-3**も，中国と同じように左目盛りであることに注意をしてほしい。日本は，中国やアメリカに比べると感染者数も，死者数も決して多くはないが，2020年11月までに3度の感染の波に襲われた。累積の感染者数で見ると，第1波では，3月上旬から5月中旬にかけて300人から1万6000人に達した。第2波では，7月下旬から8月下旬にかけて2万5000人から6万人に達した。9月下旬から始まった第3波では，中国の累積感染者数を超えて，10月下旬以降10万人から急増している。累積死者数の増加は第1波で顕著であり，死者数ゼロから始まって800人を超えた。第3波で11月には，死者数の累計が2000人に迫った。

コロナ禍による経済活動の縮小

　2020年初めから始まった新型コロナウイルスの爆発的な流行は，世界中の国々の経済活動を著しく停滞させた。ここでは，中国，アメリカ，日本について，経済全体の生産活動の指標である**実質GDP ❷**におけるコロナ禍による経済停滞の度合いを見ていこう。なお，**図1-4**は，**3カ月（四半期）❸**ごとに報告される3つの国の実質GDPについて，どの国も2019年10〜12月の実質GDPが100の水準になるように調整しているので，経済活動の水準を3国間

で比較することはできない。ここでは，あくまで，それぞれの国の経済活動の停滞の度合いを見ていくことにしよう。

世界で最初にコロナ禍に見舞われた中国は，2019年10〜12月から2020年1〜3月にかけて，100から98に低下した後，3カ月ごとに，99，100と回復した。中国経済は，新型コロナウイルスの流行が収まった3月以降，コロナ禍以前の水準に回復してきた。

感染爆発に見舞われてきたアメリカでは，2019年10〜12月を100として，3カ月ごとに，99，90と落ち込んだ後，7〜9月に97に急回復した。アメリカ経済は，2020年夏の感染者数の急増下でも再び拡大したことになる。

一方，中国やアメリカに比べて新型コロナウイルスの流行がかなり緩やかであった日本は，アメリカと同等の経済縮小を経験した。2019年10〜12月を100として，3カ月ごとに99，91と大きく縮小して，96に急回復した。しかし，**図1-4**を注意深く読むと，日本経済の停滞が2019年7〜9月から始まっていたことも，中国経済やアメリカ経済と異なる傾向であった。日本経済は，中国やアメリカに比べて相対的に感染の流行が軽微であったにもかかわらず，きわめて深刻な影響を受けたことになる。

COLUMN

ウイルス名称の変幻自在

日本の政府や報道機関で用いられている新型コロナウイルスという名称は，英語で表すとnovel coronavirus となる。この名称は，WHO（世界保健機関）❹ が2019年末に中国の武漢市で発見されたウイルスを暫定的に 2019 novel coronavirus（略して 2019-nCov）と呼んだことに由来している。しかし，2020年2月，国際ウイルス分類委員会は，正式に SARS-CoV-2

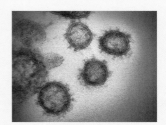

新型コロナウイルス（AFP＝時事）

（重症急性呼吸器症候群コロナウイルス2）と命名した。同時にWHOは，このウイルスによる疾患を Coronavirus disease 2019，略して COVID-19 と命名した。日本では，ウイルスも，それによる疾患も，「新型コロナ」，あるいは，単に「コロナ」と便宜的に呼ばれることが多い。

かつては，深刻な感染をもたらしたウイルスに感染地域を示す名前が冠されるこ

とも少なくなかった。たとえば，新しいところでは 2012 年に中東地域で流行した MERS と略される中東呼吸器症候群や，古いところでは 1918 年から 1919 年にかけてスペインから発症したとされるスペイン風邪などがある（実際は，発症地が不明であった）。しかし，ウイルス名に地域名を冠することは，当該地域に汚名を着せかねない。WHO も，ウイルス名称に地理的な位置を含めるべきでないとしている。

　アメリカでは，中国との激しい貿易摩擦 ❷ の影響もあって，あえて中国に汚名を着せるために，新型コロナウイルスの発生源とされる中国の武漢市の地名を冠して武漢肺炎，武漢ウイルス，武漢コロナウイルスと呼ばれたりもした。アメリカのトランプ大統領（当時）は，中国ウイルス（China virus）という呼称を使って物議を醸した。しかしながら，こうした地名を含むウイルス名称は，現在の国際的な慣行から著しく逸脱していることになる。

【　用語解説　】

❶ パンデミック

　カタカナのパンデミックに相当する pandemic を，英和辞典で引いてみよう。形容詞には「全国的［世界的］流行の」という意味があり，名詞には「全国的［全大陸的・世界的］流行」という意味がある。もちろん，日本語のパンデミックは，英語の名詞の意味である。

❷ 第 1 章には専門用語がいくつも出てくるが，後の章で説明するので心配無用。

・実質 GDP ……………………… No. 2-2-2
・貿易摩擦 ……………………… No. 3-2-5

❸ 四半期

　政府が公表する経済統計は，さまざまな時間間隔で測定されている。短いものは，1 カ月ごとで月次統計と呼ばれている。長いものは，1 年ごとで年次統計と呼ばれている。

　その中間は，3 カ月ごとのもので，四半期統計と呼ばれている。ここでいう四半期とは，1 年 12 カ月を 4 等分した 3 カ月の意味である。

❹ WHO

　WHO は，英語の World Health Organization の略。日本語では，世界保健機関という。世界の人々の健康の増進と維持を目的として設立された，国際連合（No. 4-2-3 を参照）の専門機関である。新型コロナウイルスの感染症対策でも，重要な役割を果たしてきた。

日本経済の現状

― No. 1-2-1 ―

経済のグローバル化のなかでの日本経済

➡ POINT　経済がグローバル化していくなかで
日本経済の戦後の歩みを振り返ってみよう。

戦後の日本経済の歩み

第 1 章の第 1-2 節では，経済のグローバル化の流れを日本経済に引き付けて見ていくのであるが，その前に**戦後**（COLUMN を参照）の日本経済の飛躍的な成長を振り返ってみよう。

まずは，**図 1-5** を用いながら，経済全体の生産水準を示す**実質 GDP ❶** で日本経済が成長してきた姿を見ていこう。**図 1-5** は，戦後の混乱が収まり経済統計が整備された 1955～2019 **年度 ❷** の実質 GDP の動向を描いている。

実質 GDP は，この 65 年間で飛躍的に拡大した。1955 年度で 46 兆円だった実質 GDP は，2019 年度には 534 兆円に達した。すなわち，この間，実質 GDP は 10 倍以上に拡大した。とくに成長が著しかった期間（**高度成長期**と呼ばれている）では，1960 年代の 10 年間で 71 兆円から 170 兆円へと 2 倍以上の拡大を見せている。1980 年代後半も，すでに拡大した水準であったにもかかわらず，約 300 兆円から約 400 兆円に拡大した。1990 年代以降は実質 GDP は成長しているものの，その速度は鈍化した。21 世紀に入ると，実質 GDP は 500 兆円前後の高水準が維持されてきたといった方がよいであろう。

輸出入の動向から見た日本経済

ここまで見てきた戦後の日本経済の飛躍的な成長は，**No. 2-2-4** で議論していくが，**資本蓄積 ❶**，**労働力拡大 ❶**，**技術革新 ❶** といった要因が主たる原動力であった。

しかし，海外との貿易が日本経済の成長を支えてきた側面も無視することができない。すなわち，国境を越えたモノの行き来も，経済成長を支えてきた。

図 1-6 は，日本経済全体の**輸出 ❶**，**輸入 ❶**，そして，輸出から輸入を差し

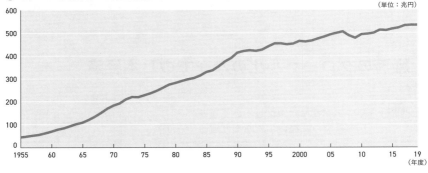

● 図 1-5：実質 GDP の長期動向

（単位：兆円）

注：2011 年基準に合わせたもの／出所：内閣府

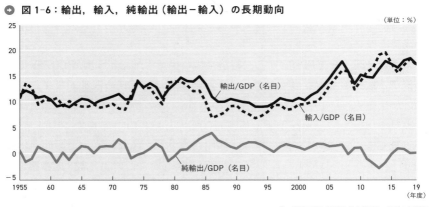

● 図 1-6：輸出，輸入，純輸出（輸出－輸入）の長期動向

（単位：%）

輸出/GDP（名目）

輸入/GDP（名目）

純輸出/GDP（名目）

注：名目で見た GDP に対する比率，出所：内閣府

引いた純輸出 ❶ が，日本経済の規模を示す名目 GDP ❶ に占める割合を示したものである。

　まずは，輸出も，輸入も，同じような水準で動いていることに注目してほしい。日本企業が外国に一方的に製品を売りつけて輸出で儲けてばかりというわけでも，日本経済が外国からの原材料や製品の輸入ばかりに頼り切っているわけでもない。日本経済と外国の経済は，国際貿易を通じて相互に依存しているのである。

　図 1-6 を見ると，おおざっぱにいって 1980 年代前半までは，輸出も，輸入も，10% から 15% の間で推移していたものが，1980 年代後半から 1990 年代末まで 10% を下回る水準にまで低下した。しかし，21 世紀に入ると，輸出も，

輸入も，15% を上回る水準にまで達し，海外との貿易が活発になっていく。

　ただし，1980 年代後半から 1990 年代末までの輸出や輸入の比率が低下したことをもって，日本経済のグローバル化が停滞したというわけではない。**No. 4-1-3** で詳しく見ていくように，自動車メーカーをはじめとした多くの日本企業は，外国に製品を輸出する代わりに，それまでの輸出先に製造工場を建て，現地で生産したものを，現地で販売するようになった。そうした企業の海外進出の背景には，**図 1-6** の純輸出の動向が示すように，1980 年代前半，輸出が輸入を大きく上回るようになり，日本企業の一人勝ちの状態に対して海外からの批判が高まった事情がある。とくにアメリカの政府や自動車メーカーからの批判が激しく，日本の自動車メーカーは，アメリカに輸出する代わりにアメリカで現地生産をする道を選択した。こうしたことも，日本経済のグローバル化の一端を示す事例といえる。

　図 1-5 で実質 GDP の成長が 1990 年代以降に鈍化したことを指摘したが，日本国内の生産活動を示す実質 GDP には，日本企業が海外で展開している生産活動は含まれない。したがって，実質 GDP の成長が鈍化したことと，日本企業がグローバル化してきたことが，同時並行で起きるわけである。

　このように，戦後の日本経済の実質 GDP，あるいは，輸出や輸入の動向を見ていくだけでも，日本経済のグローバル化が非常に複雑な形で，長い期間を経ながら進展することを垣間見ることができる。この教科書では，そうした日本経済のグローバル化の複雑で興味深い現象を，丁寧に，平易に，そして，深く解説していこうと思う。

COLUMN

戦前，戦中，そして戦後
（余談で，昭和，平成，そして令和）

　長い期間にわたって日本経済を振り返るときに，しばしば，「戦前」，「戦中」，「戦後」という言葉が用いられるが，この教科書の若い読者には，ピンとこないのかもしれない。そこで，手短に日本史を振り返ってみよう。

　ここでいう「戦前・中・後」の「戦」は，世界史の文脈であると，明らかに第 2 次世界大戦である。第 2 次世界大戦は，1939 年 9 月のドイツのポーランド侵攻によって開始され，1945 年 8 月の日本の降伏で終結した。しかし，日本史の文脈で

中国・江蘇省に展開する日本軍部隊。中央の車両は九四式軽装甲車。本来は物資運搬用だが，中国軍は対車両兵器をほとんど持たなかったため，戦闘車両として使われた（AFP＝時事）

は，戦争が1939年9月より早く始まった。1937年7月に日本と中国の両軍が衝突をした盧溝橋事件を契機に日中戦争へと拡大した。ドイツやイタリアと同盟を組んだ日本は，1941年12月にアメリカやイギリスの連合国に宣戦布告して太平洋戦争が開始された。日中戦争も，太平洋戦争も，1945年8月の日本の降伏をもって終結した。

したがって，「戦前」が**1937年以前**，「戦中」が**1937年から1945年**，「戦後」が**1945年以降**を意味することになる。また，終戦直後の「占領期」という場合，連合国の占領が開始される1945年8月から，1951年9月のサンフランシスコ講和条約を経て占領が終結した1952年4月までの期間を指している。

ここでついでに年号の話をしておこう。昭和は，1926年12月から1989年1月までの期間を指す。昭和元年（1年）が1926年なので，西暦の下2桁から25を引けば，昭和の年号に換算できる。たとえば，1960年は，60引く25で昭和35年となる。平成は，1989年1月から2019年4月までの期間を指している。平成の年号と西暦の換算は，西暦の下2桁に12を足すとよい。たとえば，2018年は，18に12を足して平成30年となる。令和は，2019年5月から始まる。2020年は令和2年なので，西暦の下2桁から18を引けばよいことになる。

【 用語解説 】

❶ 第1章には専門用語がいくつも出てくるが，後の章で説明するので心配無用。

・実質 GDP ……………………… No. 2-2-2   ・輸出 …………………………… No. 3-2-1
・資本蓄積 ………………………… No. 2-2-4   ・輸入 …………………………… No. 3-2-1
・労働力拡大 ……………………… No. 2-2-4   ・純輸出 ………………………… No. 3-2-1
・技術革新 ………………………… No. 2-2-4   ・名目 GDP ……………………… No. 2-2-2

❷ 年度と暦年

年度という場合，その年の4月1日から翌年の3月31日までを指している。たとえば，1955年度というと，1955年4月1日から1956年3月31日を指す。

一方，暦年は，その年の1月1日から12月31日を指している。暦年の場合は，単に「…年」と表すだけで，1955年というと，1955年の1月1日から12月31日を指している。

―― No. 1-2-2 ――

日本社会の不平等

> **POINT**　経済がグローバル化していくなかで日本社会でも
> 不平等や不公平への不満が高まってきたことを見ていこう。

上位 1% でなく，上位 10% で見た所得不平等度

　No. 1-1-2 では，アメリカにおいて，1980 年代半ば以降，経済のグローバル化と経済格差の拡大が同時並行で生じてきたことを指摘した。不平等度については，上位 1% の富裕層が所得全体に占める割合を用いた。しかし，日本については，上位 1% というきわめて限られた富裕層に所得が著しく集中するという現象は認められなかった。

　そこで，**図 1-7** を用いながら，上位 1% ではなく，上位 10% の富裕層が所得全体に占める割合を見ていくことにしよう。この不平等指標では，10% を上回れば上回るほど不平等ということになる。

　上位 1% から上位 10% に切り替えた指標で見ると，アメリカほどではないが，日本でも不平等度は 1990 年代に入って 30% 強から 40% 弱へと大きく上昇してきた。この指標を見るかぎり，日本においても，戦後，低位で推移してきた不平等度が 1990 年代以降，上昇傾向に転じたといえる。

不平等度に影響を与えるさまざまな要因

　ところで，経済社会の不平等度に影響を及ぼす要因にはさまざまなものがある。経済のグローバル化だけが不平等度を高める要因の有力候補であるわけではない。ここでは，日本の経済社会を例にとりながら，**政府による再分配と人口の高齢化 ❶** という 2 つの要因を考えてみよう。

　図 1-8 は，厚生労働省が公表している「所得再分配調査」を用いながら，**ジニ係数 ❷** によって不平等度の推移を示したものである。**図 1-8** は，2 種類の所得について不平等度が算出されている。1 つは，**当初所得** といわれるもので，さまざまな税金を支払ったり，さまざまな給付金や補助金を受け取ったりする前の正味の所得である。もう 1 つは，**再分配所得** といわれるもので，税金支払いを差し引き，給付金，補助金，公的年金（高齢になって受け取る給付金）

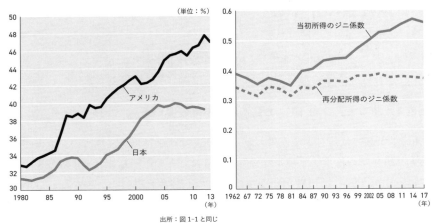

図 1-7：日本とアメリカにおける上位 10 ％ の人が全体の所得に占める割合

（単位：％）

アメリカ

日本

図 1-8：厚生労働省「所得再分配調査」から見た日本社会の不平等度

当初所得のジニ係数

再分配所得のジニ係数

出所：図 1-1 と同じ

の受け取りを加えた所得である。

　政府の再分配機能とは，高所得や高資産の個人に高い税金をかけ，低所得や低資産の個人には税金を免除し，補助金や給付金を支給することによって，高所得（資産）者と低所得（資産）者の間の経済格差を是正する効果を指している。したがって，当初所得で見た不平等度と比較して再分配所得で見た不平等度がどれだけ低下したのかを見ることによって，政府の再分配の効果を推測することができる。**図 1-8** によると，再分配所得のジニ係数は，当初分配所得のジニ係数を大きく下回っていて，所得再分配が効果的であったことを示している。とくに 1980 年代以降は，所得再分配効果がいっそう高まっている。

　それでは，こうした**図 1-8**から読み取れる傾向について，最近の不平等化に対して政府が積極的な再分配政策を展開するようになったと解釈できるのであろうか。そうした解釈は，早計であろう。実は，いくつもの学術研究によると，65 歳以上の高齢者層は，そもそも所得のばらつきが大きいので当初所得のジニ係数が高くなる。一方，再分配所得に公的年金が含まれることから，高齢者層の再分配所得のジニ係数は低くなる。1980 年代以降，人口が高齢化したことによって，所得格差の大きい高齢者層のウェートが高まって，当初所得で見た不平等度が高まった。一方，再分配効果の大きい公的年金給付などを受

ける高齢者層のウェートが高まって，そのぶん，再分配所得で見た不平等度が低くなった。

　こうして見てくると，日本社会の不平等度の動向は，人口の高齢化の影響を強く受けてきたことになる。ただし，**図1-8**を注意深く見ると，そうした人口の高齢化の影響で低下するかに思われる再分配所得で見た不平等度も，1980年代以降，緩やかに上昇していることから，人口の高齢化以外にも，経済のグローバル化が経済格差の拡大に影響を及ぼしている可能性は否定できない。

　いずれにしても，**No. 1-1-2**や本項で強調したかった点は，経済のグローバル化と経済格差の拡大が同時進行していて，経済格差拡大の原因を，経済のグローバル化に結び付けようとする主張（ときには，政治的な主張）がどうしても強くなってしまうということである。そうしたことを踏まえると，経済のグローバル化の影響について，経済格差の拡大という弊害だけでなく，グローバル化の光と影の両面について適切に理解していくことが是非とも必要であろう。それは，この教科書の大きな目標でもある。

COLUMN

日比谷公園の年越し派遣村

　本章の**No. 1-1-2**のCOLUMNで紹介したように，2011年秋よりニューヨーク市のウォールストリートで「ウォール街を占拠せよ！」の抗議デモが始まった。実は，日本でも，それに先立つ2008年12月31日に生活困窮者が日比谷公園（東京都千代田区）で臨時に開設された避難所に集まった。この避難所は，複数の

年越し派遣村（時事）

NPO（非営利団体）❸や労働組合❹によって，2008年9月のリーマン・ショック❹の影響を受けて解雇された派遣労働者❺が年越しするための簡易宿泊施設となり，年越し派遣村と呼ばれた。年越し派遣村に集った生活困窮者やNPO・労働組合の人々は，金融危機のあおりで失業が著しく高まったことに対して，社会に向か

って異議申し立てをしたのである。

　ただし，金融（カネ）のグローバル化に直接異議を申し立てるのであれば，銀行や証券会社などの本店が集中する東京駅近くの丸の内や日本橋のオフィス街が選ばれたのであろう。この場合は，霞が関の官庁街や永田町の国会議事堂に近い日比谷公園が選ばれたので，政府に対する抗議行動と考えることができる。事実，年越し派遣村が撤収された2009年1月5日には，派遣村に滞在した労働者がNPOや労働組合の人々とともに国会議事堂に向けてデモ行進を行った。

　しかし，アメリカの「ウォール街を占拠せよ！」の抗議デモに対するアメリカ国内の反響に比べると，日本の年越し派遣村での抗議行動は，日本国内でそれほど関心が向けられたわけではなかった。アメリカの場合，99人の貧者と1人の富者との対決だったのに対して，日本の場合，90人の貧者と10人の富者との対決だったことから，日本の方が貧者に若干分が悪かったのかもしれない……

【　用語解説　】

❶　人口の高齢化

　65歳以上の人口が総人口に占める割合（高齢化率と呼ばれる）は，1980年まで10%を大きく下回っていたが，1985年に10.3%，1990年に12.1%，2000年に17.4%，2010年に23.0%，2020年に28.7%にまで上昇した。

❷　ジニ係数

　不平等指標にはさまざまなものがあるが，そのなかでもよく用いられるのがジニ係数と呼ばれる指標である。

　ジニ係数は，完全に平等な状態が0，1人が社会全体の所得を独占してしまう状態が1となる特性を備えている。したがって，ジニ係数が0に近いと平等，1に近いと不平等ということになる。

❸　NPO（非営利団体）

　NPOはNonprofit Organizationの略である。NPOは，営利を目的とせず，公共の利益を目的とした事業を展開する団体を指している。

❹　第1章には専門用語がいくつも出てくるが，後の章で説明するので心配無用。

・労働組合 ……………………………… No. 2-1-10
・リーマン・ショック ………… No. 3-3-4

❺　派遣労働者

　人材派遣会社との雇用契約で他の企業に派遣されて働く労働者のことで，派遣先企業から派遣契約を打ち切られると，職を失ってしまうこともあり，不安定な労働環境に置かれている。

コロナ禍と日本経済

> **POINT** 日本経済がグローバル化していくなかで，
> コロナ禍が突き付けた重たい課題を考えていこう。

国境を越えたモノの行き来の停滞

No. 1-1-3 では，新型コロナウイルスの大流行（パンデミック）で世界の国々の経済活動が著しく落ち込んだことを見てきた。そうした経済活動の大停滞の背後には，国境を越えたモノとヒトの行き来が停滞した事情があることも指摘してきた。すなわち，コロナ禍は，経済のグローバル化の進展の深刻な妨げになったのである。本項では，日本経済において国境を越えたモノとヒトの行き来がコロナ禍でどのように停滞したのかを詳しく見ていこう。

図 1-9 は，日本経済の輸出と輸入（いずれも，名目 ❶ で表している）について 3 カ月（四半期）ごとに見たものである。輸出も輸入も 2020 年 1〜3 月の水準を 100 として計算し直している。

図 1-9 によると，輸出は，2020 年 1〜3 月から 4〜6 月にかけて 100 から 80 に大きく低下した。7〜9 月にかけては，80 から 88 に増加したものの，コロナ禍に見舞われる前の水準には回復していない。輸入は，1〜3 月の 100 に比べて，4〜6 月に 92，7〜9 月に 86 と大きく低下している。

こうして見てきて明らかなように，コロナ禍で国境を越えたモノの行き来は著しく停滞した。ただし，輸出や輸入の落ち込みは，2018 年 10〜12 月から始まっており，コロナ禍だけが輸出入の停滞の理由でないことにも注意をしてほしい。

国境を越えたヒトの行き来の停滞

コロナ禍は，モノ以上にヒトの国境を越えた行き来にいっそう大きな影響を与えた。**図 1-10** は，日本への入国者数と日本からの出国者数について 1 カ月当たりの人数の推移を描いたものである。なお，1997〜2019 年は 1 年ごとに 1 カ月当たりの平均人数を，2020 年は月ごとに人数を記録している。

図 1-10 によると，入国者数も，出国者数も 1997〜2011 年は，1 カ月当た

● 図 1-9：輸出と輸入の動向

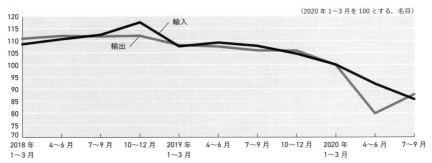

（2020 年 1～3 月を 100 とする，名目）

輸入

輸出

出所：内閣府

● 図 1-10：1 カ月当たりの日本への入国者数と日本からの出国者数

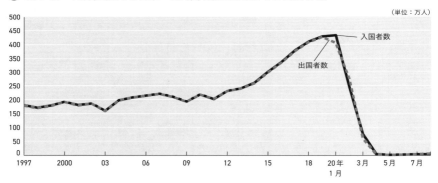

（単位：万人）

入国者数

出国者数

出所：法務省

● 図 1-11：有効求人倍率

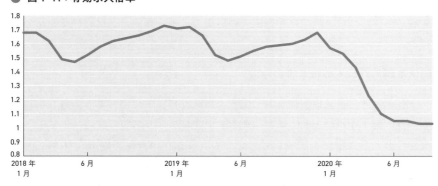

出所：厚生労働省

り平均 200 万人前後で推移してきたが，それ以降，急速に増加した。2019 年には，入国者数も，出国者数も 400 万人を大きく超えた。日本経済は，2010 年代，まさにヒトの行き来の面で急速にグローバル化してきた。

ところが，2020 年に入ると，たとえば，入国者数で見ると，1 月が 433 万人だったものが，2 月 246 万人，3 月 75 万人，4 月以降は 5 万人を大きく下回るようになった。出国者数も同様の傾向を示した。すなわち，入出国者数は，コロナ禍以前の 100 分の 1 以下になったわけである。コロナ禍は，まさに国境を越えたヒトの行き来の息の根を止めてしまったといえる。

失業者数の高まり

日本の国境を越えたモノとヒトとの行き来がコロナ禍で大きく落ち込んだことと表裏一体の関係になるが，No. 1-1-3 で見たように日本国内の生産活動は著しく停滞した。労働市場 ❶ でも失業者の数が激増した。2020 年 1 月から 9 月の期間で見ると，失業者 ❶（職を失い新たな職を探している労働者）の数は 159 万人から 210 万人に増加した。失業率 ❶ も 2.3% から 3.0% に上昇した。

いったん失業した労働者が新たな職を探し出すのが難しい度合いは，有効求人倍率で表される。有効求人倍率とは，職を探している労働者数に対する，企業などの雇い主からの求人数の割合を示している。たとえば，有効求人倍率が 1 を上回ると，求職者数 ❷ よりも求人数が多く，職が探しやすい状態であることを示している。一方，有効求人倍率が 1 を下回ると，求職者数よりも求人数が少なく，職が見つけにくい状態であることを示している。

図 1-11 によると，有効求人倍率は，2019 年 12 月までおおむね 1.5 を超えていて，非常に高い水準で推移してきた。しかし，有効求人倍率は，2020 年になると急速に落ち込み，2020 年 5 月以降は 1.1 以下にまで低下した。すなわち，100 人の求職者に対して 150 人以上の求人があったのに，コロナ禍で求人が 110 人を下回ってしまったのである。

このようにして見てくると，国境を越えたモノやヒトの行き来の面で経済のグローバル化がコロナ禍でひどく停滞したことと，日本国内の生産活動が落ち込み，失業者が増大することが表裏一体の関係にあったことになる。しかし，第 5 章で詳しく見ていくように，国境を越えたカネや情報の行き来は，コロナ禍でかえって活発になったのである。こうした面も，経済のグローバル化の複雑さを示しているといえる。

コロナ禍における日本と諸外国の家計支援策

　No. 1-1-3 や本項で見てきたように，コロナ禍で多くの労働者は低い賃金や失業を強いられ，個人で事業を営む人々の多くも休業を強いられた。こうした人々の悲惨な状況に対して，日本を含む多くの国々の政府は，家計 ❸ 向けに大規模な支援策（特別定額給付金）を実施した。

　日本政府は，2020 年 4 月に日本に住む全住民に対して一律 10 万円の給付を決定した。この給付金は，日本の住所に住民票を登録している外国人も対象となった。2020 年 1 月 1 日時点で日本国内に住所を持つ人口（外国人を含む）は，1 億 2714 万人であったので，10 万円/人×1 億 2714 万人で 12 兆 7140 億円の予算勘定となるが，実施費用を含め 12 兆 7140 億円を 1663 億円も上回って 12 兆 8803 億円の予算が計上された。給付は 4 月末から開始され，ほぼ完了するまでに 8 月末までかかった。とくに給付対象者が多い都市部では，事務作業が膨大になったことから給付が大幅に遅れて批判の対象ともなった。給付金を受け取った家計の多くは，支援策の趣旨どおりに生活費の補塡に充てたが，高所得世帯を中心に貯蓄に回した家計も少なくなかった。

　表 1-1 は，アメリカ，韓国，香港，シンガポールについて，コロナ禍における家計向け支援策をまとめたものである。日本の家計向け支援策は，長期にわたった実施期間に問題があったものの，支給規模や予算規模においては，アメリカのそれに匹敵するほど大規模なものであった。

➲ 表 1-1：諸外国の家計向け支援策

	実施時期	支給規模	予算規模
アメリカ	2020 年 4 月初旬から 6 月初旬	アメリカ市民や永住権・居住権を有する外国人に対して，1 人当たり最大 13.1 万円。子供を有する世帯は，さらに子供 1 人当たりで最大 5.5 万円	31.9 兆円
韓国	2020 年 5 月初旬から 6 月初旬	国民に対して，3.7 万円（単身世帯）から 9.4 万円（4 人以上世帯）	1.3 兆円（国費 1.1 兆円，地方自治体 0.2 兆円）
香港	2020 年 7 月初旬以降，申請後 1 週間以内に給付	18 歳以上であり，永住権を有する者に対して，1 人当たり 13.9 万円	9900 億円
シンガポール	2020 年 4 月から 7 月初旬に 3 回にわたって給付	21 歳以上の国民に対して 1 人当たり所得に応じて 4.8〜9.6 万円。21 歳以上の外国人在住者（永住権者と長期滞在者）に 1 人当たり 2.4 万円	4580 億円

参考資料：田村なつみ「諸外国における家計向け現金給付——コロナショックへの対応」『調査と情報』（2020 年 10 月 29 日）

【　用語解説　】

1　第 1 章には専門用語がいくつも出てくるが，後の章で説明するので心配無用。

・名目 ……………………… No. 2-2-2　　　・失業者 ……………………… No. 2-3-1
・労働市場 ………………… No. 2-1-6　　　・失業率 ……………………… No. 2-3-1

2　求職者

　　ここで注意してほしいのは，失業をした者が必ずしも求職者となるわけではないことである。求職者とは，職を失っても，新たな職を探して求職活動をしている労働者を指している。

　　失業後に求職活動を断念した者は，統計上では，もはや労働者とは分類されなくなる。

3　家計

　　ここでいう家計は，家庭，家族，世帯を指しているが，あえて家計という場合，家庭の経済的な機能が強調されている。なお，家計には，2 人以上の世帯だけでなく，単身の世帯も含まれる。

CHAPTER 2

市場と経済

─── No. 2-1-1 ───

市場のさまざまな形

〜〜〜〜〜〜〜〜〜〜〜〜〜〜〜〜〜〜〜〜〜〜〜〜〜〜〜

➡ POINT　　市場の多様性を理解しよう。

売買をする場所としての市場

市場❶（しじょう）は，なんらかの商品を売り買い（取引）（とりひき）する場所である。売り手と買い手が１対１で売買する取引は，相対取引❷（あいたい）と呼ばれている。一方，多数の売り手と多数の買い手が取引所❷（とりひきじょ）に集まって売買をする取引は，取引所取引❷と呼ばれている。

通常，私たちが個人として売買をする場合は，相対取引である。たとえば，あなたがコンビニエンスストアで弁当を買う場合も相対取引であり，あなたが買い手，コンビニが売り手となる。一方，八百屋が青果市場で野菜を仕入れる場合は取引所取引であり，多くの八百屋が買い手として，多くの農家が売り手として青果市場に集まって野菜を売買する。

中華レストランが売買する商品

それでは，中華レストランを中心にさまざまな市場を通じてさまざまな商品❸が売買されている様子を見ていこう。市場で売買される商品のうち，形のあるものは財（有形財）❸，形のないものはサービス（無形財）❸と呼ばれている。

まずは，中華レストランが売っている商品は，財なのか，サービスなのかを考えてみよう。たとえば，あなたが，焼きそばを注文した場合，あなたが買っているものは，焼きそばという形があるものなので財と分類できるように見える。しかし，実際，レストランは，麺，豚肉，キャベツなどの素材をそのままの形であなたに提供しているのではなく，それらを調理し，席に配膳してくれる。さらには，食べ終わった皿や箸も洗ってくれる。そういう意味では，焼きそばなどの素材という有形財だけでなく，調理，配膳，皿洗いなどのサービス（無形財）も売っていることになる。

　それでは，中華レストランはどのような商品を買っているのであろうか。まずは，料理に必要となってくる野菜，魚肉，調味料などの素材を小売店に買いに行かなければならない。ほとんどの場合，素材の仕入れは，相対取引である。しかし，中華レストランをチェーン展開している会社が青果市場や魚市場で大量の素材を仕入れる場合は取引所取引となる。

　中華レストランの運営にはさらに次のようなモノを買い，ヒトを雇う必要がある。

(1)　原材料ほど頻繁に買う必要はないが，鍋やフライパンなどの調理器具や，コンロや冷蔵庫などの調理設備を買いそろえなければならない。

(2)　大規模な調理設備の購入には，銀行から資金を借り入れる必要が生じるかもしれない。

(3)　小さなレストランであれば，オーナーが調理をし，その配偶者が注文を

● **中華レストランが関わるさまざまな市場**

サービス市場　　投資財市場

中華レストラン

金融市場　　労働市場

預金者

取り，配膳をすれば十分かもしれない。しかし，大きなレストランでは，
調理人や従業員を何人か雇う必要が出てくる。

中華レストランが関わるさまざまな市場

　こうして見てくると，中華レストランはさまざまな市場に関わっていること
がわかる。中華レストランが野菜や魚肉を仕入れている市場は**財市場**，中華レ
ストランが調理や配膳などの飲食サービスを提供している市場は**サービス市場**，
調理器具や調理設備を購入している市場は**投資財市場**とそれぞれ呼ばれている。
なお，ここでいう「投資財市場」の「投資」は，株式投資などのカネの投資で
はなく，設備投資などのモノの投資であることに注意してほしい。

　財・サービスを売買する市場ではないが，資金の貸し借りをする市場は，**金
融市場**といわれる。また，労働者など（ここでは調理師や従業員）が求職し，
企業など（ここでは中華レストラン）が求人する市場は，**労働市場**と呼ばれてい
る。

　中華レストランの経営だけではなく，さまざまなビジネス活動には，財・サー
ビス市場，金融市場，労働市場で取引を行っていく必要がある。第 2-1 節
では，こうした市場の役割や機能を詳しく見ていこう。

COLUMN

形のある取引所，形のない取引所

　商品に「形のある商品」（有形財）と「形のない商品」（無形財）があるように，取
引所にも，「形のある取引所」と「形のない取引所」がある。たとえば，青果市場
や魚市場などの取引所は「形のある取引所」である。取引所には立派な建物があり，
そこに多くの買い手や売り手が集まり，セリ人を介して野菜や魚が売買されていく。
　株式や債券などの証券（**No. 2-1-8** で説明する）を売買する証券取引所も，かつ
ては「形のある取引所」であった。体育館のように大きな取引所に証券会社の
人々が集まってさまざまな証券の売買が行われていた。しかし，現在の証券取引所
は，かつてのように人々が 1 カ所に集まって売買するのではなく，コンピュータ・
ネットワーク上の仮想空間で証券の売買が行われるようになって「形のない取引
所」になった。

「形のある」証券取引所（左）：証券会社の人々が売買に集まっていた 1999 年までの東京証券取引所。
「形のない」証券取引所（右）：証券会社の人々がまったく集まらない現在の東京証券取引所。コンピュータ・ネットワークで株式が売買された結果が電光掲示板に流されている。（時事通信フォト）

【 用語解説 】

❶ 「市場」の読み方

「市場」は，「いちば」とも，「しじょう」とも読む。「いちば」というと具体的なイメージを与えるが，「しじょう」というと抽象的な意味合いを持つ。この教科書では，主として抽象的な意味に「市場」という用語を用いていくので，ほとんどの場合，「しじょう」と読むことにする。

❷ 相対取引と取引所取引

日常，個人が行う売買は，ほとんどが相対取引である。一方，八百屋が参加する青果市場だけでなく，魚屋が参加する魚市場や証券会社が参加する証券取引所における売買は，取引所取引である。

❸ 商品

「商品」という用語を国語辞典で引くと「売買されている財貨・サービス」という趣旨の解説が見られる。したがって，市場で売買の対象となっているものであれば，「形のある商品」（有形財）であっても，「形のない商品」（無形財）であっても，商品ということになる。

市場における公正な競争とは？

POINT 公正な市場競争を具体的に考えてみよう。

中華レストランを取り巻く競争

それでは，ふたたび中華レストランに登場してもらおう。中華レストランは，どのような競争に直面しているのであろうか。

ここで重要なことは，**競争 ❶ には相手が必ずいる**ということである。もう1つ重要なことは，**競争の結果は必ずしも勝ち負け ❶ ではない**ということである。

たとえば，この中華レストランは，隣り合うイタリアン・レストランと競争している。中華レストランは，多くの人にイタリア料理でなく中華料理を食べにきてもらおうと，よりおいしい中華料理を，より安い価格で，より良いサービスとともに提供しようとするであろう。イタリアン・レストランも，中華料理に負けないようなイタリア料理を提供しようとする。

しかし，競争の結果は，必ずしもどちらかのレストランが勝って ❶，どちらかのレストランが負ける ❶ というわけでもない。2つのレストランが近所に立地する関係から，**共存共栄 ❷** という結果もありうるのである。たとえば，近所に住む人たちは，「中華料理だけ」，「イタリア料理だけ」，「偶数月は中華

🔵 **切磋琢磨する中華レストランとイタリアン・レストラン**

料理に，奇数月はイタリア料理に」というようにさまざまな形で料理を楽しむであろう。この場合，2つのレストランは，お互いを競争相手とするというよりも，隣町にあるレストラン街を競争相手とするかもしれない。切磋琢磨 **②** して競い合う2つのレストランが身近にあることは，おいしい料理を，より安く味わうことができる近所の人々にとって，決して悪い話ではないであろう。

公正な競争の重要性

それでは，どのような場合に，隣り合う2つのレストランの競争の結果が，勝ち負けではなく共存共栄の関係を生み，近所の人たちが安い価格でおいしい料理を味わうことができるようになるのであろうか。

最も重要な点は，2つのレストランが公正な競争 **③**，いわばフェアプレー **③** をしているというところであろう。もし，どちらかのレストランが値段を安くするために素材の原産地を偽り，賞味期限が切れた材料を使っていたとすればどうであろうか。あるいは，相手のレストランについて，いわれのない悪評を流して営業を妨害すればどうであろうか。不当に安い価格で競争を強いられたレストラン，不当な評判で営業を妨害されたレストランは，競争に負けて店をたたんでしまうかもしれない。

その結果，何が起きるであろうか。フェアでないプレーで競争を勝ち抜いたレストランは，身近に競争相手がいなくなることから，もはや，おいしい料理をより安く提供する努力を払わなくなるであろう。一番の被害者は，不当な競争で勝ち残ったレストランの近所に住む人々である。かつては，隣り合った2軒のレストランが切磋琢磨して競い合い，おいしい料理をより安く味わうことができたのに，今や，そのレストランでは，まずかろう，安かろうの料理しか注文することができなくなってしまうからである。また，近所の人々からは，好みに応じて2つの異なった料理を味わうという機会も失われてしまう。

COLUMN

敗者復活戦の重要性

現実の世の中では，中華レストランとイタリアン・レストランが，たとえ公正な競争をしていても，共存共栄という結果ではなく，勝ち負けがついてしまうことも残念ながら少なくない。その意味では，競争市場は，勝ち負けを決する場所という

ことになるであろう。

しかし，長い目で見てはどうであろうか。たとえば，競争に負けた中華レストランは，いったん店をたたんだとしよう。しかし，そのオーナーは，経営の失敗から多くの教訓を学び，心機一転，次のチャンスをうかがうかもしれない。再度，出店するにあたって必要な資金を提供する銀行が出てくるかもしれない。

いったん競争の敗者になった中華レストランが再度，出店に挑戦する機会は，敗者復活戦と呼ばれている。こうした敗者復活戦の機会があるおかげで，以前の競争で勝者となったイタリアン・レストランも，いつ敗者のレストランから挑戦を突きつけられてもよいように，営業努力を続けるであろう。まさに「勝って兜の緒を締めよ」（勝っても油断するなという意味）である。

このように見てくると，敗者復活戦の機会に恵まれた社会では，長い目で見ると，さまざまなレストランが切磋琢磨して共存共栄するという結果がもたらされる可能性が大いにあるわけである。

【 用語解説 】

❶ 競争と勝ち負け

「競争」という用語を国語辞典で引くと「互いに優劣や勝ち負けなどを競うこと」という趣旨の解説が見られる。日本語の「競争」に相当する英語は，competition であるが，この言葉にも，「勝ち負けや優劣を競う」という意味が含まれている。

経済学で「競争市場」というと，これらの意味から推察されて，「市場が勝ち負けを決する場所」と考えられる。しかし，本当にそうなのであろうか。第2-1節では，そのことを深く考えていこう。

❷ 切磋琢磨と共存共栄

「切磋琢磨」にも競争の意味が含まれているが，さらには，「仲間同士互いに戒めあい，励ましあい，また競いあって向上すること」も意味している。「切磋琢磨」という場合は，競争の結果がどちらかの勝ち負けではなく，お互いの向上，いわば，共存共栄を意味している。

❸ フェアプレーと公正な競争

「フェアプレー」は，「正々堂々とした試合ぶり」を意味する。「勝ち負け」を決する試合を「競争」に置き換えて，「公正な競争」と言い換えることもできる。

多様な競争と単純な競争

POINT　多様な市場競争を具体的に考えてみよう。

多様な競争と単純な競争

　それでは，勝ち負けを決するような競争と，共存共栄をもたらすような競争とでは，何が本質的に違うのであろうか。

　あらためて，中華レストランとイタリアン・レストランの競争の中身を振り返ってみよう。2軒のレストランは，価格だけでなく，料理のおいしさ，店の雰囲気，従業員のサービスなど，さまざまな側面で競い合っている。だからこそ，料理は中華がいいけど，店の雰囲気はイタリアンだと評価する人もいれば，料理はイタリアンだけど，店のサービスは中華だと評価する人も出てくる。なかには，絶対に中華料理，絶対にイタリア料理という人もいるであろう。さらには，偶数月は中華がいいし，奇数月にはイタリアンがいいという人も出てくるであろう。

　その結果，どちらかのレストランが淘汰されるというのではなく，どちらのレストランも繁盛するという共存共栄の道が開かれるのである。

　それでは，さまざまな側面で競い合う多様な競争とは対照的に，まったく同じ商品を価格の面だけで競うような単純な競争を考えてみよう。この場合，勝敗は明らかで，一番安い価格を提示した生産者が勝ち，それよりも高い価格を提示した生産者は負けてしまう。要するに，明らかな勝ち負けを決するような競争とは，**価格面だけで競っている単純な競争**ということになる。

単純な競争における需要

　ここで，単純な競争における需要 ❶ と供給 ❷ を分析していこう。具体的には，多くの人々が使っている，**まったく同じ鉛筆**について，数多くの生産者が価格面だけで競っているようなケースである。

　まず，鉛筆への需要を考えてみる。鉛筆を購入する人々は，価格が安ければ安いほど，お買い得となって，より多くの本数の鉛筆を買おうとするであろう。

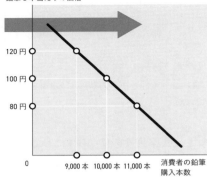

図 2-1：右下がりの需要曲線

鉛筆 1 本当たりの価格

120 円

100 円

80 円

0 　 9,000 本　10,000 本　11,000 本　消費者の鉛筆
購入本数

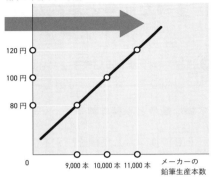

図 2-2：右上がりの供給曲線

鉛筆 1 本当たりの価格

120 円

100 円

80 円

0 　 9,000 本　10,000 本　11,000 本　メーカーの
鉛筆生産本数

　たとえば，鉛筆 1 本 120 円だと 9,000 本しか売れないが，1 本 100 円だと 10,000 本，1 本 80 円だと 11,000 本というように，鉛筆の単価が安くなると，人々の鉛筆購入本数が増えていく。

　したがって，人々の鉛筆購入は，**図 2-1** のように，横軸に鉛筆の購入本数，縦軸に鉛筆 1 本当たりの価格（単価）をとったグラフにおいて右下がりの関係として描くことができる。この右下がりの関係を表したグラフは，**需要曲線 ❶** と呼ばれている。

　少し横道にそれてしまうが，これからも**図 2-1** のようなグラフが出てくるため，ここでグラフを読む際のコツを紹介しておこう。通常，グラフは，横軸（x 軸）の方向から見ていくが，ここでのグラフは，矢印が示すように，縦軸（y 軸）の方向から見ている。「鉛筆 1 本 120 円で 9,000 本売れて，80 円で 11,000 本売れる」という説明を追っかけていると，視線は自然と縦軸から右方向に移っていくであろう。

　さて，本題に戻って，鉛筆の**供給**について，多くの生産者が価格面で競っている状況を考えてみよう。価格が安ければ安いほど，その価格では採算をとることができない鉛筆メーカーが増えて，鉛筆生産量が減少するであろう。たとえば，鉛筆 1 本 120 円だと，多くのメーカーが生産をし，全体の鉛筆生産が 11,000 本に達する。しかし，1 本 100 円に低下すると，採算の合わないメーカーは退出して，全体の鉛筆生産が 10,000 本に減る。1 本 80 円まで値を下げると，全体の鉛筆生産は 9,000 本まで減少する。

⮕ **図 2-3：右下がりの需要曲線と右上がりの供給曲線の交点**

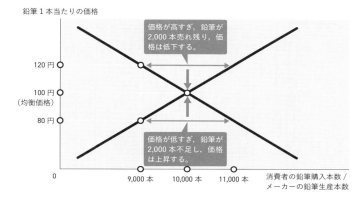

したがって，そうした生産者行動は，**図 2-2** のように，横軸に鉛筆の生産本数，縦軸に鉛筆 1 本当たりの価格（単価）をとったグラフにおいて右上がりの関係として描くことができる。この右上がりの関係を表したグラフは，**供給曲線❷** と呼ばれている。需要曲線の見方と同じように，供給曲線の見方も，縦軸から右側への視線移動となっている。

最後に，**図 2-1** の需要曲線と**図 2-2** の供給曲線を重ねて，**図 2-3** のような図を描いてみよう。ここで，単価が 120 円のように高い水準にあると，生産本数（11,000 本）が購入本数（9,000 本）を上回り，2,000 本の鉛筆が売れ残ることから，値下げが行われ単価は 120 円から低下していく。逆に，単価が 80 円のように低い水準にあると，購入本数（11,000 本）が生産本数（9,000本）を上回り，2,000 本の鉛筆が不足することから，値上げが行われ単価は 80 円から上昇していく。その結果，鉛筆の単価は 100 円に落ち着き，需要と供給が一致する。売れ残りも品不足も生じない価格水準は**均衡価格 ❸** と呼ばれている。

多数の鉛筆メーカーが価格の側面だけで競争を繰り広げているケースでは，鉛筆メーカーの間の勝敗，優劣は明らかである。**均衡価格 100 円 ❸** では採算がとれない生産者は工場を閉鎖して退出し，鉛筆市場には，均衡価格 100 円で採算がとれる生産者だけが残ることになる。その結果，退出する生産者が敗者，生き残った生産者が勝者として勝敗が決せられる。このように多数の生産者が価格だけで競い合う**単純な競争**においては，勝敗や優劣が明らかであろう。

クラスのなかで誰が優れているのか？

　いま，クラスのなかで誰が優れているのか，劣っているのかを評価しなければならないとしよう。たとえば，期末試験の全教科の平均点が 80 点以上の生徒は「優れている」，80 点未満の生徒は「劣っている」というような単純な競争ルールを採用すると，生徒の間の優劣や勝敗を明らかに決することができるであろう。

　しかし，そのような単純な競争ルールは，教師にも，生徒にも受け入れがたいのではないであろうか。生徒の優劣について，さまざまな側面で評価されるとする多様な競争ルールを用いてはどうであろうか。どの教科もまんべんなく高い点数を取る生徒も優秀であるが，ある教科で突出した点数を取る生徒も優秀であるといえるかもしれない。あるいは，教科の試験の点数は高くなくても，クラスのとりまとめに貢献した生徒を積極的に評価することも考えられる。このように，多様な競争ルールを採用していくと，それぞれの生徒が持つ長所を積極的に評価することで，すべての生徒が「優れている」と評価することができる可能性も開かれるであろう。

　多様な競争ルールで生徒が競い合うと，それぞれの生徒の得意とする能力が引き出され，クラスのすべての生徒が得意とする分野で向上していくことができるかもしれない。まさに，生徒同士が切磋琢磨している状態である。

【　用語解説　】

❶ 右下がりの需要曲線

　非常に不思議なことであるが，**図 2-1** のように右下がりの関係が直線として描かれていても，需要**曲線**と呼ばれる。

❷ 右上がりの供給曲線

　同じように非常に不思議なことであるが，**図 2-2** のように右上がりの関係が直線として描かれていても，供給**曲線**と呼ばれる。

❸ 右下がりの需要曲線と右上がりの供給曲線の交点としての均衡価格

　「均衡」という言葉は，「あること」と「あること」が等しい状況を指しているとともに，その状況がそれ以上変化しないことを意味している。たとえば，**図 2-3** の 100 円の単価は，その価格で需要と供給が一致しているとともに，それ以上，上昇することも，低下することもないので，均衡価格と呼ばれている。

— No. 2-1-4 —

競争市場から寡占市場へ，寡占市場から独占市場へ

POINT　競争市場，寡占市場，独占市場を比べてみよう。

競争市場から寡占市場へ

　多数の生産者が類似の商品について価格競争をしている市場は，**競争市場**❶と呼ばれている。**No. 2-1-3** のように，多数の鉛筆メーカーがまったく同じ製品について価格面だけで競争をしている市場は，まさに競争市場といえる。

　ここで長年の激しい競争の結果，多くの鉛筆メーカーが疲弊し，倒産してしまったとしよう。当初は，価格競争力の低いメーカーが退出した。しかし，かつて価格競争力の高かったメーカーも，長年の無理が重なり生産設備が老朽化して工場を閉鎖するに至った。その結果，鉛筆市場には，A社とB社という2つの鉛筆メーカーだけが生き残ったとする。どちらのメーカーも，鉛筆1本当たりの価格が100円であればどうにか採算がとれる。

　上の鉛筆市場のように，少数の生産者が類似の商品について価格競争をしている市場は，寡占市場❷と呼ばれている。

🔶 競争市場と寡占市場

生産者の間で価格競争をしているかぎりは，競争市場と寡占市場は同じ結果を生む

生産者の間で価格競争がなくなり，カルテルが結ばれると，寡占市場と独占市場は同じ結果を生む

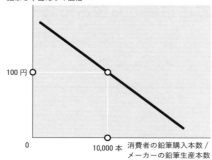

● 図2-4：寡占市場の結果

鉛筆1本当たりの価格

100円

0　　　　　　　　　　　10,000本　消費者の鉛筆購入本数／
　　　　　　　　　　　　　　　　　メーカーの鉛筆生産本数

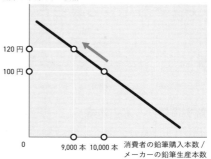

● 図2-5：独占市場の結果

鉛筆1本当たりの価格

120円
100円

0　　　　9,000本　10,000本　消費者の鉛筆購入本数／
　　　　　　　　　　　　　　　　メーカーの鉛筆生産本数

　それでは，A社とB社がまったく同じ鉛筆の生産において価格競争をするとどのようなことが起きるのであろうか。なお，鉛筆の需要曲線については，**図2-1**と同じく，鉛筆1本が120円だと9,000本しか売れないが，1本100円だと10,000本売れるとする。

　A社も，B社も，鉛筆1本の価格が100円でようやく採算がとれるので，できれば，100円より高い価格で売りたい。そこで，A社は，120円の価格を提示したとしよう。すると，B社は，A社の販売先をすべて奪うように1本110円を提示する。A社の製品も，B社の製品も同じものなので，どの消費者もより安くなったB社の製品を購入するであろう。そこで，A社は，自らの販売先を取り戻すために1本105円の価格を提示する。

　このようにA社とB社が価格引き下げ競争を繰り広げると，結局は鉛筆1本当たりの価格は100円に落ち着く。A社もB社も1本100円を下回る価格では採算割れになってしまうからである。この鉛筆市場では，1本100円だと10,000本の需要があるので，A社とB社は5,000本ずつ生産すると考えよう。

　ここで注意してほしいところは，**図2-4**が示すように，生産者が多数であっても，2社しかなくても，最終的な価格は1本100円となり，生産本数は10,000本に落ち着く。言い換えると，生産者が多数の競争市場であっても，生産者が少数の寡占市場であっても，生産者の間で価格競争が繰り広げられているかぎりは，同じ結果になる。

寡占市場から独占市場へ

　それにしても，上で説明したような寡占市場は，A社にとっても，B社にとっても居心地が悪いであろう。多数のメーカーがしのぎを削ってきた競争市場において，せっかく勝ち抜いてきたのにもかかわらず，両社は，以前と同じように採算ぎりぎりの1本100円で生産せざるをえないからである。

　そこで，A社とB社の経営陣が集まって，両社を合併❸し，X社という新しい鉛筆メーカーを創設することで合意した。長い期間にわたる鉛筆市場の激しい価格競争の結果，鉛筆製造に参入しようとする企業は1社も現れなかった。その結果，鉛筆市場には，X社1社しか生産者がいなくなったのである。このように，たった1社しか生産者がいない市場は，独占市場❹と呼ばれている。

　それでは，独占メーカーのX社は，どのように鉛筆1本当たりの価格を設定するであろうか。かつての寡占市場のように，一方のメーカーが1本100円を超える価格を設定しても，即座に他方のメーカーがそれを下回る価格を提示し，結局は1本100円の価格となってしまうようなことは起きない。

　そこで，X社は，競争市場や寡占市場で成り立っていた1本100円の価格を大きく上回る1本120円に設定するとしよう。図2-5が示すように，この場合，1本100円のときには10,000本売れていたものが，1本120円となると9,000本しか売れなくなる。しかしながら，1本120円であると，採算ラインの1本100円を上回って，1本当たり20円（＝120円－100円）の利益を確保することができるので，独占メーカーのX社は，18万円（＝20円×9,000本）の利益を獲得することができる。

　まとめてみると，価格競争が繰り広げられている競争市場や寡占市場に比べて，価格競争が行われない独占市場においては，鉛筆1本当たりの価格は100円から120円に上昇する一方で，鉛筆の生産本数は10,000本から9,000本に減少する❺。

　ここで注意してほしいのは，表面的には寡占市場であっても，実態は，独占市場という状況が起こることである。たとえば，少数の生産者が，価格競争をやめ，1本当たりの価格を120円と決めて，それ以下に値下げをしないという協定（No. 2-1-9 で説明するようにカルテルと呼ばれている）をお互いに結ぶと，生産者の数は見かけでは複数であっても，たった1社が生産者であるのと変わらなくなる。

「1社」と「2社以上」の大きな違い

　みなさんは，**No. 2-1-3** と **No. 2-1-4** で学んできたことにずいぶんと驚いたのではないであろうか。

　多数の生産者が価格を競う競争市場と少数の生産者だけで価格競争をする寡占市場との間では価格と生産量に違いがまったくない一方，2社のメーカーで価格競争をする寡占市場とたった1社のメーカーが生産をする独占市場では価格と生産量に大きな違いが生じる。言い換えると，生産メーカーが1社か2社かの違いは大きいが，2社かそれ以上かの違いはまったくない。ただし，見せかけが2社以上の寡占市場であっても，それらの会社どうしでカルテル（価格協定）を結べば，事実上は独占市場となる。

　このことは，多くの人々から成り立っている人間社会における競争の本質を表していると考えることができる。人間は，「競争は良いことだ」と考えていても，1人だけだと競争しようとは決して思わない。しかし，たった1人でも自分以外に相手が現れると，すすんで競争をしようと思うわけである。

【　用語解説　】

❶ 消費者の間の競争

　ここでは，多数の生産者の間の価格競争に焦点を当てているが，多数の消費者の間でも価格競争は生じる。たとえば，品不足に陥った必需品については，消費者が高い値段でも買おうとするので，価格が高騰していく。

❷ 寡占市場の意味

　「寡占」の「寡」は「すくない」と読み，「占」は「占める」と読むので，寡占市場とは「少ない生産者によって占められた市場」という意味になる。

❸ 企業合併

　企業合併とは，2社以上の会社（企業）が1つになって新しい会社を作ることをいう。

❹ 独占市場の意味

　「独占」の「独」は「ひとり」と読むので，独占市場とは「たった1社の生産者によって占められた市場」という意味になる。

❺ 競争市場と独占市場の比較

　一般的にも，多数の生産者が価格競争をする競争市場に比べて，生産者が1社しかいない独占市場では，**価格が上昇する一方，生産量は減少する。**

多様な競争における独占

POINT　多様な競争と独占市場を組み合わせた
独占的競争市場の考え方を理解しよう。

中華レストランとイタリアン・レストランの競争とは？

　もう一度，隣り合う中華レストランとイタリアン・レストランで繰り広げられた多様な競争のことを考えてみよう。2つのレストランの競争は，同じモノを価格面だけで競う競争市場とは異なっている。中華料理とイタリア料理は異なった料理であるだけでなく，それぞれのレストランが工夫を凝らした料理は，日本どころか，**世界でたった1つの料理，まさにオンリーワンの料理**であろう。

　このように考えてくると，中華レストランも，イタリアン・レストランも，独自の料理を提供する独占的な生産者ということになる。こうした独占的な生産者どうしが価格面だけでなく多様な側面（たとえば，料理のおいしさ，店の雰囲気，従業員のおもてなしなど）で競争する市場は，独占的競争市場 ❶ と呼ばれている。**No. 2-1-3** と **No. 2-1-4** の議論において，価格面だけの単純な競争では，競争と独占は犬猿の仲（仲の悪いたとえ）にあったが，価格面だけではない多様な競争では，競争と独占が水魚の交わり（親密な友情のたとえ）になったわけである。

独占的競争市場における価格競争

　もちろん，独占的競争市場でも価格競争はある。中華レストランとイタリアン・レストランは，価格面でもしのぎを削っている。ここで，イタリアン・レストランが独占的に供給するイタリア料理の需要曲線を考えてみよう。

● 単純な競争と多様な競争

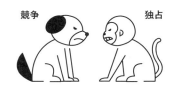

競争　　独占

単純な競争では，競争と独占は犬猿の仲

競争　独占

多様な競争では，競争と独占は水魚の交わり

⬤ 図2-6：「隣に中華レストランがある場合のイタリア料理への需要」と
「隣に中華レストランがない場合のイタリア料理への需要」

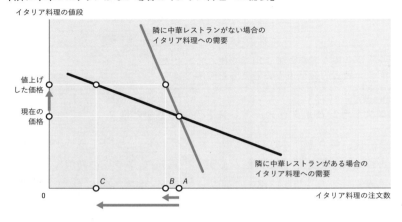

　図2-6は，このイタリアン・レストランが独占的に提供する料理について，縦軸に料理の値段，横軸に料理の注文数をとったグラフである。隣の中華レストランと競い合っている場合は，イタリア料理への需要曲線は，図2-6の黒線のように右下がりながらも，**傾きが緩やかになる**。この場合，イタリアン・レストランが料理の値段を現在の価格から値上げをすると，イタリア料理への注文数は，点Aから点Cへと大幅に減少する。近所の人々は，値上げでイタリア料理から中華料理に変更するからである。

　一方，隣の中華レストランがなんらかの理由で店じまいをしてしまった場合は，イタリア料理への需要曲線は，図2-6の青線のように**傾きが急な右下がりになる**。この場合，イタリアン・レストランが値上げをしても，イタリア料理への注文数は，点Aから点Bへわずかに減少するだけである。近所の人々は，近くに代わりのレストランがないため，依然としてイタリア料理を注文するからである。

　図2-6の黒線のように，**右下がりの傾きが緩やかな需要曲線**は，需要が価格に対して**弾力的❷**であることを示している。「需要が弾力的である」というのは，値上げに対して需要が大きく下がることを指している。逆に，図2-6の青線のように，**右下がりの傾きが急な需要曲線**は，需要が価格に対して**非弾力的❷**であることを示している。需要が非弾力的というのは，値上げに対し

ても需要があまり下がらないことを指している。

　こうして説明してくると，読者のなかから文句も出てくるかもしれない。**No. 2-1-3** では，グラフは縦軸（y 軸）から右方向に読むといっておきながら，需要曲線の傾きが緩やかなのか，急なのかは，横軸（x 軸）から上方向に読んでいるので，説明の一貫性がまったくない。読者のこうした文句は正当であるが，説明には便宜や習慣といった側面も強いということで，勘弁をしてほしい。

　隣の中華レストランと競い合っている場合のイタリアン・レストランにとっては，イタリア料理への需要が非常に弾力的であるので，値上げをすることが難しい。同じことは，中華レストランにも妥当して，隣り合う中華レストランにとっても値上げは容易なことではないはずである。近所の人々からすれば，2 つのレストランが多様な側面で競い合っているおかげで，おいしいイタリア料理や中華料理を手ごろな価格で満喫することができるわけである。

COLUMN

特許権制度における競争と独占

　多様な競争において独占の側面が重要になってくるのは，料理のおいしさや店の雰囲気を競い合っているレストランだけではない。たとえば，新製品，新商品，新技術の発明においては，単に生産コストを引き下げるだけではなく，さまざまな性能を改善するために企業や個人が競い合っている。しかし，発明には多額の費用がかかる一方で，いったん発明されると，新しい製品や商品がまねされてしまいかねない。せっかく最初に発明しても，後からまねされてしまえば，発明にかかった多額の費用をまかなって収益を上げることができなくなってしまう。

　そこで，特許権 ❸ と呼ばれる制度が，最初に発明した企業や個人の利益を守っている。最初に発明した者は，特許庁と呼ばれる役所にその発明を出願し，いくつかの要件が満たされると，向こう 20 年間，その製品や商品を独占して生産できる権利や，誰がその製品・商品を生産するのかを決定できる権利，すなわち，特許権を得ることができる。特許権を得た発明者に代わって生産をする企業は，発明者に対して特許料を支払わなければならない。

　このように，特許権制度 ❸ でも，発明までは競争が繰り広げられ，発明されるやいなや，最初の発明者が独占的な生産者になるという意味では，競争と独占の相性が良いことになる。

【 用語解説 】

1 独占的競争市場という考え方

単純な価格競争だけを重視する従来の入門的な経済学では競争と独占が対立する概念と考えられたことから，独占的競争市場の考え方はあまり出てこなかった。しかし，多様な競争においては，競争と独占が矛盾しないことが多いので，独占的競争市場の考え方が重要である。

2 価格に対して弾力的な需要と非弾力的な需要

「弾力的な」という言葉は，「変化に適応する」という意味がある。ここでは，価格の変化に対して需要が変化する度合いが大きいときに弾力的，小さいときに非弾力的という。

3 特許とは？

特許権の特許とは，政府や地方自治体が特定の人に与える許可のことを指している。特許権は，特許庁と呼ばれる政府機関に出願された発明が，いくつかの要件を満たしているときに発明者に与えられる権利である。

労働市場のさまざまな形

> **POINT** 財・サービス市場に比べた労働市場の特徴を理解しよう。

労働市場──労働力（労働サービス）を売買する市場

　もう一度，中華レストランを取り巻くさまざまな市場を振り返ってみよう。中華レストランは，飲食サービスを提供するために，財市場で野菜や魚肉などを仕入れ，投資財市場 ❶ で調理器具や調理設備などを購入する。また，労働市場 ❶ で従業員を雇い入れる。

　財やサービスの生産のために原材料（ここでは，野菜や魚肉）のほかに必要となってくる労働力 ❷ と投資財は，生産要素 ❶ と呼ばれている。したがって，労働力を売買する労働市場は，生産要素の重要な市場となるわけである。

　ここでいう労働力とは，労働者 ❷ の肉体や精神そのものをいうのではないので，労働市場では労働者という人間自体を売買しているわけではない。そのような人身売買は，法律によって厳しく禁じられている。

　労働力とは，財やサービスの生産に必要となってくる労働者のさまざまな能力（労働サービスと呼ばれる）を指している。たとえば，中華レストランで働く従業員は，調理や接客の能力を提供することによって飲食サービスの提供に貢献し，その貢献に見合った給与 ❸ を受け取る。

　こうして見てくると，労働市場とは，労働者（中華レストランの従業員など）が労働力（調理や接客などの労働サービス）を売り，雇用者（中華レストランのオーナーなど）が給与の支払いで労働力を買う市場といえる。

　ただし，財やサービスの市場と労働市場は異なる点も少なくない。

ハローワークで職業を紹介してもらっている人々（時事）

第1に，店や取引所のような直接取引をする場所が見当たらない。**労働力を雇おうとする者（雇用者）**は，雇用条件や給与待遇などを記入した**求人票**を雑誌や新聞などに掲載するとともに，高等学校などの学校や，職業を紹介する**ハローワーク（公共職業安定所）❹** に送る。一方，**労働力を提供しようとする者（労働者）**は，求人票の情報に基づいて，関心のある雇用者に**履歴書**を送る。そして，雇用者と労働者が何度か会って，面接をし，お互いに合意ができれば，採用が決まる。

　第2に，労働市場は，財やサービスの取引と違って，短時間で売買が終わるわけでも，代金の支払いもその場でなされるわけでもない。雇用者が求人票を掲示し，それを見た労働者が履歴書を雇用者に送り，何度かの面接を経て，最終的に雇用が決まるまでには相当の時間（たとえば数週間，ときには数カ月）がかかる。また，財やサービスの価格に相当する給与が，通常，労働者が雇用者のもとで，ある期間働いた後に支払われる（たとえば，月末に支払われる）。

　第3に，給与がさまざまな形で支払われる。**時間給❸** は，1時間当たりの賃金（**時給**，あるいは**賃金**）を決めて働いた時間に応じて支払われる。**出来高払**

労働者が雇用者に送る履歴書の例

● 図 2-7：労働市場の需要と供給

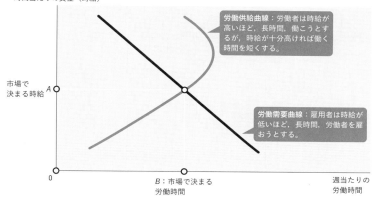

時間当たりの賃金（時給）

労働供給曲線：労働者は時給が高いほど，長時間，働こうとするが，時給が十分高ければ働く時間を短くする。

市場で
決まる時給　A

労働需要曲線：雇用者は時給が低いほど，長時間，労働者を雇おうとする。

0　　　B：市場で決まる　　　　週当たりの
　　　労働時間　　　　　　　労働時間

い ❸ では，ある期間に成し遂げた仕事の成果に応じて給与が支払われる。また，**賞与 ❸** は，企業の収益の一部が労働者に支払われるものである。プロ野球選手や企業経営者の**年俸 ❸** では，それまでの実績に応じて向こう 1 年間の年間給与が決められる。

労働市場の需要と供給

　それでは，労働市場の需要曲線と供給曲線はどのように描かれるのであろうか。**図 2-7** は，縦軸に時間当たりの賃金（時給），横軸に週当たりの労働時間を示している。

　雇用者からの労働力への需要は，**図 2-7** の黒線のように，時給が低くなるほど，雇用者は労働者を長時間雇おうとするので，**需要曲線は右下がりになる**であろう。一方，労働者からの労働力の供給は，**図 2-7** の青線のように，時給が高くなるほど，労働者は雇用者のために長時間働こうとするので，**供給曲線は右上がりになる**であろう。ただし，時給が十分に高くなると，働く時間を若干短くしても十分な給与を得られることから，**供給曲線が左上がりになる**可能性もある。

　労働市場においては，需要曲線と供給曲線が交わるところで，時給と労働時間が決まる。**図 2-7** の場合は，縦軸の点 A のところで時給が決まり，横軸の点 B のところで労働時間が決まってくる。

労働市場における単純な競争と多様な競争

　労働市場で労働サービス（労働力）の提供者である労働者の間で繰り広げられる競争にも，単純な競争と多様な競争がある。

　価格（この場合は賃金）の側面だけで競い合う単純な競争では，労働者が安い賃金でも労働サービスをすすんで提供しようとする。その結果，労働者たちは，安い賃金に甘んじなければならない。生産者の間での激しい価格競争で価格が低下することを，底辺への競争と呼ぶことがあるが，労働者の間でも底辺への競争が起きるかもしれない。

　一方，賃金だけでなくさまざまな側面で競い合う多様な競争では，それぞれの労働者が，より良い条件で働けるように，雇用者に提供できるさまざまな技量を磨いていくであろう。雇用者（多くの場合，企業）の間でも，多様な競争が起きる可能性がある。雇用者たちも，より優れた労働者に働いてもらうために，給与や諸手当を引き上げるとともに，福利厚生施設や休暇などの待遇を改善する。このように労働者間と雇用者間で繰り広げられる競争は，まさに多様な競争といえる。

【 用語解説 】

❶ 生産要素とは？
　生産要素とは，原材料や素材に対して技量や能力によって働きかける労働力（労働サービス）や，機械などの加工によって働きかける投資財（資本と総称される）を指している。なお，本文では現れないが，土地や工場も，生産要素に含まれる。

❷ 労働力と労働サービス
　労働力は，労働者自体を指すのではなく，労働者が雇用主に提供できる技量や能力を指している。労働力は労働サービスと呼ばれることが多い。

❸ 給与のさまざまな形
　雇用者が労働者に支払う給与は，さまざまな形で支払われる。本文で説明するように，時間給，出来高払い，賞与，年俸などの形態がある。

❹ ハローワーク
　就職しようとしている労働者に対して，無料で職業の紹介や指導を行う場所。かつては，公共職業安定所というなじみにくい名前であったが，1990 年以降，ハローワークと呼ばれるようになった。

金融市場のさまざまな形（その1）

➡ **POINT**　銀行を中心とする金融市場の特徴を理解しよう。

2つの金融市場

　中華レストランは，営業を始めるために必要となる調理器具や調理設備の値段が高いために，それらの購入資金を銀行❶から借りなければならないかもしれない。一方，このレストランは，日々の売り上げで貯まった資金（カネ）を銀行に預けるであろう。

　銀行を中心とした市場❶は，代表的な金融市場❶である。この金融市場では，預金者から銀行に預けられた資金が，銀行から企業などに貸し付けられる。銀行を中心とした市場では，カネを貸したり借りたりしているのであって，カネを売買しているわけではない。

　金融市場には，もう1つの形態として，証券市場を中心とした市場❶がある。「資金を借りようとする企業」が株式や債券などの証券（**No. 2-1-8**で説明）を，「資金を貸そうとする投資家」に発行し，そうした証券が投資家の間で売買される。したがって証券市場❶では，モノと同じように証券が売買されている。証券は証券取引所で売買されることもある。

銀行を中心とした金融市場

　まずは，**図2-8**を用いながら，銀行を中心とした金融市場の仕組みを説明してみよう。最初に，銀行と企業（中華レストランのような事業者も含む）の関係を見ていく。資金を必要とする企業は，銀行から資金を借りる。その際に企業は，返済する期限を定めて，借りた資金額を元本とし，その元本に付く利息（金利ともいう）を合わせて返済することを銀行に約束する。このような約束を記した証書は，借用証書と呼ばれている。なお，利息や金利は，利子と呼ばれることも多い。

　たとえば，企業が2020年4月1日に1000万円の資金を銀行から借りて，2021年3月31日に1000万円の元本とともに30万円の利息を銀行に返す場

● 図 2-8：銀行の仕組み

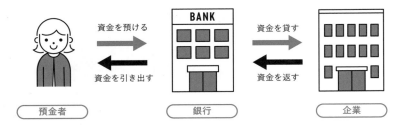

合を考えてみよう。

　普通は，借用証書には利息や金利を書き込むのではなく，元本に対する利息（金利）の比率，すなわち，**利子率（利率）**を記入する。上の場合であると，元本1000万円に対して30万円の利息を支払うことから，30万円÷1000万円＝0.03で3％となる。

　次に，銀行と預金者（今度は中華レストランが借り入れ企業ではなく預金者となる）の関係を見てみよう。なお，**銀行預金❷**には，定期預金のように預金を引き出すことができる時期（満期）が決められているものもあれば，**普通預金❷**や**当座預金❷**のように満期が決められておらず，いつでも引き出すことができるものもある。

　たとえば，預金者が2020年4月1日に100万円の資金を銀行に定期預金として預けて2021年3月31日に100万円の元本と2万円の利息を引き出すとしよう。この場合，定期預金の利子率は2万円÷100万円＝0.02で2％となる。

	借　用　証　書	元金均等払	事業資金一般用

借用金額	￥15,000,000※	利率	年　　　　　　　　　　　　0.46%　ただし，貸付日から3年経過後は，年　1.36%
元　金支払方法	毎月金　　　200千円ずつ　75　回払（ただし，初回金　　200千円）令和　　　年　　　　月から完済に至るまで毎月　　　　　日限り支払う。		
利　息支払方法	令和　　　年　　　　月を初回として以降毎月　　　　　　　　日限り支払う。		
利　息計算方法	年365日の日割計算とする。		
損害金	本借入金債務を弁済期日に履行しなかったときは，延滞元金について，その延滞日数に応じて年8.9%の割合による損害金を支払う。計算方法は年365日の日割計算とする。		

借用証書の例（元金，利率，支払い方法などが記されている）

銀行を中心とした資金の流れ

　今度は，銀行を中心とした資金の流れを見ていこう。この銀行は，2020年4月1日に10社の企業にそれぞれ1000万円の資金を利子率3％で貸す。銀行は，合計1億円の貸し出し資金（1000万円×10社）を預金者から集めることになる。100人の預金者がそれぞれ100万円ずつ利子率2％で銀行に預けると，銀行には合計1億円の資金（100万円×100人）が集まる。

　それでは，企業にとっては返済期限であり，預金者にとっては満期である2021年3月31日に何が起きるであろうか。銀行から資金を借りた10社の企業は，それぞれ元利合計1030万円を銀行に返済する。したがって，銀行には1億300万円（1030万円×10社）の資金が集まることになるが，今度は，その資金の大部分が預金者によって引き出される。すなわち，100人の預金者がそれぞれ元本と利息を合わせた102万円を引き出すので，銀行から預金者には合計1億200万円（102万円×100人）の資金が支払われることになる。

　この場合，銀行は，1年間，預金者から資金を預かって，その資金を企業に貸し出すと，収益を得ることになる。企業から返済された1億300万円から，預金者が引き出した1億200万円を差し引くと，銀行の手元には100万円の資金が収益として残る。

　なぜ，銀行は預金者から預かった資金を企業に貸し出すことによって収益をあげることができたのであろうか。それは，銀行が預金者から**2％の低い利子率**で資金を預けてもらい，**3％の高い利子率**で資金を貸したからである。このように，預け入れ利子率は貸し出し利子率を下回り，そのことが銀行に収益をもたらすのである。

COLUMN

プラスの金利，ゼロの金利，マイナスの金利

　通常，金利はプラスなので，元本や利息をいっさい返さないと，借金は雪だるま式に増えていく。たとえば，100万円を利子率10％で借りると，1年後の元利合計は，100万円×(1+0.1)＝110万円となる。しかし，1年後に元本も利息も返さないと，2年後には，110万円×(1+0.1)＝121万円となる。

　もし，10年間，元本も利息も返済しないと，100×(1+0.1)^{10}となって，なんと

約259万円にまで膨らんでしまう。このように借金が雪だるま式に膨らんでいく元利計算は，複利計算と呼ばれている。一方，10%の金利の10年分で10%×10年として，100×(1+0.1×10)＝200とする元利計算（預け入れた元本にのみ金利がかかる計算）は，単利計算と呼ばれている。複利計算と単利計算では，10年でも259万円対200万円と大きな差が生じるが，20年だと673万円対300万円と2倍以上の差が生まれてしまう。

それでは，金利がゼロであればどうなるであろうか。100万円を借りても，1年後にも，2年後にも，利息はまったく付かないので，借金は100万円のままである。すなわち，借金が増えていくことはない。

金利がマイナスであればどうなるであろうか。たとえば，100万円を利子率マイナス10%で借りると，1年後の元利合計は，100万円×(1-0.1)＝90万円となる。返済しないままに放っておくと，2年後には，90万円×(1-0.1)＝81万円となる。すなわち，借金がどんどん減っていくので，資金を借り入れた者からすると，返済などせずに放っておく方が得策となる。

【 用語解説 】

❶ 金融市場

銀行を中心に資金が流れる市場は，企業が銀行を通じて間接的に預金者の資金を借りていることから間接金融市場と呼ばれることがある。一方，証券市場を中心に資金が流れる市場は，企業が投資家から直接資金を借りていることから直接金融市場と呼ばれることがある。

❷ 銀行預金の形態

預金者が預金を引き出すことができる時期は，満期と呼ばれている。銀行預金には，満期が定められている定期預金と，満期が定められておらずいつでも引き出すことができる普通預金などがある。主として企業が銀行に開く当座預金も，いつでも引き出すことができる。

金融市場のさまざまな形（その2）

POINT　証券市場を中心とした金融市場の特徴を理解しよう。

証券市場を中心とした金融市場

　それでは，**図2-9**を用いながら，証券市場を中心とした金融市場の仕組みを見ていこう。「資金を借りようとする企業X」は，「資金を貸そうとする投資家A❶」に対して，借用証書に相当する証券証書を渡す（「発行する」ということが多い）代わりに資金を借り入れる。

　この証券には，後で説明するように，債券❷と株式という異なったものがあるが，ここでは債券を想定してみよう。債券証書には，借用証書と同じよう

● 図2-9：証券市場（証券取引所）の仕組み

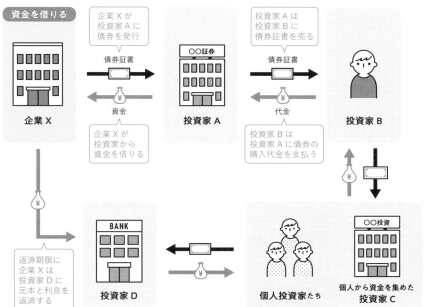

に，元本，利息，返済期限が記されている。もし投資家Aが返済期限まで債券証書を持ち続ければ，企業Xは，返済の期日に元本と利息を返済しなければならない。

　しかし，銀行の借用証書と違って，債券証書は金融市場で売買することができる。一度購入した債券証書であっても，後になってお金に換えたいときは，その証書を売ることができるわけである。債券証書は，証券会社や銀行などと**相対取引**で売買されることもあれば，**証券取引所**で売買されることもある ❸。

　たとえば，投資家Aは，投資家Bに対して債券証書を売り，投資家Bは，投資家Aに対してその購入代金を支払う。同じように，投資家Bと投資家Cの間で，あるいは，投資家Cと投資家Dの間で債券証書が売買される。その結果，この債券の返済期限が到来したときには，債券証書は，投資家Dの手元にあったとしよう。なお，個人投資家たちは債券取引に直接関わっていない。

　すると，資金の借り手である企業Xは，投資家Dに元本と利息を支払って，その債券を返済するわけである。

　証券市場を中心とする金融市場では，さまざまな投資家の間で債券証書が売買されることから，個々の投資家が長い期間にわたって企業に資金を貸す必要がなくなる。返済期限が到来する前でも，投資家は，自らが保有する債券証書を他の投資家に売れば，投資した資金を回収することができる。

債券の利子率と債券価格の関係

　企業が銀行から借り入れる場合，元本と利息があらかじめ決められているので，利子率の計算は常に簡単である。たとえば，**No. 2-1-7** のように，元本1000万円，利息30万円の場合，利子率は次の計算から3％となる。

　　　利子率＝利息÷元本＝30万円÷1000万円＝0.03＝3％

　しかし，債券は，利子率の決まり方が異なっている。上で見てきたように，債券価格は，証券市場で売買するたびに変動するからである。債券の利子率は，「あらかじめ決まった利息」を「あらかじめ決まった元本」で割ったものではなく，「あらかじめ決まった利息」を「変動する債券価格」で割ったものに等しくなる。

　　　　利子率＝利息÷債券価格

　したがって，債券価格が上がると債券利子率は低下し，債券価格が下がると債券利子率は上昇するのである。たとえば，利息が30万円として，債券価格

が元本と同じ 1000 万円であれば，利子率は 3% であるが，債券価格が 1200 万円に上昇すれば，利子率は 2.5%（30 万円÷1200 万円）に低下し，債券価格が 750 万円に低下すれば，利子率は 4%（30 万円÷750 万円）に上昇する。

債券と株式の違い

最後に，債券と株式の違いを簡単に説明しておこう。株式も，企業が投資家に対して株式証書（株券と呼ばれる）を発行する（渡す）代わりに資金を受け取る。しかし，債券と違って，株式は返済期限が定められていないので，原則，企業は株式を保有する投資家（株主と呼ぶ）に対して借りた資金を返済することはない。

また，債券の利息に相当する株式の配当もあらかじめ定まっていない。配当は，企業の利益に応じて投資家に支払われる。もし企業が大きな損失を被れば，配当がなくなる（無配になる）こともある。利息があらかじめ定まった債券でも，その価格は変動するが，配当があらかじめ定まっていない株式は，その価格が大きく上下に変動する。

株券の見本（元本に相当する株数〔株券の枚数〕は記されているが，返済期限も，利息も記されていない。現在，株券は完全に電子化されたので，このような紙の株式証書は発行されなくなった）（時事）

10 年物利付国債（時事通信フォト）

国家はどうやって資金を借りるの？

No. 2-1-7 と **No. 2-1-8** では，企業が資金を借りるケースを考えてきた。それでは，国家は，どのように資金を借りるのであろうか。実は，企業と同じように，国家も，銀行から借りる場合もあれば，債券市場の投資家から借りる場合もある。銀行は債券市場の投資家にもなる。

とくに，国家は，国債と呼ばれる債券を発行することによって莫大な資金を投資家から借りている。59 ページの下側にある写真の債券は，国が投資家から 10 年間にわたって資金を借り入れるときに発行する 10 年物利付国債である。上部の大きな券は元本に相当している。一方，下部の 8 枚の小さな券は利息に相当している。利息は半年ごとに投資家に支払われるので，10 年物であると利息が 20 回支払われる。したがって，国債の発行当初は，写真には写っていないが，さらに下には 12 枚の小さな券があったことになる。

信用力の高い国家の債券金利は，企業が発行する債券である社債の金利に比べて低くなる傾向がある。なお，日本政府の国債発行の状況については，**No. 2-4-1** で詳しく見ていく。

【 用語解説 】

❶ さまざまな投資家

金融市場には，さまざまな投資家が参加している。個人投資家もいれば，銀行，保険会社，証券会社のように金融機関が投資家として参加することもある。また，多くの個人投資家から資金を集め，まとまった資金を投資する投資家もいる。

❷ さまざまな債券

だれが資金を借りるのかによって，債券の呼び方も変わってくる。本文のように，企業が借りる場合は社債と呼ばれる。国が借りる場合は国債，都道府県などの地方自治体が借りる場合は地方債と呼ばれる。

❸ 証券が売買される場所

債券や株式は，財やサービスと同じように，相対取引で売買されることもあれば，証券取引所で売買されることもある。**No. 2-1-1** の COLUMN で説明したように，証券取引所は，体育館のように人々が売買のために集まる場合もあれば，コンピュータ・ネットワーク上で売買する場合もある。

公正な競争を実現するための政府の役割（その1）

> **POINT** 財・サービス市場において消費者を守る政府の役割を理解しよう。

市場における相対的に弱い立場を守る仕組み

　財・サービス市場，労働市場，金融市場において公正な競争 **❶** が実現することは，円滑な市場取引を支えていく。また，公正な競争は，日本経済の健全な発展にも不可欠であろう。

　それでは，政府は，さまざまな市場で公正な競争を実現するために，どのような役割を果たしているのであろうか。政府の公正な競争に対する基本的な姿勢は，それぞれの市場において，相対的に弱い立場の市場取引者を守るところにある。具体的には以下のとおりである。

- 財・サービス市場：生産者に対して**消費者を守る**。
- 労働市場：雇用者に対して**労働者を守る**。
- 金融市場（とくに証券市場）：資金調達者（資金を借りる者）に対して**投資家（資金を貸す者）を守る**。

　政府が各市場で相対的に弱い立場の市場取引者を守る際には，まずは，そのための法律を制定し，市場のすべての取引者がその法律を守っていくように，特定の行政組織が市場取引を監視していく。

　No. 2-1-9 では，財・サービス市場において消費者を守る仕組み，**No. 2-1-10** では，労働市場において労働者を守る仕組みや証券市場で投資家を守る仕組みを詳しく見ていこう。

財・サービス市場における不公正な競争

　財・サービス市場について公正な競争を実現するために，独占禁止法 **❷** が制定され，公正取引委員会（COLUMN を参照）と呼ばれる行政組織が，独占禁止法に基づいて市場取引を監視している。

　まずは，どのような生産者の行為が不正な競争であって，消費者の利益が失われてしまうのかを具体的に見ていこう。

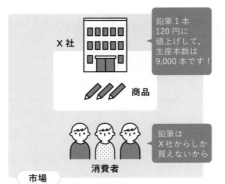

● 独占

X社

鉛筆1本
120円に
値上げして、
生産本数は
9,000本です！

商品

鉛筆は
X社からしか
買えないから

消費者

市場

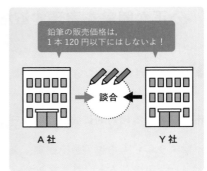

● カルテル

鉛筆の販売価格は，
1本120円以下にはしないよ！

A社

談合

Y社

[独占市場の形成]　**No. 2-1-4** で見てきたように，ある商品について，あるいは，競合する商品も含めて，生産者が1社になると，消費者は，より高い値段で，より少ない数量しか購入することができなくなる。たとえば，鉛筆を製造する企業が1社になって，競争相手がなくなるやいなや，独占企業は，鉛筆1本の価格を100円から120円に値上げし，消費者全体の鉛筆購入本数は，10,000本から9,000本に減少してしまった。

　また，**No. 2-1-2** で見てきたように，飲食サービス市場でイタリアン・レストランと中華レストランが切磋琢磨していたところで，片方のレストランが店じまいするやいなや，競争相手がいなくなったレストランは，おいしい料理をより安く提供する努力を払わなくなった。レストラン周辺の住民たちにとっては，好みに応じて2つの異なった料理を，安い値段で満喫する機会が失われてしまう。

[寡占市場におけるカルテル]　ある商品の生産者が数社ある寡占市場においても，競争が失われて事実上の独占状態が生まれることがある。**No. 2-1-4** の事例では，生き残った鉛筆メーカー2社が，「鉛筆1本の価格を120円以下には引き下げない」という**カルテル❸**を結んで，事実上，2社の間で価格競争を繰り広げることを止めてしまった。

財・サービス市場で公正な競争を実現するために

　公正取引委員会は，市場が独占状態に陥ったり，少数の生産者の間でカルテ

ルが形成されないように市場取引を常に監視している。

とりわけ，同一の製品を生産する企業数が **3 社以下**になるような企業合併については，公正取引委員会は非常に慎重な態度を示す。公正取引委員会は，公正な競争が失われると判断すれば，企業合併を禁じることができる。また，公正取引委員会は，カルテルを結んでいると見られる企業を立ち入り検査し，カルテルを禁じることもできる。

このように，公正取引委員会の役割は，市場取引において弱者を守り，公正な競争を実現するという政府の役割の代表的なものである。

COLUMN

公正取引委員会と経済のグローバル化

「経済憲法」と呼ばれる独占禁止法が守られているかどうかを常時，監視している公正取引委員会は，「市場の番人」と称されることがある。

公正取引委員会は，発足したのは終戦直後の 1947 年と古いが，本文で説明してきたような独占やカルテルを防ぐ役割を果たすようになったのは，それほど昔というわけではない。戦前は，企業間のカルテルが常態化し，企業合併も頻繁に行われてきた。そうした日本企業の体質は戦後も引き継がれた。公正取引委員会も，発足当初は，カルテルに対しても，企業合併に対しても許容する姿勢を示してきた。

しかし，公正取引委員会を取り巻く状況が大きく変わったのは，1973 年のオイル・ショック（**No. 4-1-3** の用語解説を参照）のときであった。多くの企業は，石油価格の急上昇とともに便乗値上げを繰り返した。消費者は，企業が主導した物価高騰によって大きな不利益を受けた。その結果，生産者に対して消費者を守る公正取引委員会の役割が重視されるようになったのである。

さらに，公正取引委員会の役割が企業の間で意識されるようになったのは，1980 年代以降，海外に進出した日本の企業が，進出先で独占禁止法を厳格に守ることが求められたからである。また，日本に進出した海外の企業も，公正な競争を実現させることを日本政府に強く求めた。このように公正取引委員会の役割が重視されるようになった背景には，経済がグローバル化した事情が非常に大きい。

＊なお，公正取引委員会の役割を平易に解説した資料として公正取引委員会編『わたしたちの暮らしと市場経済——公正取引委員会の役割』という無料冊子が非常に重宝である。

【 用語解説 】

❶ 公正な競争とは？

どのような場合に，競争が公正であるのかを判断することは，とても難しい。しかし，通常は，2つの異なった意味で用いられている。

第1に，どの取引者にとっても，市場で取引する機会が平等であるという点をもって，競争が公正であるという。たとえば，特定の取引者が市場から排除されると，不公正な競争とみなされる。

第2に，どの取引者にとっても，取引の結果が著しく不公平でないという点をもって，競争が公正であるとされることもある。たとえば，ある取引の結果，特定の取引者にのみ莫大な利益がもたらされると，不公正な競争とみなされる。

❷ 独占禁止法

独占禁止法の正式名称は，「私的独占の禁止及び公正取引の確保に関する法律」である。独占禁止法は，公正な競争を実現するために，市場取引の基本的なルールを定めた法律であり，スポーツ競技におけるルールブックに相当する。独占禁止法は，市場経済の根本的なルールを定めたという意味で経済憲法と呼ばれることがある。

❸ カルテルと談合

カルテルは，別々の企業どうしが，製品の価格や生産計画，あるいは，販売地域について協定を結ぶことを指している。

官公庁の入札において競合企業どうしで事前に価格協定を結ぶことを談合と呼んでいる。

—— No. 2-1-10 ——

公正な競争を実現するための政府の役割（その2）

> **POINT** 労働市場において労働者を守る政府の役割,
> 証券市場において投資家を守る政府の役割をそれぞれ理解しよう。

労働市場において労働者を守る仕組み

労働市場においては，雇用者（法律用語では使用者と呼ばれるので，本項でも使用者の用語を用いていく）に対して労働者を守ることで公正な競争の実現が図られている。そのために労働組合法 ❶ が制定され，労働委員会 ❷ と呼ばれる行政組織が，労働者と使用者の間で起きた紛争を解決する役割を担っている。

労働者にとって不公正な競争には，主として**労働者個人と使用者の間で生じた紛争**（個別労働紛争）と**労働組合と使用者の間で生じた紛争**（集団的労働紛争）の2つがある。労働委員会は，いずれの紛争に対しても第三者の立場から解決を図っていく。

それでは具体的な事例を見てみよう。個別労働紛争には，合理的な理由がないのに解雇をしたケース，上司からパワーハラスメントを受けたケース，無理な転勤を求められたケースなどがある。いずれのケースでも，不利益を被った労働者が労働委員会に相談すると，労働委員会は，労働者と使用者の両方から事情を聴き，なんらかのあっせん案を提示する。ただし，労働委員会のあっせん案が，労働者と使用者の両者に受け入れられないこともある。また，調停や仲裁といったほかの手続きがとられることもある。

一方，集団的労働紛争には，使用者が労働組合との団体交渉に応じない，労働組合員だという理由でボーナスが低くなるなどの**不当労働行為**が含まれる。不利益を被った労働組合員は，労働委員会に申し立てを行い，労働委員会は審査を開始する。労働委員会は，不当労働行為と認定した場合には，使用者に不当労働行為を是正する命令を下す。また，労働委員会は，労働組合と使用者の団体交渉が決裂したときに，あっせんをすることもある。

証券市場において投資者を守る仕組み

金融市場，とりわけ証券市場においては，資金調達者（資金を借りる者）に

● 労働市場の不公正な取引のイメージ

● 証券市場の不公正な取引のイメージ

対して投資家（法律用語では**投資者**と呼ばれるので，本項でも投資者の用語を用いていく）を守ることで公正な競争の実現が図られている。そのために**金融商品取引法 ❸** が制定され，**証券取引等監視委員会 ❹** が金融商品取引法に基づいて証券取引を監視している。

　どのような不公正な証券取引によって広範な投資者の利益が失われるのかを具体的な事例を通じて見ていこう。

- **相場操縦**：ある証券会社は，X 社の株式を大量に買い付け，株価が急騰したところで売却して，莫大な利益を得た。
- **インサイダー取引**：Y 社の役員は，Y 社がもうすぐ倒産することを事前に知ったうえで，自らが保有する Y 社の株式をまだ値段が高いうちに売却した。
- **有価証券報告書の虚偽記載**：Z 社は，有価証券報告書に架空売り上げを計上し，収益を水増ししたうえで，Z 社の株価を釣り上げた。

　上のいずれのケースも，相場操縦，インサイダー取引，有価証券報告書の虚偽記載などの不公正な取引を知らなかった一般の投資者は，多大な損失を被った可能性がある。

　証券取引等監視委員会は，こうした不公正な証券取引の端緒を察知すると，ただちに調査に入る。ただし，公正取引委員会や労働委員会とは違って，証券取引等監視委員会は，綿密な調査結果によって不公正な証券取引が認められても，取引違反者に対して命令や処分を直接発することができない。代わりに，証券取引等監視委員会は，金融庁に対して，取引違反者に行政処分（課徴金の支払い）を命ずるように勧告する。より深刻な不公正取引については，検察庁に対して，刑事告発し，司法手続きをとることもできる。

COLUMN

不公正な市場取引をめぐる行政と司法の分担

　財・サービス市場にしても，労働市場にしても，金融市場（証券市場）にしても，取引違反者に対しては，いきなり検察官が捜査するわけではなく，まずは，公正取引委員会，労働委員会，証券取引等監視委員会などの行政組織が調査や審査を行う。多くの場合，取引違反者に対しては，行政組織が課徴金の支払いなどの行政処分を決定する。

　もちろん，深刻な取引違反者については，行政組織が検察庁に告発することもある。あるいは，行政組織の決定に対して取引違反者に不服がある場合は，取引違反者が裁判所に訴える。

　このように，不公正な市場取引をめぐっては，検察庁や裁判所を通じた司法手続きではなく，まずは，行政組織の調査や審査に委ねられるのは，市場取引の公正さを判断するのにきわめて専門的な知見を必要とするからである。行政組織の決定では解決できない場合に限って，検察庁や裁判所を通じた司法手続きに委ねられる。

　ただし，独占禁止法違反に対して，日本の仕組みのように行政手続きと司法手続きを併用するのは，世界的に見ると特殊である。アメリカでは，行政組織にも捜査権限を持たせ，基本的に司法手続きに委ねられている。反対に，ヨーロッパでは，司法手続きを廃止して行政手続きに一本化されている。

【 用語解説 】

❶ 労働組合法

憲法第 28 条には，(1)労働者が労働組合を結成する権利（団結権），(2)労働者が使用者と団体交渉する権利（団体交渉権），(3)労働者が要求を実現するために団体で行動する権利（団体行動権，争議権とも呼ばれる）が認められている。労働組合法は，これらの労働三権を具体的に保障するために制定された。

❷ 労働委員会

労働委員会は，労働者と使用者の間で生じたトラブルを解決するための行政組織である。

労働委員会は，労働組合役員などの労働者委員，会社役員などの使用者委員，大学教授や弁護士などの公益委員の 3 者から成り立っている。

労働委員会には，労働者の直接の窓口となる都道府県労働委員会と，東京に中央労働委員会がある。

❸ 金融商品取引法

当初，証券取引法は，証券取引の基本法として 1948 年に制定された。2006 年に金融商品取引法に改正された。

独占禁止法が財・サービス市場取引の基本ルールを定めているのに対して，金融商品取引法は，証券取引の基本ルールを定めている。

❹ 証券取引等監視委員会

1992 年に設置された証券取引等監視委員会は，証券取引の公正さを調査する広範な権限を有する。しかし，公正取引委員会や労働委員会とは異なり，証券取引等監視委員会自身が，取引違反者に対して命令や処分を発することはできない。

SECTION **2-2**

経済成長

――― No. 2-2-1 ―――

GDP（国内総生産）の考え方

POINT　　GDP（国内総生産）とは何かを理解しよう。

付加価値の合計としての GDP

　日本経済や中国経済のように一国全体の経済は，マクロ経済と呼ばれている。そうしたマクロ経済で生活している人々が豊かであるとはどういうことなのであろうか。経済的な豊かさ❶とは，人々が十分な稼ぎを得て，生産活動によって豊富に生み出された財やサービスを必要に応じて購入できる状態であろう。GDP（gross domestic product から頭文字をとった略語で，日本語では国内総生産という）は，マクロ経済の生産面の豊かさを測る代表的な指標である。たとえば，日本経済の GDP は，日本国内で1年間，農場，山林，漁場，鉱山，工場，事務所，輸送，商店，銀行，情報・通信などのさまざまな生産現場で生み出された価値のすべてを合計したものである。

　生産で生み出された価値は，「付け加えられた価値」，すなわち，付加価値❷と呼ばれている。人間の生産行為は，仕入れた原材料❷に対して，人間が機械や道具などを用いて加工を施し，新たなモノを生み出す行為と定義されている。この場合，付加価値は，原材料から新たなモノを生み出すにあたって「付け加わった価値」に相当する。

　ここで図 2-10 のような簡単なマクロ経済を考えてみよう。製材所は，林業生産者から原木 100 万円を仕入れ，機械で加工を施し，120 万円相当の材木を生産する。材木の生産額 120 万円が原木の仕入れ額 100 万円を 20 万円上回った分が製材所の付加価値となる。

製材所の付加価値＝120 万円－100 万円＝20 万円

　家具生産者は，120 万円の材木を仕入れ，従業員たちがそこに加工を施して150 万円の家具を生産する。すると，家具の生産において，120 万円の材木の仕入れに対して，30 万円の価値が付け加わったことになる。

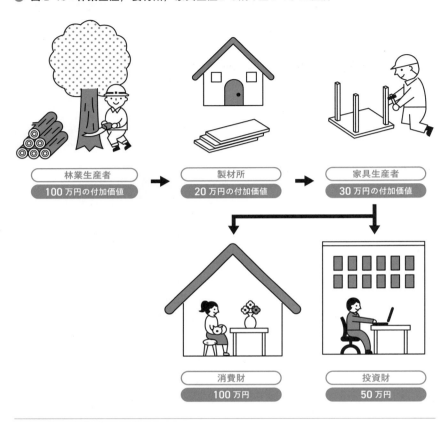

図 2-10：林業生産，製材所，家具生産から成り立つマクロ経済

林業生産者	→	製材所	→	家具生産者
100 万円の付加価値		20 万円の付加価値		30 万円の付加価値

消費財	投資財
100 万円	50 万円

　　　　家具生産者の付加価値＝150 万円－120 万円＝30 万円

　なお，林業生産者は，なんらの仕入れなしに原木を切り出してきたとすると，原木の生産額 100 万円がそのまま林業生産者の付加価値となる。

　　　　林業生産者の付加価値＝100 万円

　GDP は生産活動で生み出された付加価値の合計なので，このマクロ経済のGDP は 150 万円となる。

　　　　GDP＝林業生産者の付加価値＋製材所の付加価値＋家具生産者の付加
　　　　　　　価値
　　　　　　＝100 万円＋20 万円＋30 万円＝150 万円

消費者と企業の手に渡った最終生産物から見たマクロ経済活動

　このようにマクロ経済の GDP とは，生産の段階ごとに付け加えられた価値を足し合わせて計算した生産規模を指している。こうした GDP は，消費者や企業の手に渡った生産物（**最終生産物 ❸**）という観点から見直すこともできる。先の簡単なマクロ経済の事例では，消費者や企業の手に渡った最終生産物は家具だけである。原木や材木は，**中間生産物 ❷** として原材料に使われてしまった。たとえば，150 万円の家具のうち，家庭で使われた財（**消費財 ❸**）が100 万円，企業の事務所に設置された財（**投資財 ❸**）が 50 万円であるとすると，150 万円相当の GDP は，以下のように最終生産物の合計としても表すことができる。

150 万円相当の GDP＝100 万円相当の消費財＋50 万円相当の投資財

COLUMN

家庭で生み出される付加価値

　生産活動の現場というと，企業の工場を思い浮かべやすいが，家庭も立派な生産活動の場所となる。たとえば，お父さんが，スーパーマーケットで肉や野菜を買って家で調理をすれば，肉や野菜の購入額を上回る価値が付け加えられる。また，お母さんが家で子供に勉強を教えれば，塾に支払う月謝の一

部に相当する価値が新たに生まれる。2020 年初めから新型コロナウイルスの流行でマスクの値段が高騰したが，タオル地やゴムを準備し，裁縫の手間をかけて，原材料費をはるかに上回る価値の布マスクを作った家庭も多かったであろう（写真参照）。

　このように日本の家庭でもさまざまな付加価値が生産されているのであるが，残念ながら日本経済の GDP 統計にはいっさい反映されない。家庭の生産活動を正確に把握することが非常に難しいからである。

【 用語解説 】

① 経済的な豊かさ

経済活動をする人々の豊かさの度合いを計測することは非常に難しいが，通常，3つの側面で豊かさが測られている。第1に，GDPで測られる生産面の豊かさである。財やサービスが豊富に生産されている状態が豊かであるとされる。第2に，消費面の豊かさである。消費者が十分な財やサービスを購入できる状態が豊かであるとされる。第3に，所得面の豊かさである。労働者が高い賃金を稼ぎ，企業が高い利益をあげている状態が豊かであるとされる。

② 付加価値と中間生産物

生産活動において仕入れた原材料は，中間生産物と呼ばれている。したがって，付加価値は，生産に投入された中間生産物の総額（中間投入額）を生産額から差し引いたものに等しい。すなわち，以下の公式が成り立つ。

付加価値＝生産額－中間投入額

③ 最終生産物

最終生産物とは，消費者や企業の手に渡った生産物を指している。そのうち消費財は，消費者の手に渡ったもので，食べ物のようにすぐに消費される財もあれば，衣服や電化製品のように何年も使用される財（耐久消費財）もある。一方，投資財は，企業の手に渡ったもので，機械設備や工場施設などが含まれる。なお，家計（家庭）が建築する居住用住宅も投資財とされる。

名目GDPと実質GDP

 POINT 　名目 GDP と実質 GDP の区別を理解しよう。

名目額と実質額の区別

　No. 2-2-1 の事例では，最終生産物として家具が生産されている経済の GDP は 150 万円であった。このように家具の価格で測った GDP を**名目 GDP ❶** と呼ぶ。

　ここで家具を机とすると，同じ 150 万円相当の名目 GDP であっても，机の 1 脚当たりの値段によって机の脚数が異なってくる。たとえば，150 万円の名目 GDP は，1 脚当たり 1 万円であると 150 脚であるが，1 脚当たり 1 万 5000 円であると 100 脚に減る。机の価格ではなく，机の数量（脚数）で測った GDP は，**実質 GDP ❶** と呼ばれている。同じ水準の名目 GDP であっても，1 脚当たりの机の価格が上昇すると，その経済で生産された机の脚数（実質 GDP）は減少する。通常，マクロ経済の正味の生産規模は，名目 GDP ではなく，実質 GDP で測られる。

　名目 GDP よりも実質 GDP の方が重視されるのは，10 年を超える長い期間で見ると，もろもろのモノの価格（**諸物価 ❷**）は大きく変化するからである。**表 2-1** は，そば 1 杯とコーヒー 1 杯の価格の動向を 1950〜2020 年の期間についてまとめたものである。たとえば，千円札が手元にあったとすると，コーヒーが 1960 年には 16.7 杯も買えたのに，1980 年には 4 杯，2000 年 2.4 杯，2020 年にはたった 2 杯となる。このように千円札の実質価値は，物価の上昇とともに低下していくのである。

さまざまなモノが生産されているマクロ経済の名目 GDP と実質 GDP

　実際のマクロ経済は，机以外にもさまざまなモノが生産されているので，机の価格だけではなく，諸物価の平均価格を表した**物価指標 ❷** によって物価動向を見ていかなければならない。GDP 統計に含まれるさまざまな最終生産物の平均価格を表す物価指標は，**GDP デフレーター ❸** と呼ばれている。最終生産物として机しか生産されていない経済では，名目 GDP を机の価格で割れば，

表 2-1：そばとコーヒーの物価史

年	1杯のそば	1杯のコーヒー
1950	15 円	30 円
1955	30 円	50 円
1960	35 円	60 円
1965	50 円	70 円
1970	80 円	100 円
1975	200 円	200 円
1980	280 円	250 円
1985	330 円	280 円
1990	380 円	350 円
1995	440 円	400 円
2000	480 円	420 円
2005	500 円	450 円
2010	600 円	410 円
2015	630 円	420 円
2020	670 円	500 円

出所：週刊朝日編『値段史年表 明治・大正・昭和』(1988 年，朝日新聞社)，同編『戦後値段史年表』(1995 年)，総務省統計局「東京都区部小売価格」

脚数で測った実質 GDP を求められる。

$$実質 GDP（脚）= \frac{名目 GDP（円）}{1 脚当たりの価格（円）}$$

一方，さまざまな最終生産物が生産されている実際のマクロ経済では，名目 GDP を物価指標の GDP デフレーターで割ることで，円単位で測った実質 GDP を計算することができる。

$$実質 GDP（円）= \frac{名目 GDP（円）}{GDP デフレーター}$$

ここで，日本経済の GDP について，実際のデータを用いて名目 GDP から実質 GDP を求めてみよう。GDP デフレーターなどの物価指標は，**基準年❷**で 1 となるように基準化されている。ここでは，2011 年で 1 に基準化されているとしよう。2011 年の名目 GDP は 491 兆円なので，1 に等しい GDP デフレーターで割った実質 GDP も 491 兆円である。日本経済では，21 世紀に入って諸物価が低下したので，2000 年と 2011 年の GDP デフレーターを比べると 2000 年の方が大きく，その値は 1.14 である。2000 年の名目 GDP は 527 兆円なので，GDP デフレーターで割った実質 GDP は 462 兆円（527 兆円÷1.14）となる。日本経済の名目 GDP と実質 GDP の動向については，第 2-3 節で詳しく見ていこう。

COLUMN

終戦直後のはがきの値段

表 2-1 が示すように，そばの価格もコーヒーの価格も，1970 年から 1980 年にかけて高騰した。そばは 1 杯 80 円から 280 円に 3.5 倍となり，コーヒーは 1 杯 100 円から 250 円に 2.5 倍になった。1970 年代は，まさに物価高騰の時代であった。

　しかし，太平洋戦争が終わった 1945 年 8 月から 1951 年にかけての物価高騰は，1970 年代の物価高騰よりもはるかに急激であった。そのことをはがきの値段で見てみよう。終戦間際の 1945 年 4 月にはがきは 3 銭から 5 銭に値上げされた（1 円は 100 銭に相当する）。終戦直後のはがきの値上げはすさまじかった。

　　1946 年 7 月：15 銭⇒1947 年 4 月：50 銭⇒1948 年 7 月：2 円⇒1951 年 11 月：5 円

　はがきの値段は，1945 年 4 月（5 銭）から 1951 年 11 月（5 円＝500 銭）にかけてなんと 100 倍となったのである（写真参照）。その後のはがきの値段はそれほど高騰しなかった。2019 年 10 月に 63 円に値上げされたが，1951 年 11 月の 5 円に比べて 12.6 倍になったにすぎない。

【 用語解説 】

❶ 名目 GDP と実質 GDP

　名目 GDP はモノの価格で測った GDP であり，実質 GDP はモノの数量で測った GDP である。ここでの簡単なマクロ経済のように最終生産物が机だけである場合，実質 GDP の単位は脚数となる。つまり「実質 GDP（脚）＝名目 GDP（円）÷1 脚当たりの価格」となる。

❷ 諸物価と物価指標

　実際のマクロ経済では，机だけでなくさまざまなモノが最終生産物として生産されているので，1 つのモノの価格ではなく，もろもろのモノの価格（諸物価）の平均を示す物価指標を用いる。物価指標は，基準となる年では常に 1 となることから，基準年の名目 GDP と実質 GDP は同じになる。つまり「実質 GDP＝名目 GDP÷1」となる。

　しかし，基準年以外では，通常は物価指標は 1 にはならないことから，実質 GDP と名目 GDP は異なってくる。つまり「実質 GDP＝名目 GDP÷物価指標」となる。

❸ さまざまな物価指標

　代表的な物価指標として，消費者が購入する商品の平均的な価格動向は消費者物価指数，企業が購入する商品の平均的な価格動向は企業物価指数と呼ばれている。GDP の対象となるさまざまな最終生産物の価格の平均的な動向を示したものが GDP デフレーターである。

GDPから見た経済成長

> **POINT** GDP の長期的な動向を見てみよう。

実質 GDP から見た日本経済の成長率

経済成長とは，経済の生産規模が長期にわたって拡大する経済現象を指している。日本経済の成長のテンポ（**経済成長率 ❶**）は，通常，日本経済の実質 GDP（**No. 2-2-2** で見てきたように正味の生産規模を意味する）の変化率で測られる。

図 2-11 は，1956 年度から 2018 年度にかけての日本経済の成長率を描いたものである。この図から明らかなように，日本経済は 1960 年代に非常に高い成長率を示した。1960 年度から 61 年度，63 年度，66 年度から 69 年度は，成長率が 10% を超えていた。たとえてみると，100 単位の生産規模が翌年には 110 単位以上となる成長のテンポを示した。

ところが，1970 年代に入ると，2 度にわたる**オイル・ショック**（**No. 4-1-3** の用語解説を参照）の影響を受けて成長率が著しく鈍化した。1974 年度には −0.5% とマイナス成長さえ記録した。1980 年代後半には，4% から 6% の成長率を示すが，1990 年代以降，成長率は鈍化して低成長の時代を迎える。2007 年から 2008 年の**世界金融危機**（**No. 3-3-4** を参照）の影響を受けた日本経済は，2008 年度に −3.4%，2009 年度に −2.2% のマイナス成長を示す。

アメリカ・日本・中国の名目 GDP 比較

それでは，名目 GDP の水準によって，日本の経済成長をアメリカや中国の経済成長と比べてみよう。ここで問題になってくるのは，名目 GDP は，日本では「円」，アメリカでは「ドル」で，中国では「元」で測られていることである。そこで，外国為替レートによって 3 つの国の名目 GDP をすべて**ドルに換算 ❷**したうえで比較していく。**図 2-12** は，1980〜2019 年の期間（ここでは暦年を用いる）について 3 国の名目 GDP が描かれている。

アメリカ経済は，40 年間順調に成長し，世界 1 位で独走した。1980 年に 2.9

● 図 2-11：実質 GDP 成長率の推移

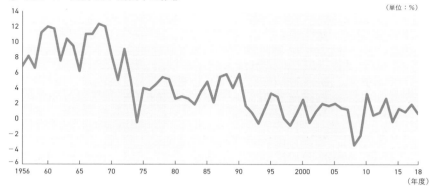

注：2011 年基準に合わせたもの／出所：内閣府経済社会総合研究所

● 図 2-12：ドル換算をしたアメリカ・日本・中国の名目 GDP

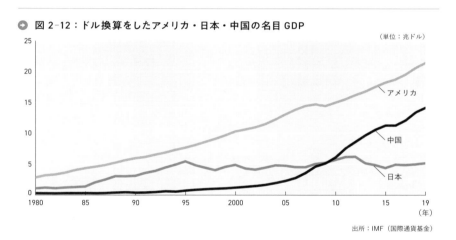

出所：IMF（国際通貨基金）

兆ドルだった名目 GDP は，2019 年に 21.4 兆ドルまで拡大した。一方，日本経済の名目 GDP は，1995 年まで順調に成長し世界 2 位の座を守ってきたが，その後，5 兆ドル前後と横ばいで推移した。2010 年には中国経済に追い抜かれ，日本経済は世界 3 位に甘んじた。逆に，中国経済の方は，2005 年以降，急激に成長し，世界 2 位に躍り出た。2005 年に 2.3 兆ドルだった名目 GDP は，2019 年には 6 倍以上の 14.1 兆ドルに達した。

日本経済の GDP の大きさ

　ここで日本経済の大きさを数字の桁数でダイレクトに感じてもらおう。2018 年度の名目 GDP は，550 兆 3088 億円であった。算用数字で書くと，

$$550,308,800,000,000 \text{ 円}$$

となる。これでは，あまりに大きすぎて実感がわかないかもしれない。そこで，この名目 GDP を日本に住む人々（外国人も含まれる）で等しく分配してみよう。2018 年 10 月 1 日の人口は，1 億 2644 万人なので，1 人当たりの名目 GDP は，

$$\frac{550,308,800,000,000}{126,440,000} = 4,352,332 \text{ 円/人}$$

となる。1 人当たりにしても依然として大きな数字の名目 GDP であるが，約 435 万円の数字は，約 550 兆円の数字よりずいぶんと身近な数字であろう。

　ドル換算で 2018 年の 1 人当たり名目 GDP を比較してみると，アメリカ経済は 6 万 2869 ドル（世界 9 位，人口 3.3 億人），日本経済は 3 万 9304 ドル（世界 26 位），中国経済は 9580 ドル（世界 70 位，人口 14.0 億人）となる。中国経済は，世界 2 位の名目 GDP を誇っても，人口規模がとてつもなく大きいので，1 人当たりの名目 GDP が依然として低水準なのである。

【　用語解説　】

❶ 成長率の計算方法

　実質 GDP の成長率は，1 年前の実質 GDP から当年の実質 GDP への変化率によって計算する。2009 年度から 2011 年度の実質 GDP は，2009 年度に 477 兆円，2010 年度に 493 兆円，2011 年度に 495 兆円を記録した。

　したがって，2009 年度から 2010 年度の経済成長率は，**(493−477)/477≒3.4%** となる一方，2010 年度から 2011 年度の経済成長率は，**(495−493)/493≒0.4%** となる。

❷ ドル換算の名目 GDP

　外国為替レートについては，第 3-3 節で詳しく説明するが，ここでは，アメリカ・ドルと外国通貨の換算レートと考えよう。2011 年は日本の通貨である円の 1 ドルに対する外国為替レートは年平均で 79.8 円だったので，名目 GDP 491 兆円は，ドルに換算すると，**491 兆円÷79.8 円/ドル=6.2 兆ドル**となる。一方，同年の中国通貨の元の 1 ドルに対する外国為替レートは年平均で 6.5 元だったので，名目 GDP 48.6 兆元は，**48.6 兆元/6.5 元/ドル=7.5 兆ドル**に等しい。なお，ドルを含めて各国の通貨については，**No. 3-3-2** を参照してほしい。

―― No. 2-2-4 ――

企業や個人から見た経済成長

> **POINT**　一国の経済成長と企業や個人との関係を理解しよう。

日本経済レベルで見た経済成長

No. 2-2-3 で見てきたように，日本経済の成長率は 1950 年代半ば以降，大きく変化した。一国の経済成長は，以下の 3 つの要素で決まってくる。

(1)　農場，工場，事務所で働いている**労働者数（労働力❶）**の拡大

(2)　農場，工場，事務所の建設のためにこれまで**投資してきた資金（資本）❷**や，それらの場所に機械や機器を設置するための**資本❷**の拡大

(3)　労働者や機械設備の**生産性❸**が向上する**技術革新❸（イノベーション）**

表 2-2 は，1980 年代，1990 年代，2000 年以降の経済成長について，上の 3 つの要素がどのように貢献してきたのかを見たものである。1980 年代は，労働力の拡大が 0.7％，資本の拡大が 1.4％，技術革新が 1.9％ の貢献をして，年 4％ の経済成長を実現してきた。しかし，1990 年代は，3 つの要素のいずれもが低下し，とくに技術革新は経済成長にまったく貢献しなくなった。その結果，経済成長は年 4％ から年 1.2％ へと大きく低下した。21 世紀に入っても，同様の傾向が継続し，日本経済は停滞してきた。

企業レベルで見た経済成長

それでは，1990 年以降の日本経済の停滞の背景を企業や個人のレベルで見

➡ 表 2-2：労働力・資本・技術革新の経済成長への貢献度

期間（暦年）	経済成長率の年平均	経済成長への貢献		
		労働力拡大の貢献度	資本拡大の貢献度	技術革新の貢献度
1980〜1990 年	4.0％	0.7％	1.4％	1.9％
1990〜2000 年	1.2％	0.3％	0.9％	0.0％
2000〜2017 年	0.9％	0.0％	0.6％	0.3％

出所：齊藤誠・岩本康志・太田聰一・柴田章久『マクロ経済学（新版）』有斐閣，2016 年，第 11 章。

てみよう。日本の企業は，「労働コストが安い」，「消費地に近い」といった理由から国内の工場を海外に積極的に移転してきた。その結果，国内の工場や機械設備への投資が著しく減少した。また，日本の企業は，IT（information technology の略）と呼ばれる情報技術の分野でアメリカの企業に後れを取り，これまで競争力の高かった電子機器の分野で東アジアの国々に追いつかれた。日本企業のイノベーションは 1980 年代までのように成功したわけではなかった。なお，IT については，第 3-4 節で詳しく議論していく。

　しかし，第 3 章や第 4 章で見ていくように，日本企業はグローバル化にダイナミックに対応しながら，国内での生産を海外での生産に置き換えてきた。また，世界全体で技術革新が急速に進み（COLUMN を参照），個々の企業レベルで見ると，古い技術が新しい技術にどんどん置き換わっていく活発な新陳代謝が起きた。そういう視点から見ていくと，日本経済全体で成長が停滞しているように見えても，個々の企業レベルではグローバル化への対応や技術の新陳代謝を積極的に行ってきた側面もある。

個人レベルで見た経済成長

　日本経済の労働力人口が停滞してきた主たる背景には，少子化で人口が減少するとともに，高齢化で退職する労働者が増えてきた状況がある。しかし，個人レベルに視点を転じると，少子高齢化の影響を相殺する動きも認められる。従来であれば，女性は結婚や出産で退職することが多かったが，現在は，仕事を中断することなく続ける女性も増えてきた。健康な高齢者が増えてきたことから，高齢者の熟練や経験を積極的に活かす職場も増えてきた。

　労働者の生産性が伸び悩んだ背景には，個々の労働者がグローバル化や急速な技術革新になかなか適応できなかった事情も大きかった。しかし現在では，グローバル化に対応して，学校教育における語学教育が強化され，急速な技術革新に対応して，高校や大学を卒業した後にも生涯にわたって教育を受ける機会が充実してきた。逆にいうと，グローバル化や急速な技術革新のもとでは，1 人 1 人の個人が経済成長の原動力になっていく可能性がある。

COLUMN

ムーアが予想した技術の驚異的な進歩

コンピュータ部品のチップは，1 辺が 1 ミリ
にも満たない長方形の基盤である（写真参照）。
コンピュータの計算能力は，このチップにトラ
ンジスタと呼ばれる半導体をいくつ搭載できる
かに依存するといわれている。

アメリカの半導体メーカーであるインテル社
を創業したゴードン・ムーアは，1965 年にトランジスタ搭載数が **1 年で 2 倍**にな
ると予想した。ムーアの予想が正しいとすると，コンピュータの計算能力は，2 年
で 4 倍（＝2×2），4 年で 16 倍（＝4×4），8 年で 256 倍（＝16×16），16 年で
65,536 倍（＝256×256）と驚異的に向上することになる。

現実には，1970〜2000 年の 30 年間にチップに搭載されるトランジスタ数は **2
年で 2 倍**となった。このスピードは，コンピュータの計算能力が 30 年間で約 3 万
3000 倍（2 を 15 回繰り返しかけた数字）となったことを示している。まさに驚異
的な技術進歩である。

【 用語解説 】

❶ 労働力

ここでいう労働力は，**No. 2-1-6** の「労働者の能力」という意味とはやや異なって，労働
者数を表す。労働者数を表す労働力は，15 歳以上の人口のうち，「働く意思のある」人口を
指している。「働く意思のある人」とは，実際に就業している人（就業者）だけでなく，働
こうとしているが，働く機会のない失業者も含まれる。一方，「働く意思のない人」には，
全日制の学校で勉強をしている人，すでに退職をした人，家事をしている人などが含まれる。

❷ フローの投資とストックの資本

ここで毎年，工場などの建設や機械の設置
に投じられた資金は投資と呼ばれ，毎年の投
資を積み重ねたものは資本と呼ばれている。
毎年追加されるものをフロー，フローの積み
重ねをストックというので，投資はフロー，
資本はストックということになる。

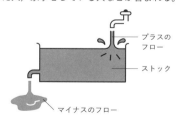

プラスの
フロー

ストック

マイナスのフロー

❸ 生産性と技術革新

労働者の生産性とは，1 人当たりの労働者が作り出す成果であり，機械設備の生産性とは，
1 台当たりの機械が生み出す成果を指している。労働者や機械設備の生産性が向上すること
を技術革新（イノベーション）と呼んでいる。

─── No. 2-3-1 ───

実質GDP成長率と失業率から見た景気循環

〰〰〰〰〰〰〰〰〰〰〰〰〰〰〰〰〰〰〰〰〰〰〰〰〰

➡ POINT　　経済成長率と失業率から景気循環を理解しよう。

実質 GDP と失業率から見た景気循環

　景気循環とは，経済全体で生産活動が活発な状態（好況 ❶）と不活発な状態（不況 ❶）が数年単位で繰り返される経済現象を指している。経済成長は10 年間を超える期間で経済が拡大していく経済現象なので，景気循環は短期現象，経済成長は長期現象と呼ばれている。

　好況は活発な生産活動を示すので実質 GDP が拡大し，不況は不活発な生産活動を示すので実質 GDP が停滞する傾向がある。図 2-13 の青線は実質 GDPの成長率の推移を描いたものである。

　景気循環は，経済成長率の高かった 1960 年代にも，経済成長率が低下した2000 年代にも認められる。たとえば，1960 年代前半では，1959 年度，60 年度，61 年度に 10% 以上の成長を示して好況であったあと，62 年度に 7.5% に低下して不況に陥った。2000 年代は，2003 年度から 07 年度にかけて比較的成長率の高い好況であったが，08 年度，09 年度は，世界金融危機の影響でマイナス成長となって深刻な不況に陥った（**No. 3-3-4** を参照）。

　景気循環は，失業率 ❷ で測られることも多い。失業率は，働きたいと思っている労働者の人数（労働力人口 ❷）のうち，失業している人々（失業者 ❷）の割合を指している。好況では多くの労働者が雇用されて失業率が低下するが，不況では多くの労働者が職を失って失業率が上昇する。

　図 2-13 の黒線は，失業率の推移を示している。20 世紀後半については失業率が景気循環の指標に用いられることは少なかったが，21 世紀に入るころから失業率は景気循環の重要な指標となった。たとえば，実質 GDP 成長率が低迷した 1997 年度から 2002 年度の不況期には，失業率が 3.4% から 5.4% に大きく上昇した。一方，経済成長率が回復した 2003 年度から 2007 年度の好況

● 図 2-13：実質 GDP 成長率と失業率

注：実質 GDP 成長率は年度，失業率は暦年／出所：内閣府経済社会総合研究所，総務省統計局

期には，失業率が 5.3% から 3.9% に低下し，それに続く不況期に失業率は再び 5% を超えた。2011 年度以降は，失業率が低下傾向にあり，深刻な不況から徐々に脱出してきた。

なぜ，好況と不況が繰り返されるのであろうか？

　好況と不況を繰り返す景気循環が起きる背景にはさまざまな理由がある。

　第 1 に，経済を取り巻く自然環境や国際情勢が変化して景気循環を引き起こす。たとえば，大地震や大型台風などの自然災害で工場などの施設が壊滅的な打撃を受ければ，生産活動は停滞するであろう。人間には過酷な猛暑は，クーラーなどの電化製品の売り上げの増加につながってかえって景気が良くなる可能性もある。一方，中東情勢などの国際情勢が悪化して原油価格が上昇すると，中東に原油を依存する日本経済は厳しい状況を迎えるが，原油価格の下落は逆に日本経済にとって朗報となる。

　第 2 に，経営者や消費者の将来に対する予想も景気循環をもたらす。たとえば，人々が将来を悲観的に見ると，経営者は工場建設や機械導入を控え，消費者は商品購入を断念して貯蓄に励む結果，経済は不況に陥るであろう。逆に，人々の楽観的な予想は，投資や消費を活発にさせて好況につながる。

　第 3 に，好況がさらなる好況を生み出す好循環や，不況がさらなる不況を生み出す悪循環は，景気循環の振幅を大きくする。たとえば，ある地域がたまたま技術開発の拠点として成功すると，そこに企業，労働者，資金が呼び寄せられて経済活動の好循環が生まれる。

景気循環における在庫の不思議

　通常，不況であると実質 GDP が縮小し，好況であると実質 GDP が拡大するが，逆の動きが生じることもある。たとえば，不況になってせっかく生産した商品が売れ残り，倉庫に在庫❸として積み上がったとしよう。この場合，実質 GDP には，売れ残った商品でも生産されたものとして記録されるので，実質 GDP が縮小することはない。一方，不況から好況に転じて生産が消費に追いつかず，倉庫に在庫として蓄えてきた商品を持ち出してきて，生産不足を補うとしよう。この場合，経済が好況であるにもかかわらず，実質 GDP が必ずしも拡大するわけではない。このように，倉庫にある商品在庫の出し入れによって，実質 GDP の増減と好・不況は必ずしも一致しなくなる。

在庫増　　　　　　　　　　　　在庫減

倉庫　　　○○運輸

あまり売れないので倉庫にしまっておこう

たくさん売れて品切れなので，倉庫から持ち出そう

【 用語解説 】

❶ 好況と不況

　好況は「景気が良い」，不況は「景気が悪い」といわれることもある。

❷ 失業率

　失業率は，15 歳以上で働く意向を示した労働力人口に対して，働きたくても働くことができずに失業している人数（失業者数）の比率を示したものである。つまり「失業率＝失業者数÷労働力人口」となる。なお，**図 2-13** の黒線で示した失業率は，年度ではなく暦年で示したものであり，グラフの目盛りは右側であることに注意してほしい。

❸ 在庫投資

　倉庫にある在庫商品の増減は，在庫投資と呼ばれている。商品が倉庫に持ち込まれると，在庫が増えて，正の在庫投資が生じる。一方，商品が倉庫から持ち出されると，在庫が減って，負の在庫投資が生じる。

　通常，不況の売れ残りで在庫が増えて，好況の生産不足で在庫が減る。しかし，将来の好況で商品が売れると見込まれると，積極的に在庫を増やす。売れ残りの在庫は，「後ろ向きの在庫」，将来の販売拡大のための在庫は，「前向きの在庫」と呼ばれている。

―― No. 2-3-2 ――

インフレーションとデフレーション

POINT インフレやデフレと景気循環の関係を理解しよう。

インフレーションとデフレーション

物価変化率は，諸物価の平均的な動向を示す物価指標の変化率である。

$$物価変化率＝\frac{今年の物価指標－去年の物価指標}{去年の物価指標}$$

No. 2-2-2 で説明したように物価指標にはさまざまな指標があるが，通常，**消費者物価指数 ❶** から物価変化率を求めることが多い。

物価変化率がプラスの場合は**インフレーション**と呼ばれ，マイナスの場合は**デフレーション**と呼ばれる。通常，経済が好況で経済取引が活発であると，物価が上昇してインフレーションが生じる。逆に，経済が不況で経済取引が停滞していると，物価が低下してデフレーションが生じる。

図 2-14 は，1955～2019 年の期間について，消費者物価指数で物価変化率（青線）を，失業率（黒線）で景気循環をそれぞれ見ている。1980 年以降，失

● **図 2-14：物価変化率と失業率の推移**

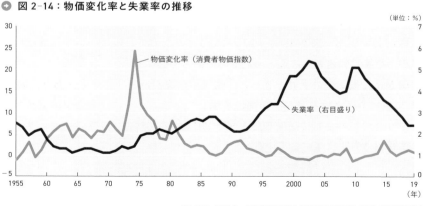

注：1955～2019 年，消費者物価指数から物価変化率を計算／出所：総務省統計局

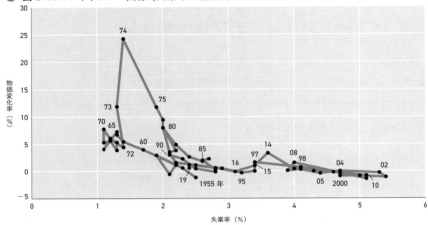

図 2-15：フィリップス曲線（失業率と物価変化率の関係，1955〜2019 年）

出所：総務省統計局

業率が高まると，物価上昇が鈍化する傾向が認められる。とくに，1999〜2003 年の期間と 2009〜11 年の期間について，失業率が 5％ 前後になるとともにデフレーションが生じた。

このように，物価変化率は景気循環の体温計のような役割を果たしていて，デフレーションは不況のシグナルと解釈することができる。

失業率と物価変化率の関係を示すフィリップス曲線

失業率の上昇とともに，物価上昇が鈍化する関係は，フィリップス曲線 ❷と呼ばれている。**図 2-15** は，**図 2-14** のグラフのデータについて，横軸に失業率，縦軸に物価変化率をとったものである。

確かに，失業率の上昇とともに，物価変化率が低下する傾向があり，**図 2-15** において両者は右下がりの関係を示している。とくに，高失業率とデフレーションの組み合わせが生じた 1999〜2011 年の期間のデータは，フィリップス曲線でも右下に集中している。

失業率も物価も上昇するスタグフレーション

　失業率の上昇とともに物価が低下する傾向が一般的なのであるが，スタグフレーション❸と呼ばれる状況では，失業率と物価が同時に上昇することもある。

　図2-14を注意深く見ると，1973年から1975年にかけて失業率が1.3%から1.9%に大きく上昇した。その間，物価変化率は10%を超え，とくに1974年には物価変化率は24.2%に達した。すなわち，この期間には，スタグフレーションが生じたことになる。

　なぜ，1970年代半ばの日本経済においてスタグフレーションが生じたのであろうか。1973年秋に第4次中東戦争が勃発してアラブの産油国がいっせいに原油価格を値上げした。アラブの産油国に原油を大きく依存する日本経済は，たちまち不況に陥り，失業率が大きく上昇した。同時に，原油価格の高騰は，さまざまな商品価格に反映されて，諸物価が急上昇した。このように，原油価格の高騰が高い失業率と急激なインフレーションを同時にもたらしたのである。

【 用語解説 】

❶ 消費者物価指数

　消費者物価指数は，全国の消費者が購入する600品目あまりの平均的な価格動向を示している。英語では，consumer price index と呼ぶことから，その頭文字をとって CPI と呼ばれることも多い。

❷ フィリップス曲線の歴史

　ニュージーランド生まれのウィリアム・フィリップスが1958年の論文で発見した関係であることから，フィリップス曲線と呼ばれている。フィリップスは，1861〜1957年のイギリス経済において，失業率の上昇とともに，賃金上昇率（物価上昇率ではなかった）が下落することを見つけ出した。

❸ スタグフレーションの由来

　不況とインフレーションが同時進行するスタグフレーションは，英語で「停滞」を意味するスタグネーション（stagnation）と，インフレーションが合わさった言葉である。

企業や個人から見た景気循環

● POINT 企業や個人は景気循環の荒波に
どのように向き合えばよいのかを理解しよう。

繰り返される景気循環

　日本経済は，他の国の経済と同様に，好況と不況が交互にやってくる景気循環から決して逃れることができなかった。**図 2-16** は，1977 年から 2019 年にかけての不況の底（**景気の谷 ❶**）と好況のピーク（**景気の山 ❶**）を示したものである。この図が示すように，日本経済は，「比較的長い谷から山への期間」と「比較的短い山から谷への期間」の景気循環を繰り返してきた。たとえば，2002 年 1 月の谷から 6 年 1 カ月の期間をかけて山に登り，1 年 1 カ月かけて再び谷に落ちた。

● 図 2-16：景気の谷と山

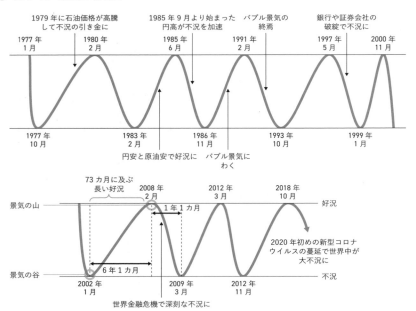

企業や個人から見た景気循環

　日本経済で活動する企業や個人にとっても，こうした景気循環の荒波を乗り越えていくことが大切になってくる。どのような工夫が必要になってくるであろうか。

　企業や個人にとって重要なことは，好況の後には不況が到来し，不況の後には好況が到来することを見込んで対応することであろう。好況が永遠に続くと思い，積極的に設備投資を進めてきた企業は，不況に直面すると過剰な設備を抱え込んでしまうことになる。逆に，不況だからといって設備投資を怠れば，景気が好況に転じたときに商機を失う。

　個人にとっても，たとえば，好況時に値上がりを見込んで株式を買い込むと，不況で株価が下落して損失を被るであろうし，不況時に下落した株式を買っておくと，好況で値上がり益を享受することができる。企業も，個人も，好況時には不況に備え，不況時には好況に備えることが肝要といえる。

COLUMN

バブル景気とその終焉

　図2-16が示すように，1986年11月から谷を脱した日本経済は，1991年2月の山までの期間，好景気にわいた。その結果，株式や土地は大きく値上がりをした。人々は，好況が永遠に続くと錯覚をし，株式や土地を買いあさり，そうした投機行動が株式や土地の値段をいっそう高騰させた。しかし，この好景気もやがて終止符が打たれることになる。1991年2月から1993年10月にかけて日本経済は谷に転がり落ちたのである。

　こうした谷⇒山⇒谷の景気循環において，株式も高騰し，暴落した。図2-17は，日経平均株価❷と呼ばれる株価指標の推移を1984年から1993年にかけて描いたものである。景気の谷の直前であった1986年10月には1万6911円であった株価は，1989年12月には3万8916円へと2.3倍にまで高騰した。しかし，景気の山に先行するタイミングで株価が下落をし始め，1992年7月には1万5910円まで暴落した。

　株価や地価が高騰する現象は資産価格バブルと呼ばれているが，1986年11月から1993年10月までの景気循環は，バブル景気とその終焉といわれることが多い。

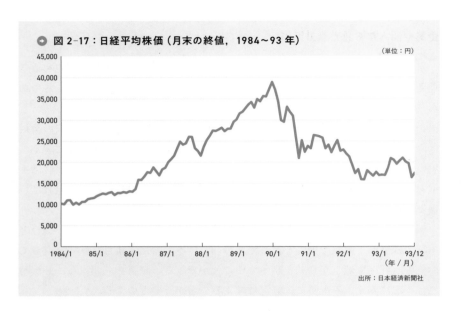

図 2-17：日経平均株価（月末の終値，1984～93 年）

(単位：円)

出所：日本経済新聞社

【 用語解説 】

1 景気の谷と山の確定

　政府（内閣府）は，多くの統計資料に基づきながら，景気の谷と山の日付を月単位で確定している。確定には，非常に時間がかかり，谷⇒山⇒谷が終わってから 1 年以上経過して日付が確定することも少なくない。なお，2019 年 12 月まででは，2012 年 11 月の谷から始まった景気循環の山は暫定的に 2018 年 10 月とされている。

2 日経平均株価

　日経平均株価とは，東京証券取引所に上場されている株式のうち，日本経済新聞社が日本経済を代表する企業の株式 225 銘柄を選んで，その株価平均を指標としたものである。なお，ここでいう「上場した企業」とは，東京証券取引所で株式が売買されるようになった企業を指している。

SECTION 2-4

経済政策

— No. 2-4-1 —

政府の役割と財政政策の意義

POINT　政府の展開する財政政策の意義を考えてみよう。

政府の役割

経済面から見た政府には，主として次の3つの役割がある。

(1)　道路，鉄道，病院，学校などの社会資本への投資 ❶ を行うとともに，市区町村の役所などを通じて教育，福祉，警察などの行政サービスを提供する。

(2)　所得の高い人を中心に税金を徴収し，所得の低い人や病気などで困っている人に給付を行う ❷。

(3)　好況と不況の間の激しい振幅（景気循環）を抑える。具体的には，不況期に減税を実施し，公共事業への支出（財政支出）を拡大させて景気を下支えする。一方，好況期には増税を実施し，財政支出を抑制して加熱した景気にブレーキをかける。

財政政策という場合，上の(1)〜(3)の役割がすべて含まれることもあるが，通常は(3)の景気循環を調整する役割を指すことが多い。とくに，経済が不景気にある場合には，大幅な減税や財政支出の拡大を伴う積極的な財政政策 ❸ によって経済を不況から脱出させることが強く求められる。

財政政策の財源と国債の増大

原則としては，不況期の積極的な財政政策に必要な資金（財源）は，好況期

---

❷ 財政政策の財源

政府は借りるけど，返さない……

減税　←

増税　→

税

借りる　←

返す　→

国会・政府

国債

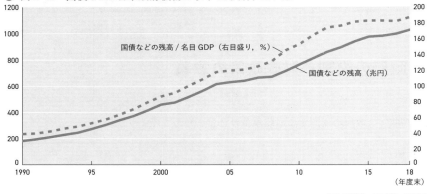

● 図 2-18：国債などの日本政府債務の水準と対名目 GDP 比

国債などの残高 / 名目 GDP（右目盛り，%）

国債などの残高（兆円）

出所：財務省，日本銀行，内閣府

の増税によってまかなわれる。しかし，日本政府は，1990 年代に入って不況
期に積極的な財政政策を展開する一方で，好況期に増税をしなかった結果，膨
大な債務（借金）を抱えることになった。

　政府債務 ❹ には，国債をはじめとしてさまざまなものがある。**図 2-18** の実
線は，そうした国債などの政府債務残高の推移を示したものである（ただし，
ここでは地方自治体の債務が含まれていない）。1990 年度末（1991 年 3 月末）
には，180 兆円にすぎなかった政府債務残高は，2002 年度末に 500 兆円を超え，
2018 年度末には千兆円の大台を超えた。

　政府債務残高のように大きな数字は，兆円単位で水準をそのまま表すのでは
なく，名目 GDP に対する**債務比率**として表すことも多い。たとえば，2018 年
度の場合，名目 GDP が 548 兆円なのに対して政府債務残高が 1025 兆円なので，
政府債務の対名目 GDP 比は 187%（＝1025 兆円/548 兆円）となる。**図 2-18**
の破線は，そうした債務比率の推移を示している。1990 年代前半には 50% を
下回っていた債務比率が，2002 年度に 100% を，2010 年度に 150% をそれぞ
れ超えた。地方自治体の債務などを加えた政府債務の規模は，2018 年におい
て対名目 GDP 比 240% 弱に達した。COLUMN が示すように，日本の経済規模に
比した政府債務残高は，他の先進国に比べても突出した水準である。

　このように，積極的な財政政策は，現在に生きる人々にとっては不況の影響
を緩和する効果があるが，それによって生じた膨大な借金が，将来の世代の
人々に重くのしかかっていくのである。

政府債務の国際比較

表 2-3 は，地方自治体の債務を含めた政府債務残高について 2018 年末の対名目 GDP 比（債務比率）を国際比較したものである。

アメリカの債務比率は，100% を若干超える水準である。ヨーロッパのなかでは，ドイツの債務比率が 60% と非常に低い。ヨーロッパのなかで政府債務問題が一番深刻といわれているイタリアは，債務比率が 132% に達している。しかし，日本の債務比率は，イタリアの比率さえ大きく上回っている。

表 2-3：政府債務比率の国際比較

	2018 年末の政府債務残高/名目 GDP
日本	237%
アメリカ	106%
イギリス	87%
ドイツ	60%
フランス	99%
イタリア	132%
カナダ	91%

注：政府債務には，中央政府の国債をはじめとした債務だけでなく，地方自治体（地方政府）の債務も含んでいる。／出所：財務省

【　用語解説　】

① 社会資本と公共投資

社会資本は，社会全体に利益や便益が及ぶ公共施設を指し，公共財ともいわれる。社会資本への投資は，公共投資と呼ばれている。

② 所得再分配

所得の高い人から所得の低い人へ所得を移転することを所得再分配と呼んでいる。

③ 積極的な財政政策と消極的な財政政策

財政政策は，減税と財政支出拡大が組み合わされる場合に「積極的」，増税と財政支出抑制が組み合わされる場合に「消極的」と呼ばれる。

④ 政府債務の種類

政府債務のなかで最も一般的なものは，国債である。国債には，1 年以内に返済しなければならない短期国債もあれば，返済期間が 10 年の長期国債，返済期間が 20 年を超える超長期国債もある。返済期間が数カ月程度の国債は，国庫短期証券と呼ばれている。

政府のさまざまな機関が発行した政府債務には，財投債（財政投融資特別会計国債）や政府関係機関債がある。また，公的債務という場合，中央政府の債務だけでなく，都道府県や市などの地方自治体の債務（地方債）が含まれることも多い。

日本銀行の役割と金融政策の意義

 POINT　日本銀行の展開する金融政策の意義を考えてみよう。

日本銀行（中央銀行）とは？

　日本では**日本銀行**と呼ばれる**中央銀行**は，普通の民間銀行のように個人や企業から預金を受け入れることはしない。日本で営業している民間銀行だけが日本銀行に**預金口座❶**を開くことができる。民間銀行は，この預金口座を通じて日本銀行と資金の出し入れをするとともに，他の民間銀行へ資金を送ることができる。

　日本銀行が展開する金融政策には，次のように3つの役割がある。

(1)　**小切手・手形❷**や**電信送金❷**を通じた民間銀行間の資金のやり取りが円滑に行われるようにする。

(2)　物価水準を安定させる。

(3)　景気循環の振幅を抑える。

⬤ **中央銀行と民間銀行**

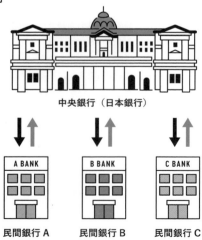

中央銀行（日本銀行）

民間銀行A　　民間銀行B　　民間銀行C

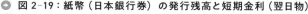

● 図 2-19：紙幣（日本銀行券）の発行残高と短期金利（翌日物）

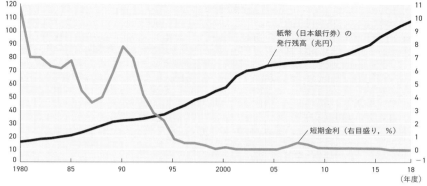

注：紙幣残高は年度末，短期金利は年度平均／出所：日本銀行

(2)と(3)の役割は密接な関係がある。**No. 2-3-2** で見たように，景気が過熱するとインフレーションが進行し，景気が悪化するとデフレーションに陥るので，好況と不況の振幅を抑えることは，物価水準を安定させることにつながるのである。

金融政策の手段

日本銀行は，経済が不況になると金融緩和を図る。具体的には，まずは，金利を引き下げる。金利水準が低下すると，企業は資金を借り入れて設備投資を活発にする一方，個人はローンが借りやすくなって住宅建設などが促進される。その結果，景気が改善することが期待できる。また，日本銀行は，民間銀行に資金を供給するとともに，紙幣❸（日本銀行券❸）を発行することによって経済活動を促進させようとする。逆に，日本銀行は，景気が過熱すると，金利を引き上げ，資金や紙幣の供給を抑制して，金融引き締めを図る。

図 2-19 は，1980 年度から 2018 年度にかけての紙幣の発行残高と短期金利❹ の推移を描いたものである。1980 年代前半は不況であったことから，短期金利を 11%（1980 年度）から 3.5%（1987 年度）まで引き下げた。1980 年代後半はバブル景気（**No. 2-3-3** の COLUMN を参照）で経済が過熱したことから，1990 年度には短期金利を 7.8% に引き上げた。1990 年代は，景気が悪化したことから短期金利を大きく引き下げ，1996 年度には 0.5% を下回った。21 世紀に入ると，ゼロ金利に近い短期金利のもとで景気が下支えされてきた。

流動性のわな

　本文では，紙幣（日本銀行券）について，紙幣を供給する日本銀行側から見てきたが，この COLUMN では，紙幣を需要する企業や個人の立場から見てみよう。**図 2-20** は，1980 年度から 2018 年度にかけて，縦軸に短期金利を，横軸に名目 GDP に対する紙幣残高比率をとったものである。

　この図から明らかなように，金利が低下すると，より多くの紙幣が流通する。紙幣には金利が付かないが，銀行預金には金利が付く。その結果，短期金利が高いときには，人々は資金を銀行に預け，紙幣を持たないようにする。一方，短期金利がゼロ水準に近づくと，銀行に預けていても，紙幣を持っていてもあまり違いがないので，人々はいちいち銀行に預けることなく，より多くの紙幣を手元に持とうとする。

　図 2-20 の興味深い点は，短期金利がゼロ水準に近づくと，短期金利がわずかに下がるだけでも，人々はより多くの紙幣を持とうとするところである。紙幣を供給する日本銀行の立場からこの現象を見ると，いくら紙幣を供給しても，短期金利はほとんど下がることがない。その結果，日本銀行は，金利を低下させて金融緩和を推進する手段を失うことになる。日本銀行が金融緩和手段を失うことを，「日本銀行が流動性のわなにかかっている」と表現する。

● 図 2-20：短期金利と紙幣残高/名目 GDP

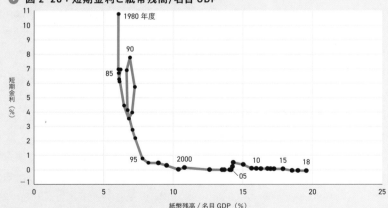

出所：日本銀行，内閣府

【　用語解説　】

❶　日本銀行の預金口座

　民間銀行は，日本銀行に開設する預金口座（正確には，当座預金口座）に，常に一定の資金（準備預金と呼ばれる）を預けることが義務づけられている。

❷　小切手・手形と電信送金

　民間銀行は，小切手や手形，あるいは，電信送金によって他の民間銀行へ資金を送るが，その場合，必ず，日本銀行に開設した当座預金口座を経由する。

❸　日本銀行券

　日本で流通する貨幣には，日本銀行が発行する紙幣（日本銀行券と呼ばれる）と，財務省が発行する硬貨がある。紙幣発行額の方が硬貨発行額よりもはるかに大きく，2019 年末では，紙幣発行額が 110 兆円に対して，硬貨発行額は 5 兆円にすぎなかった。

❹　短期金利としてのコールレート

　日本銀行が金融政策の手段に用いる短期金利はコールレートと呼ばれている。コール市場とは，銀行間で貸し借りをする市場で，通常，コールレートは，「今日借りて，明日返す」場合の翌日物金利を指している。

企業や個人から見た経済政策

恐慌からの教訓

　景気循環を調整することを目的とした財政政策と金融政策の重要性は，1929 年から 1930 年代前半にかけてアメリカ経済をはじめとして世界経済を襲った大恐慌の教訓として深く認識されてきた。

　アメリカの株式市場であるニューヨーク証券取引所は，1929 年 10 月より株価暴落に見舞われた。1929 年 9 月に 381 の水準にあったダウ平均株価 ❶ は，1932 年 7 月に 41 となり，約 10 分の 1 の水準にまで下落した。1920 年代に 5％ 前後で推移した失業率（労働者 20 人に 1 人の失業）は，1932 年には 20％（労働者 5 人に 1 人の失業）を超えた。1929～32 年の間に，産業部門の生産水準（実質 GDP に相当する指標）は 46％ 下落し，卸売物価 ❷ は 32％ 低下した。銀行が破綻することをおそれた人々がわれ先に預金を引き出そうとする取り付け騒動がアメリカのいたるところで起きた。アメリカ経済が直面したきわめて厳しい経済状況は，不況よりも深刻な恐慌のなかでも，最も深刻な恐慌という意味で大恐慌と呼ばれた。

　当初，アメリカ政府は，なんらの経済政策を展開することもなく恐慌の進行を放置したことから，恐慌はより深刻となった。1930 年代の半ばから展開された積極的な財政政策と金融緩和は，こうした大恐慌からアメリカ経済を救い出すことに大きく貢献した。このように不況に果敢に挑む財政・金融政策は，イギリスの経済学者，ジョン・メイナード・ケインズが中心となって提案した経済政策であった。

銀行に押し掛ける預金者（1929 年，AFP＝時事）

企業や個人にとっての経済政策

　このように積極的な財政・金融政策は，企業や個人の個々の立場では到底対応することができない不況を食い止める役割を果たしている。その意味では，企業や個人にとって非常に貴重な政府の政策といえる。しかし，**No. 2-3-3** で見てきたように，企業や個人は，不況の後には好況が到来し，好況の後には不況が到来することを見込んで慎重に対応することも求められている。もし，企業や個人が，「不況になれば，きっと政府が助けてくれる」というように政府の積極的な財政・金融政策に完全に寄りかかってしまえば，好況期に不況に備えて注意深い行動をとることもなくなるであろう。慢心した企業や個人の行動の結果，景気が過熱して，バブル景気とその終焉（**No. 2-3-3** の COLUMN を参照）のような二の舞いを演じるかもしれない。

　企業や個人は，深刻な不況期には政府に頼らざるをえないが，不況期の救済を求めて政府をあてにしすぎない節度も必要になってくる。こうして見てくると，企業や個人と政府の間には，財政政策や金融政策をめぐって，「緩やかに持ちつ持たれつの関係」を保っていく必要があるのであろう。

COLUMN

経済政策の時間を通じた整合性

　経済政策をめぐった企業や個人と政府の間の関係は，試験をめぐった生徒と教師の間の関係にたとえられることがある。

　教師は，学期の初め，生徒に一生懸命に勉強をしてもらおうと考え，「難しい期末試験を出題する」と生徒に**厳しく**対応した。しかし，期末が近づいてくると，学期中に頑張ってきた生徒たちに**優しく**接する方が良いと考え直し，試験自体を取りやめることを決めたとしよう。

　生徒と教師の間が甘えのない節度を保った関係であれば，「最初に**厳しく**後に**優しい**」という教師の対応でも，生徒は学期中に一生懸命に勉強をするであろう。しかし，生徒が「先生は期末直前にきっと**優しくなる**」と先生に甘えてしまえば，生徒は学期の最初から勉強をさぼるに違いない。教師は，そうした生徒の怠慢を避けようと思えば，学期の初めも，学期の終わりも生徒に対して**厳しく接する**ことが求められる。

　経済学の用語では，教師の生徒に対する態度が学期の初めと終わりで**一貫して厳**

しい方針を「時間を通じて整合的 ❸」な
政策と呼び，**最初に厳しく最後に優しくす
る方針**を「時間を通じて整合的でない ❸」
と呼んでいる。

　こうした生徒と教師の関係を企業や個人
と政府の関係に置き換えると，政府は，企
業や個人に対し**て常に厳しい**態度を保ち，
たとえ不況でも積極的な財政・金融政策を
とらないという方針に徹するべきだと考え
る経済学者も少なくない。

　さて，みなさんは，どう考えるであろう
か。

先生が厳しいから
テスト頑張らなきゃ！

【　用語解説　】

❶ ダウ平均株価

　ダウ平均株価は，ニューヨーク証券取引所に上場されている株式のうち，アメリカ経済を
代表する 30 銘柄の平均的な株価動向を示した株価指標。日経平均株価は，ダウ平均株価に
ならったもの。なお，アメリカには，新興企業（ベンチャー企業）向けの株式市場としてナ
スダック（NASDAQ）があるが，ナスダックも総合指数と呼ばれる株価指標を公表している。

❷ 卸売物価と消費者物価

　卸売物価とは，企業間で取引される商品の価格動向を指している。消費者が購入する商品
の価格動向を示す消費者物価と対照をなしている。

❸ 政策の時間整合性

　「整合性」という言葉は非常に難しい用語であるが，「あることとあることの間につじつま
があっている」ことを「整合的である」と表現する。

　COLUMN の例の場合，期初の「厳しさ」と期末の「厳しさ」の組み合わせはつじつまがあ
っているので「整合的である」といい，逆に，期初の「厳しさ」と期末の「優しさ」の組み
合わせはつじつまがあっていないので「整合的でない」という。

CHAPTER 3

グローバル化の動向・課題

——— No. 3-1-1 ———

国境を越えて移動する人々

POINT 　経済活動を担う人材を含めて，
　多くの人々が国境を越えて活動していることを理解しよう。

経済のグローバル化＝国境を越えた活発な経済活動

　第1章で見てきたように，経済のグローバル化は，経済活動が地球規模で一体化し，**労働力や企業，財・サービス，資本や金融，情報が国境を越えて活発に移動している状態**を指している。第4章では，国境を越えた企業活動を見ていくので，第3章では，労働力（ヒト），財・サービス（モノ），資本や金融（カネ），情報について，国境を越えた経済活動を詳しく分析していこう。

国際的な労働力移動の状況

　世界中の多くの人々が，ビジネスを担うため，労働機会を得るため，海外の学校で勉強をし，研究をするため，あるいは，亡命❶などの政治的な理由で，

● 就業や就学のために国境を移動する人々

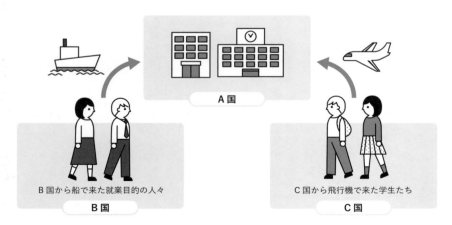

A国

B国から船で来た就業目的の人々
B国

C国から飛行機で来た学生たち
C国

⊙ 表3-1：主要国の移民受け入れ数（上段，万人）と移民の総人口に占める比率（下段，%）

	1990年	1995年	2000年	2005年	2010年	2015年	2019年
アメリカ	2325 9.2%	2845 10.7%	3481 12.4%	3926 13.3%	4418 14.3%	4818 15.0%	5066 15.4%
ドイツ	594 7.5%	746 9.2%	899 11.0%	940 11.5%	981 12.1%	1022 12.5%	1313 15.7%
サウジアラビア	500 30.8%	512 27.5%	526 25.5%	650 27.3%	843 30.7%	1077 34.0%	1312 38.3%
ロシア	1152 7.8%	1193 8.0%	1190 8.1%	1167 8.1%	1119 7.8%	1164 8.0%	1164 8.0%
イギリス	365 6.4%	416 7.2%	473 8.0%	593 9.8%	712 11.2%	841 12.8%	955 14.1%
アラブ首長国連邦	131 71.5%	182 75.5%	245 78.1%	328 71.5%	732 85.6%	800 86.3%	859 87.9%
フランス	590 10.4%	609 10.5%	628 10.6%	674 11.0%	731 11.6%	787 12.2%	833 12.8%
カナダ	433 15.7%	486 16.7%	551 18.0%	608 18.9%	676 19.8%	743 20.6%	796 21.3%
オーストラリア	396 23.3%	415 23.1%	439 23.1%	488 24.2%	588 26.6%	673 28.1%	755 30.0%
イタリア	143 2.5%	177 3.1%	212 3.7%	395 6.8%	579 9.8%	581 9.6%	627 10.4%
日本	108 0.9%	136 1.1%	169 1.3%	201 1.6%	213 1.7%	223 1.7%	250 2.0%

出所：国際連合「国際移民ストック　2019年」

国境を越えている。

　移民❶と呼ばれている人々は，就業や就学などを目的として国境を越え，以前の居住国（多くの場合，自国）から，おおむね1年以上離れている人々を指している。ただし，移民には，亡命した人々や難民❶は含まれない。

　まず，ここでは，移民の規模がきわめて大きいことを見ていこう。表3-1は，多くの移民を受け入れている国々について，これまでに受け入れてきた移民数❷（ストックの数❷，単位は万人）と，その国の人口に占める移民の比率を1990～2019年の期間で示している。

　2019年について移民受け入れ数（ストックの数）を見ていくと，アメリカが圧倒的に多いことがわかる。アメリカがしばしば移民大国と呼ばれる理由でもある。移民数は，2019年に5000万人を超えた。総人口に占める移民の比率も，15.4%に達した。すなわち，アメリカに居住する人々の6～7人に1人は

（単位：万人）

		出身地域								
		サブサハラのアフリカ諸国	北アフリカと西アジア	中央・南アジア	東・東南アジア	ラテンアメリカ・カリブ諸国	オセアニア	ヨーロッパ	北アメリカ	世界全体（不明分を含む）
受け入れ地域	北アフリカと西アジア	207	1893	1852	427	7	1	258	17	
	東・東南アジア	1	3	190	1432	34	8	21	31	1830
	ヨーロッパ	494	1305	1120	360	498	40	4186	110	8230
	北アメリカ	250	279	516	1024	2658	52	689	137	5865
	世界全体	2835	3687	4978	3708	4046	211	6110	453	2 億 7160 万

注：国連の地域区分ではロシアはヨーロッパに含む／出所：表 3-1 と同じ

移民ということになる。1990 年と 2019 年を比較しても，移民数の増加は顕著である。移民数は 2325 万人から 5066 万人に増加し，総人口に占める比率も 9.2% から 15.4% に上昇した。

アメリカに続いて移民数が多い国は，ほとんどがヨーロッパの国々である。2019 年では，ドイツが 1313 万人，ロシアが 1164 万人，イギリスが 955 万人，フランスが 833 万人，イタリアが 627 万人と続く。総人口に占める移民の割合は，ロシアの 8.0% からドイツの 15.7% までの範囲にある。

ヨーロッパ以外の国の移民数は，**サウジアラビア ❸** が 1312 万人，**アラブ首長国連邦 ❸** が 859 万人，カナダが 796 万人，オーストラリアが 755 万人に達する。これらの国々では，総人口に占める移民の割合も高く，一番低いカナダでも 21.3%，一番高いアラブ首長国連邦にいたっては，87.9% に達している。

上で見てきた国々に比べると，日本が受け入れている移民数は，それほど大きくない。受け入れ移民数は，1990 年で 108 万人であったが，2019 年でも 250 万人にすぎない。日本の人口に占める移民の割合は，2019 年で 2.0% であり，日本に居住する人々の 50 人に 1 人しか移民でないことになる。日本の移民政策については，**No. 3-1-4** で詳しく見ていこう。

どの地域の人々がどの地域に移民しているのであろうか？

それでは，世界のどの地域の人々が，どの地域に移動しているのかを見てみよう。**表 3-2** は，2019 年までの移民の移動について，横方向に移民の出身地

域を，縦方向に移民の受け入れ地域をそれぞれ示している。この表で明らかなように，北アフリカと西アジア，東・東南アジア，ヨーロッパについては，それぞれの地域内で人々が活発に移動している。とくに，ヨーロッパの地域内で移動した移民数は4186万人に達した。北アフリカと西アジアにおける地域内移民については，サウジアラビアやアラブ首長国連邦などの豊かな産油国が受け入れ国になっている。

　移民大国のアメリカやカナダが属する北アメリカは，さまざまな地域から移民を受け入れている。ラテンアメリカ・カリブ諸国から2658万人，東・東南アジアから1024万人，ヨーロッパから689万人，中央・南アジアから516万人の移民を受け入れた。

　こうして見てくると，人々の国境を越えた移動について，以下のように2つの傾向を指摘できるであろう。

(1)　経済活動が活発な地域（ヨーロッパ，産油国を含む西アジア，東・東南アジア）では，地域内で移動する移民数が多い。

(2)　北アメリカやヨーロッパの豊かな国々が，アフリカ，中央・南アジア，ラテンアメリカ・カリブ諸国などの貧しい国々から移民を受け入れている。

　次の No. 3-1-2 では，人々の国際的な移動の経済学的なメカニズムについて明らかにしていこう。

COLUMN

東・東南アジアの国々の移民事情

　本文で見たように，東・東南アジアの地域内で国境を越えて移動する人々はとても多い。表3-3 は，1990 年と2019 年について，香港，シンガポール，マレーシア，タイ，韓国における受け入れ移民数（ストックの数）と，総人口に占める移民の比率を示している。

　この表によると，東南アジアの人口規模が比較的小さい国々では，総人口に占める移民の比率が非常に高い。2019 年では，香港で39.6%，シンガポールで37.1%，マレーシアで10.7% に達している。これらの国々の経済は，移民労働に大きく依拠している。一方，韓国は，総人口に占める移民の比率は2.3% にすぎず，日本と同じように移民に依拠する度合いが低い。

　東南アジアの国々の経済活動が移民に依存する度合いが高いという背景には，

19世紀以前より，中国出身の人々❹が東南アジアの国々に商業ネットワークを築いてきたという歴史的な事情がある。

➡ **表 3-3：東・東南アジアの受け入れ移民数（上段，万人）と
総人口に占める移民の比率（下段）**

	1990 年	2019 年
香港	222 38.7%	294 39.6%
シンガポール	73 24.1%	216 37.1%
マレーシア	70 3.9%	343 10.7%
タイ	53 0.9%	364 5.2%
韓国	4 0.1%	116 2.3%

出所：表 3-1 と同じ

【 用語解説 】

❶ **移民と難民**

移民とは，就業や就学の目的で自国以外に定住する人々を指している。移民の動機は，多くの場合，自発的である。

一方，難民は，人種，国籍，宗教，政治的信条が原因となった迫害や戦争・紛争から逃れるために，自国を離れざるをえなくなった人々を指している。そうした迫害や紛争から逃れるために自国を離れる行為は，亡命と呼ばれる。

❷ **ストックの移民数とフローの移民数**

移民数の表示には，その年までに受け入れてきたストックの移民数と，その年に受け入れたフローの移民数がある。**表 3-1〜表 3-3** は，すべてストックの移民数で表している。

❸ **アラブ首長国連邦とサウジアラビアの新しい移民政策**

アラブ首長国連邦とサウジアラビアが 2019 年に発表した新しい移民政策では，投資家，起業家，医師や法律家などの専門職，優秀な研究者や学生を積極的に受け入れることを表明した。

❹ **華人と華僑**

第 2 次世界大戦後，中国籍を放棄して現地の国籍を取得したものを華人，中国籍を保持しているものを華僑と呼ぶことがある。

経済のグローバル化と労働市場

➡ POINT　国境を越えた人々の移動で
労働市場に何が起きるのかを考えてみよう。

貧しい国から豊かな国への労働者の移動

　No. 3-1-1 で見てきたように，**労働力は，高い賃金を得るために貧しい国から豊かな国へ移動する**傾向がある。それでは，労働力として移民を受け入れた豊かな国の労働市場にはどのようなことが起きるのであろうか。

　図 3-1 は，縦軸に賃金，横軸に求職や求人の労働者数を表している。雇用者の側は賃金が低いほど，より多くの労働者を雇用しようとするので，**労働需要曲線は右下がりの曲線**（黒線）となる。一方，労働者の側は賃金が高いほど，より多くの労働者が働こうとするので，**労働供給曲線は右上がりの曲線**（青線）となる。

　労働力として移民を受け入れた国の労働市場では，労働供給曲線が，移民が加わる分，同じ賃金でも働きたいと思う労働者数が増加することから，労働曲線が右側に移動する。すると，労働市場で需要と供給が一致する均衡点は，点

➡ 図 3-1：移民受け入れ国の労働市場

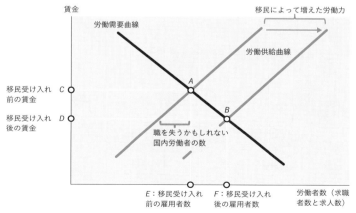

A から点 *B* に移動する。その結果，賃金は，点 *C* から点 *D* へと低下する。一方，雇用される労働者数は，点 *E* から点 *F* に増加する。しかし，雇用者数の増加は，移民労働者数を下回るため，低い賃金でも働こうとする移民労働者が，国内労働者の仕事を奪うかもしれない。

移民労働者と国内労働者の協調

こうして見てくると，労働力として移民が労働市場に入ってくる結果，国内労働者は，賃金が低下することに加え，職を失う可能性も出てくる。しかし，近年の経済学の実証研究によると，これまで移民を積極的に受け入れてきたアメリカやヨーロッパなどの豊かな国々において，移民労働者の受け入れが，国内労働者の職を奪うといった影響や，国内労働者の賃金を低下させるといった傾向は必ずしも認められない。

それでは，**図3-1** の説明と異なることが実際に起きるのはなぜだろうか。**図3-1** では，移民労働者と国内労働者がまったく同じ種類の労働サービスを提供し，2つの労働者のグループが低い賃金でも同じ仕事を奪い合うという**単純な競争**が想定されているからである。

しかしながら，現実の労働市場では，移民労働者と国内労働者が単純な競争を繰り広げているわけではない。たとえば，移民労働者と国内労働者が自らの得意とする分野で協力すると（**多様な競争**をすると），かえって職場の生産性が向上して，お互いの賃金が上昇する可能性もある。

また，国内の労働力だけでは人手不足となるような分野では，移民労働者が国内労働者の職を奪うということも起きないであろう。**図3-1** でいうと，右

● **単純な競争で対立するか，多様な競争で協調するか**

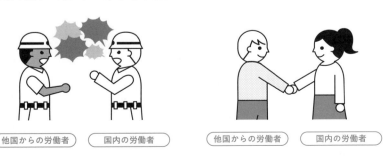

他国からの労働者　　国内の労働者　　　　他国からの労働者　　国内の労働者

下がりの労働需要曲線が労働需要の拡大で右側に移動しているような分野である。たとえば，ヨーロッパの国々では，看護や介護などの恒常的な人手不足に陥っている分野では，移民労働者が歓迎されている。なお，日本における移民受け入れの状況については **No. 3-1-4** で議論する。

移民・難民の排斥運動の背景

それでは，なぜ，国内労働者と移民労働者が対立するのであろうか。21 世紀に入ると，移民大国といわれてきた**アメリカ❶** でも，**メキシコや中南米諸国からの移民❶** がアメリカ国内の労働者の職を奪い，賃金を低下させるという主張が盛んになされた。

歴史的に移民に寛容であった**ヨーロッパの国々❷** でも，**シリアなどの中東地域や北アフリカからの多数の難民❷** が押し寄せることに対して激しい排斥運動が起きている。**イギリス❸** においても，EU（欧州連合，**No. 3-1-3** で説明）から離脱することが国民の支持を得た理由の１つには，**EU 域内の東ヨーロッパからの移民❸** がイギリス労働者の職を奪っていると考えられたからである。

しかし，先に述べたように，移民労働者が国内労働者の職を奪い，国内労働者の賃金を引き下げているという主張に対して科学的に明らかな証拠は見出しにくい。それにもかかわらず，移民や難民の排斥運動が起きてきたのは，経済的な貧困や社会的な不安の原因が，移民や難民の受け入れに短絡的に結び付けられてきたからであろう。

アメリカとメキシコの国境の壁（左）（時事）／ヨルダンのシリア難民キャンプ（右）（dpa/時事通信フォト）

移動と技術移転——青年海外協力隊

　青年海外協力隊は，豊かな国々の若者が，貧しい国々に派遣されて，その国々の発展に寄与する事業である。派遣された若者の活動分野は多岐にわたり，行政支援，生活改善，産業育成，教育支援，農業技術の伝達などの活動が展開されてきた。日本からも，1965 年以降，アジア（フィリピン，マレーシア，バングラデシュ，ネパール，スリランカ），中東（モロッコ，シリア，ヨルダン，チュニジア，エジプト），アフリカ（マラウイ，ケニア，タンザニア，ザンビア，ガーナ），中南米（ホンジュラス，パラグアイ，ボリビア，グアテマラ，ドミニカ）などの国々に多くの若者が派遣されてきた。

【　用語解説　】

❶ 移民排斥運動：アメリカ

　21 世紀に入ると，アメリカでは，メキシコからの麻薬密輸や不法移民への対策として，3145 キロにおよぶアメリカ・メキシコ国境に壁やフェンスを築く計画が何度となく立てられ，壁の建設も部分的に進められてきた。しかし，アメリカ国内には，メキシコからの移民に対する排斥運動への反対も強く，国境の壁の建設は進んでいない。

❷ 難民排斥運動：ヨーロッパ

　シリアは，2011 年以降内戦状態に入り，内戦を逃れるために多くのシリア人難民が発生した。当初，シリア人難民は，トルコ，レバノン，ヨルダン，イラク，エジプトなどの周辺国に移動したが，2015 年にかけてヨーロッパの豊かな国々をめざして移動するようになった。それに伴って，ヨーロッパ各国でシリア人難民に対する排斥運動が激しくなった。

❸ 移民排斥運動：イギリス

　EU（欧州連合）域内の国々の労働者は，国境を自由に越えて求職することができる。イギリスは，ポーランドをはじめとして EU 加盟の東ヨーロッパの国々からの移民を多く受け入れてきた。しかしイギリスは，2016 年 6 月の国民投票で EU からの離脱を決定した。EU 離脱が国民に支持された背景には，EU 諸国からの移民に対する反感があったとされている。

人材のグローバル化を支えるさまざまな制度

→ POINT 人材のグローバル化を支えるさまざまな制度について，
理解を深めよう。

人材を受け入れる国の制度

第3章全体で詳しく見ていくことであるが，ヒトでも，モノでも，カネでも，国境を自由に越えられるわけではない。とくに，職に就くために国境を越える労働者の移動に対しては，どの国も強い制限を設けている。

労働者が国境を越えるには，入国のときに検問所において，**旅券（パスポート）❶** と **査証（ビザ）❷** を提示し，**入国審査** を受けなければならない。したがって，パスポートも，ビザも，入国前に取得しなければならない。

パスポート は，国境を越えようとする労働者の国籍のある政府に申請をする。日本のパスポートの場合，市役所や町村役場の窓口で申請して取得する。

一方，**ビザ** は，渡航前に渡航先の国の **在外公館 ❸**（**大使館 ❸・領事館 ❸**）に申請をして取得する。ただし，申請する先の大使館や領事館は，自国にある公館でなく，渡航先国の近隣国にある公館であることも多い。就労のための長期滞在を目的としたビザの申請は，厳しい審査を受けなければならない。受け入れ国ごとにさまざまな審査基準が設けられているが，申請者の学歴や語学能力の証明，雇用企業の招聘状（推薦状）などを提出する。

外国人労働者から申請を受けた在外公館は，自国の外国人労働者受け入れ基準に照らして申請を審査する。多くの国では，受け入れる職種や自国の労働市場への影響が考慮されている。たとえば，高度な技能を有する労働者は受け入れるが，非熟練労働者（単純労働者）は受け入れないとする国も少なくない。また，国内労働者が不足する分野に限って，外国人労働者を受け入

パスポートとビザ（©Toshi/PIXTA）

れることも多い。日本でも，近年，外国から看護師や介護福祉士などを受け入れるようになった（**No. 3-1-4** を参照）。

EU（欧州連合）内の自由な労働移動

上で見てきたように，外国人労働者の受け入れは，主として受け入れ国の決定に委ねられているが，外国人労働者を送り出す国と受け入れる国の間で労働移動について取り決めがなされていることもある。

1993 年に発足した **EU（欧州連合）** では，ヨーロッパの多くの国々が経済統合され，モノやカネだけでなく，労働力の移動も原則自由とされている。すなわち，EU 加盟国の国籍を有する労働者は，基本的に EU 加盟国で働くのにビザを申請する必要がない。

ヨーロッパの国々の間で自由な労働移動が実現した歴史は古い。EU の前身である**欧州共同体**に加盟していたベルギー，フランス，ルクセンブルク，オランダ，西ドイツの 5 カ国が 1985 年にルクセンブルクのシェンゲンで入国審査を撤廃する協定（**シェンゲン協定**）に調印した。その後，26 ものヨーロッパの国がシェンゲン協定に参加している（2020 年 12 月時点）。

アイルランドとイギリスは，シェンゲン協定に参加していなかったものの，アイルランドと北アイルランド（イギリス領）の間の国境では，入国審査をする検問所がなくなった。イギリスは 2020 年 2 月に EU から離脱したが，アイルランドと北アイルランドの国境に検問所を復活しないことで合意された。

受け入れる国と送り出す国の間の協定

複数国間（多くの場合，2 国間）の経済協定である**経済連携協定（EPA）**や**自由貿易協定（FTA）**でも，特定の分野や条件を決めて労働移動が認められている（FTA，EPA とともに **No. 3-2-2** で説明）。

最も広範なものとしては，EU に加盟していないスイスが EU と締結した 2国間協定であろう。この協定のおかげで，EU とスイスの間ではかなり自由な労働移動が認められることになった。お互いに移民に依拠する度合いの大きいアメリカとシンガポールの間でも 2 国間協定が結ばれ，2 国間の労働移動についてさまざまな取り決めがなされている。

なお，日本が関わる FTA における労働移動については，**No. 3-1-4** で説明する。

外国で働くにはどのような手続きが必要なのか？

　あなたが，もし学生であって，将来働く企業において，アメリカのサンフランシスコ支店に責任者として転勤を命じられたとするならば，どのような入国手続きが必要になるであろうか。

　まずは，あなた（転勤者）が企業内転勤者向けのビザである L-1 ビザを申請する前に，サンフランシスコ支店がアメリカ移民局に対して，転勤してくる責任者（たとえば，支店長）が管理職としてふさわしい十分な専門知識を有していることを証明して，ビザ申請の許可を得なければならない。

　次に，あなた（転勤者）は，日本にあるアメリカの大使館や領事館に赴いて，移民局からの許可書，会社からの推薦状，学歴証明，履歴書，最近の給与明細などを，有効なパスポートとともに提出する。興味深いのは，添付する写真は，眼鏡をはずしたものである必要があり，過去 10 年間の無効となった古いパスポートも添えることが求められている。同行する家族がいれば，L-2 ビザも申請する必要がある。

【　用語解説　】

❶　旅券（パスポート）

　海外に渡航する者に対して，政府が本人の身分や国籍を証明し，外国の関係当局に対して便宜や保護を依頼する文書を指す。

❷　査証（ビザ）

　入国を許可する旨がパスポートに裏書きされたもの。通常は，パスポートのページに貼付される，あるいは，印字される。

❸　在外公館（大使館・領事館）

　在外公館は，外国に設置した政府の出先機関を指す。その国の首都に大使館が置かれ，主要都市に領事館が置かれる。たとえば，アメリカ政府は，東京に大使館を置き，札幌，名古屋，大阪，福岡，浦添（沖縄県）に領事館を置いている。

人材のグローバル化とビジネス

> POINT　日本のビジネスの現場において，
> 人材のグローバル化にどのように対応すべきなのかを考えてみよう。

人口減少と外国人受け入れ政策の転換

　図3-2 が示すように，日本の総人口は 2008 年に 1 億 2808 万人でピークに達し，その後，減少傾向に転じた。詳しく見ていくと，2030 年ごろに 1 億2000 万人を，2040 年ごろに 1 億 1000 万人を，2050 年ごろに 1 億人をそれぞれ割り込むことが予想されている。すなわち，10 年ごとに 1000 万人ずつの人口減が見込まれていることになる。こうした人口減少は，将来，労働力不足をもたらすことになる。

　当初，外国人労働者の受け入れについて非常に消極的であった日本政府も，労働力人口の減少を予想して，外国人受け入れ政策を見直すようになった。ただし，見直しのテンポは，非常にゆっくりとしたものであった。

　まず，1990 年にブラジルやペルーなどの**日系 3 世 ❶** までの人々は，**定住者**として 5 年を超えない範囲で自由に就労できる地位が与えられた。**南米日系**

❷ 図 3-2：日本の総人口

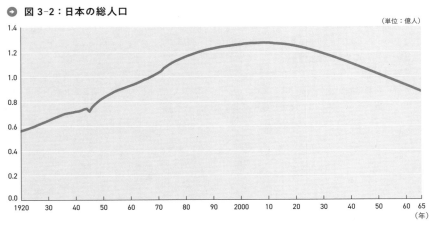

(単位：億人)

出所：国勢調査，2020 年以降の予測は国立社会保障・人口問題研究所

人 ❶ は，特別永住者として事実上の永住許可が与えられることもあった。このようにして南米日系人は，日本文化にゆかりがある労働者として日本社会に定着していく。

1993 年に導入された技能実習制度 ❷ では，報酬を伴う技能実習や研修の機会が外国人に与えられるようになった。当初の研修期間は 1 年以内であるが，技能検定試験に合格すると，さらに 2 年以上，滞在を延長することができる。しかし，技能実習制度で日本に入国した外国人の多くは，研修とは名ばかりの単純労働作業に従事させられ，低賃金の劣悪な労働環境に置かれてきた。

新しい外国人受け入れ政策

政府は，高度な能力を持つ外国人（高度外国人材 ❸）の受け入れにも積極的に乗り出していく。2012 年に導入された高度人材ポイント制や 2015 年に新設された高度専門職資格では，研究活動や技術開発，会社の経営や管理に従事する外国人については，学歴，職歴，年収などの項目ごとにポイントを設け，一定点数に達した場合には，日本での在留期間，配偶者の就労，永住許可要件の緩和などの優遇措置が講じられてきた。

深刻な労働問題を抱えた技能実習制度を除いて，単純労働の外国人材には門戸を閉じていた日本政府も，2019 年に特定技能 ❷ と呼ばれる資格を設けた。農業，外食，介護，宿泊など労働力が著しく不足する 14 業種について，一定の技能と日本語能力のある外国人の就労を認めることになった。技能実習制度で外国人労働者が劣悪な労働環境に置かれてきた実態を踏まえ，特定技能資格では，外国人労働者への法的保護を強めている。

また，経済連携協定（EPA：Economic Partnership Agreement の略）や自由貿易協定（FTA：Free Trade Agreement の略）などの 2 国間協定でも，特定の業種に限って 2 国間の労働移動が認められた。日本がフィリピン，インドネシア，ベトナムと結んだ 2 国間協定では，看護師や介護福祉士について，その候補者は，3 年から 4 年の期間を上限として日本語研修や日本の国家資格取得のための入国・就労が認められた。国家資格を取得したフィリピン人は，引き続き就労することができる。

表 3-4（ストックの数）が示すように，2012〜19 年の 7 年間でも，日本社会で活動する外国人材の規模は拡大してきた。総数では，203 万人から 283 万人に増えた。南米日系人をはじめとした定住者や永住者の規模はそもそも大き

● 表 3-4：在留資格別外国人数

(万人)

	2012年12月末	2015年12月末	2019年6月末
総数	**203**	**223**	**283**
高度外国人材	20	24	39
永住者・定住者	97	103	116
技能実習（特定技能を含む）	15	19	37
留学	18	25	34

出所：法務省「在留外国人統計」

● 表 3-5：日本へ移民した人々の出身国（2015年）

(万人)

中国	65.2	イギリス	1.5
韓国	52.2	パキスタン	1.1
フィリピン	21.0	スリランカ	0.9
ブラジル	18.2	カナダ	0.9
ベトナム	7.3	オーストラリア	0.9
アメリカ	5.0	フランス	0.9
ペルー	4.9	バングラデシュ	0.9
タイ	4.1	マレーシア	0.8
インドネシア	2.7	ロシア	0.8
インド	2.3	ドイツ	0.6

出所：国際連合「国際移民ストック　2019年」

● 表 3-6：日本から移民した人々の到着国（2015年）

(万人)

アメリカ	34.5	ニュージーランド	1.1
ブラジル	5.9	イタリア	0.8
オーストラリア	5.3	スイス	0.8
イギリス	4.0	中国	0.7
カナダ	3.6	タイ	0.7
ドイツ	3.3	スペイン	0.6
フランス	2.1		

出所：表3-5と同じ

かったが，高度外国人材は，20万人から39万人と倍増した。また，技能実習制度に参加した外国人も，15万人から37万人と2倍以上になった。

海外から日本へ，日本から海外へ

表3-5と**表3-6**（いずれも，ストックの数）を用いながら，あらためて，どの国から日本に移民し，日本からどの国へ移民しているのかを見てみよう。まず，日本に入ってくる人々には，中国，韓国，フィリピン，ブラジル，ベトナムの出身者が多い。一方，日本から出ていく人々は，アメリカをめざす人が圧倒的に多く，ブラジル，オーストラリア，イギリスが続く。

No. 3-1-1で見てきたように，欧米に比べると，受け入れる移民の数も，海

外に移る日本人の数もまだまだ少ないが，今後は，そうした双方向の人々の流れは拡大していくであろう。その結果，日本社会で，あるいは，海外で展開される日本のビジネスも，人材のグローバル化への対応を強く迫られるであろう。COLUMN では，その一端を見ていこう。

COLUMN

日本企業の英語公用語化

　一部の日本企業は，海外の事業と外国人材の受け入れを積極的に展開するために，企業内で積極的に英語を用いる方針を打ち出した。楽天は 2010 年に，ファーストリテイリングは 2012 年に，外国人が参加する会議では，原則，英語を用いることを決定した。

　また，多くの企業が TOEIC などの英語検定試験で高得点獲得をめざすように社員に号令をかけた。三菱商事，武田薬品工業，ソフトバンクなどの企業は，英語試験の高スコアが採用や昇進・昇格の要件となった。

英語公用語化プログラムを公開した楽天（つのだよしお/アフロ）

【　用語解説　】

❶　南米日系人

　日系人とは，日本以外の国に移住し，その国の国籍や永住権を取得した日本人を指す。19 世紀の終わりから 20 世紀にかけて，グアテマラ，メキシコ，とくにブラジルへ移民した日系人を南米日系人という。日系人の次の世代を日系 2 世，その次の世代を日系 3 世という。

❷　技能実習制度と特定技能

　技能実習制度の大きな問題点の 1 つは，その労働者の出身国のブローカーが日本の受け入れ企業との間に入って不当な収益を得てきたところにあった。特定技能資格には，そうしたブローカーが暗躍しないような仕組みがいくつか取り入れられている。

❸　高度外国人材

　移民に依存する国々は，高度な技能や技術を備えた外国人を求めて，国境を越えた獲得競争に乗り出した。日本政府も，そうした人材を自らの経済に呼び込むために，さまざまな優遇措置を講じるようになった。

━━━━ No. 3-2-1 ━━━━

拡大していく国際貿易

POINT 世界各国で財・サービスの輸出と輸入が拡大していく動向を
把握しよう。

国際収支統計における財とサービスの輸出・輸入

No. 1-2-1 では日本を例に見たように，各国の財・サービスの輸出・輸入の
状況は，**国際収支統計 ❶** で報告されている。とくに貿易については，**貿易収
支とサービス収支**が重要な指標となる。**貿易収支**は，製品や原材料のような**財
の輸出**から**財の輸入**を差し引いたものであり，

> 貿易収支＝財の輸出－財の輸入

と表せる。

一方，**サービス収支**は，**サービスの輸出**から**サービスの輸入**を差し引いたも
のであり，

> サービス収支＝サービスの輸出－サービスの輸入

と表せる。

ここでいう「形のないサービス」の輸出入は，「形のある財」の輸出入より
もイメージをつかみにくいが，主に以下の5つのサービス取引を指している。

(1) **輸送サービス**：外国人が日本の航空会社を利用すれば輸出となり，日本
人が海外の航空会社を利用すれば輸入となる。

(2) **旅行サービス**：日本を訪れた外国人の宿泊・飲食費は輸出（**インバウン
ド消費 ❷** と呼ばれている）となり，海外を訪れた日本人の宿泊・飲食費
は輸入となる。

(3) **金融サービス**：外国人が日本の金融機関のサービスを利用すれば輸出と
なり，日本人が海外の金融機関のサービスを利用すれば輸入となる。

(4) **特許権使用料**：外国人が日本の個人や企業の特許権（**No. 3-4-4** の用語
解説の「知的財産」を参照）の使用料を支払えば輸出となり，日本人が海
外の個人や企業の特許権の使用料を支払えば輸入となる。

⬤ **図 3-3：OECD 加盟国（加盟検討国を含む）の財・サービスの輸出・輸入・収支（2018 年）**

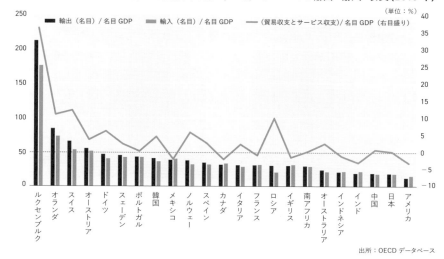

出所：OECD データベース

(5) 通信・コンピュータ・情報サービス：情報通信技術（ICT，第 3-4 節を参照）に関連したサービス。たとえば，インターネットなどの通信利用料，コンピュータのソフトウェアの開発，映像や音声などのコンテンツをオンラインで提供するサービスが含まれる。

OECD の統計から見た輸出・輸入

それでは，OECD（経済協力開発機構）❸ のデータベースを用いながら，財・サービスの輸出・輸入・収支の動向を見ていこう。なお，財とサービスを合わせた貿易収支は，純輸出と呼ばれることもある。

図 3-3 は，OECD 加盟国や加盟が検討されている国々について，2018 年の財とサービスを合わせた輸出（黒色の棒），輸入（青色の棒），収支（青の折れ線）をそれぞれ名目 GDP に対する割合で示したものである。国の順番は，名目 GDP に占める輸出の比率が高い国を左から並べている。

このグラフで明らかなことは，輸出の割合が高い国は，輸入の割合も高いという点である。輸出と輸入の両方の割合が高い一番の理由は，No. 3-2-4 で説明するように，国々の間で分業が進んでいて，原材料や部品を輸入して，それを加工したり組み立てた製品を輸出したりするといったことが増えてきている

からである。こうした国際分業の結果，財・サービスの収支（輸出から輸入を差し引いたもの）の割合も，極端にプラスやマイナスに偏ることはない。すなわち，輸出か輸入のいずれかに一方的に偏るという国は少ない。ただし，ルクセンブルクは，輸出が輸入を大きく上回り，その収支は，名目 GDP の 3 割以上に達している。

　図 **3-4** は，財・サービスの輸出が名目 GDP に占める割合について，1970～2018 年の推移を見たものである。多くの国が，半世紀あまりの間に，財・サービスの輸出の比率を高めている。すなわち，財・サービスの貿易が年々拡大している傾向が認められる。ただし，ロシアやインドネシアでは，輸出比率が縮小傾向にある。

　こうして見てくると，OECD に加盟する，あるいは加盟が検討されている国々は，財・サービスの輸出と輸入の両面で拡大している傾向にあるといえる。

G7 諸国のサービス輸出・輸入の拡大

　それでは，OECD 加盟国のなかでも大国である G7 ❹ の国々について，財の輸出入とサービスの輸出入を分けて見ていこう。**表 3-7** は，2000 年，2010 年，2019 年について財とサービス別に輸出，輸入，収支（貿易収支とサービス収支）をドル表示（兆ドル）で示している。

　G7 の国々は，2000 年から 2019 年にかけて，財の輸出よりも，サービスの輸出の伸びの方が大きかった。2000 年には，財の輸出とサービスの輸出は，ほぼ 8 対 2 の割合であったが，2019 年には，その割合が 7 対 3 となった。その結果，サービス収支は，2000 年の 0 兆ドルから 2019 年の 0.4 兆ドルに改善している。

　こうした傾向は，ヨーロッパの小国において顕著である。たとえば，**図 3-3** で輸出比率が突出していた**ルクセンブルク**は，**表 3-8** が示すように，2000 年から 2019 年にかけて財の輸出は 3 倍弱しか伸びなかったが，サービスの輸出は 5 倍以上に拡大した。サービス収支も，同期間に 72 億ドルから 265 億ドルに大きく改善している。なお，ルクセンブルクのサービス輸出の主体は，金融サービスである。

図 3-4：名目 GDP に対する財・サービス輸出（名目）の比率の推移（1970～2018 年）

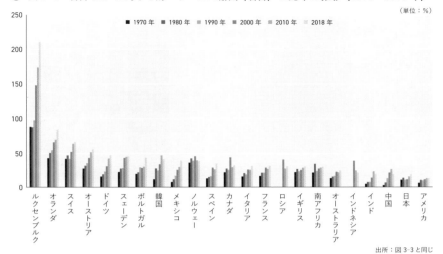

出所：図 3-3 と同じ

表 3-7：G7 諸国の財・サービスの輸出・輸入・収支

（単位：兆ドル）

暦年	輸出		輸入		収支		
	財	サービス	財	サービス	財	サービス	財・サービス
2000	2.9 （79%）	0.8 （21%）	3.1 （80%）	0.8 （20%）	−0.3	0.0	−0.3
2010	5.0 （76%）	1.6 （24%）	5.6 （80%）	1.4 （20%）	−0.6	0.2	−0.4
2019	5.8 （72%）	2.3 （28%）	6.6 （77%）	2.0 （23%）	−0.8	0.4	−0.4

注：カッコ内は，財とサービスの割合を示している／出所：OECD データベース

表 3-8：ルクセンブルクの財・サービスの輸出・輸入・収支

（単位：億ドル）

暦年	輸出		輸入		収支		
	財	サービス	財	サービス	財	サービス	財・サービス
2000	85 （29%）	209 （71%）	108 （44%）	137 （56%）	−23	72	49
2010	197 （24%）	624 （76%）	218 （32%）	456 （68%）	−21	168	147
2019	230 （17%）	1106 （83%）	242 （22%）	840 （78%）	−12	265	253

注：カッコ内は，財とサービスの割合を示している／出所：表 3-7 と同じ

日本経済のサービス収支

それでは，日本経済のサービス収支の動向を見ていこう。**表 3-9** は，1996 年から 2019 年にかけて，サービス収支と，その主な内訳を報告したものである。

この表から明らかなように，日本経済のサービス収支は，恒常的に赤字（輸入が輸出を上回って収支がマイナスになる状態）であった。1996 年には 6.7 兆円の赤字となり，2000 年代も赤字が続いた。しかし，2010 年代になると，赤字が急速に縮小し，2019 年には，史上初めてわずかながらも，黒字（0.1 兆円）に転換した。

サービス収支が改善した理由の 1 つは，旅行サービス収支が 1996 年の 3.6 兆円の赤字か

浅草を訪れた外国人観光客（2015 年，時事）

ら 2019 年の 2.7 兆円の黒字に転換したことである。すなわち，日本を訪れる外国人旅行客の宿泊・飲食費（**インバウンド消費**）が大幅に拡大した。この間，日本を訪れた外国人数は約 380 万人から約 3200 万人に大幅に拡大した。ただし，**No. 1-2-3** で見てきたように，2020 年にはコロナ禍のために外国人観光客を含めた入国者数が極端に減少した結果，インバウンド消費も激減した。

⊃ **表 3-9：日本経済のサービス収支**

（単位：兆円）

暦年	サービス収支	主な内訳				
		輸送サービス収支	旅行サービス収支	金融サービス収支	特許権使用料などの収支	通信・コンピュータ・情報サービス収支
1996	−6.7	−1.1	−3.6	0.0	−0.3	−0.2
2000	−5.3	−0.8	−3.1	0.1	−0.1	−0.2
2005	−4.1	−0.5	−2.8	0.3	0.3	−0.2
2010	−2.7	−0.4	−1.3	0.0	0.7	−0.2
2015	−1.9	−0.7	1.1	0.5	2.4	−1.2
2016	−1.1	−0.7	1.3	0.6	2.1	−1.1
2017	−0.7	−0.7	1.8	0.3	2.3	−1.0
2018	−1.0	−1.1	2.4	0.3	2.6	−1.4
2019	0.1	−0.9	2.7	0.6	2.2	−1.5

出所：財務省「国際収支統計」

【 用語解説 】

❶ 収支

国際収支統計の「収支」のそもそもの意味は，収入と支出を意味しているが，ここでは，収入に相当するのが輸出であり，支出に相当するのが輸入である。

❷ インバウンド消費

日本を訪れた外国人観光客の消費支出を指し，サービス収支のなかでは輸出と位置付けられている。日本政府は，2003 年よりインバウンド消費の拡大を推進してきた。

❸ OECD（経済協力開発機構）

1961 年にヨーロッパや北アメリカの国々によって設立された国際機関（前身の OEEC〔欧州経済協力機構〕の設立は 1948 年）。国際経済全般について協議することを目的とする。当初は，アメリカ，イギリス，フランスなどの 20 カ国が加盟国となった。その後，アジアや東ヨーロッパの 17 カ国も加盟した。日本は，1964 年に加盟している。2020 年現在，中国，インド，南アフリカ，インドネシアなどの加盟が検討されている。加盟手続きが開始されていたロシアは，2014 年のクリミア半島のロシア領編入を契機として，加盟手続きが停止された。

❹ G7

Group of Seven の略である。当初は，フランス，アメリカ，イギリス，西ドイツ，日本が参加する G5 としてスタートしたが，1975 年にイタリアが，1976 年にカナダが参加して G7 となった。G7 諸国が直面するさまざまな問題が G7 の首脳，財務大臣，中央銀行総裁レベルで話し合われてきた。

自由貿易を守るための国際的な協定

→ POINT どのような国際的な取り決めによって
貿易秩序が維持されているのかを理解しよう。

高い関税の弊害

　財やサービスの自由な貿易を妨げる最も大きな障害は，輸入品に課せられる
関税❶である。ここでは，輸入品に関税を課すことが，輸入品と同じ財やサー
ビスの国内生産者を保護する一方で，国内消費者を犠牲にすることを見ていこ
う。

　図 3-5 は，牛肉市場について，牛肉 100 グラム当たりの価格を縦軸に，牛
肉数量を横軸にとって，**国内消費者の右下がりの需要曲線**（黒線）と**国内畜産
農家の右上がりの供給曲線**（青線）を描いたものである。

　牛肉がいっさい輸入されていない状態では，国内の需要と供給が一致する点
A のところで均衡し，**均衡価格**は 500 円（点 *B*）となる。そこに，**安価な価
格** 200 円（点 *E*）で牛肉が海外から輸入できるとすると，消費者の牛肉需要
は拡大して，点 *E* と点 *C* を結ぶ数量の消費が実現する。この場合，価格競争

● **図 3-5：輸入牛肉に関税を課すことで生じる国内畜産農家の保護と国内消費者の犠牲**

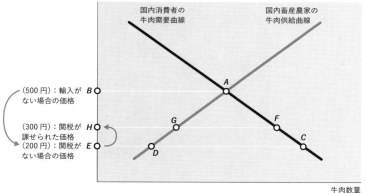

牛肉 100 グラム当たりの価格

牛肉数量

力の弱い国内畜産農家は，点 E と点 D を結ぶ数量しか牛肉を供給できず，それを超える牛肉（点 D と点 C を結ぶ数量）は海外から輸入される。

そこで，政府は，国内畜産農家を保護するために，輸入牛肉に 50% の関税（200 円×0.5＝100 円）を課し，**関税を含めた牛肉価格を 200 円（点 E）から，関税 100 円を含めた 300 円（点 H）に引き上げた**としよう。すると，国内畜産農家の牛肉供給は点 H と点 G を結ぶ数量まで回復するが，国内の牛肉消費は点 H と点 F を結ぶ数量まで減少してしまう。その結果，国内消費者は，より高い価格（200 円から 300 円）で，より少ない数量（点 E と点 C を結ぶ数量から点 H と点 F を結ぶ数量に減少）でしか牛肉を消費できなくなってしまう。

GATT と WTO を中心とした国際的な貿易協定

第 2 次世界大戦（1939〜45 年）の直前は，各国が自国の生産者を保護する目的で関税を引き上げたことから国際貿易が著しく縮小した。活発な貿易を通じた国際関係が失われたことが，世界大戦の原因の 1 つともなった。そうした苦い経験を踏まえ，戦後の国際社会は，関税を引き下げ，自由な貿易を実現するために，さまざまな協定が取り結ばれてきた。なお，**自由貿易協定**と同様に**自由貿易圏**を実現しようとする**地域経済統合**には，EU（欧州連合，**No. 3**-**1**-**3** を参照）や APEC（アジア太平洋経済協力）などがある。

戦後の自由貿易体制に関する最も基本的な協定は，1947 年に 53 カ国が署名し，1948 年に発効した **GATT（関税及び貿易に関する一般協定）❷** である。その後，GATT 締結国が 128 カ国までに拡大し，1995 年に **WTO（世界貿易機関）❷** に発展した。GATT は，当初，主として財の貿易を対象としていたが，1994 年には，サービス貿易に対する多国間協定として **GATS（サービスの貿易に関する一般協定）** が結ばれ，WTO に引き継がれた。

さまざまな自由貿易協定

自由貿易協定には，WTO の設立根拠となっている多国間協定だけでなく，特定の国や地域（たとえば，東南アジア地域や環太平洋地域）との間で締結される **FTA（自由貿易協定）❸** や **EPA（経済連携協定）❸** も含まれる。WTO の加盟国が結ぶ協定のような多国間協定に加えて，FTA や EPA が取り結ばれてきた背景には，自由貿易協定が複数国間や地域内に固有の実情に沿う必要があったからである。

将来の牛肉の関税率

2018年末に日本を含む環太平洋諸国の間で発効したTPPでは，日本に輸入される牛肉にかかる関税率が，38.5％から27.5％へと大幅に引き下げられた。その結果，TPPに参加しなかったアメリカから日本に輸入された牛肉は，価格競争で非常に不利となった。そこで，アメリカは，日本との自由貿易協定の締結を急ぎ，2020年初めより日米貿易協定が発効した。その結果，アメリカ産の牛肉への関税率も27.5％に引き下げられた。**図3-6**が示すように，TPPのもとでも，日米貿易協定のもとでも，牛肉への関税は2033年度に9％の非常に低い水準に引き下げられることが予定されている。

⇒ 図3-6：アメリカ，TPP加盟国に対する牛肉関税率

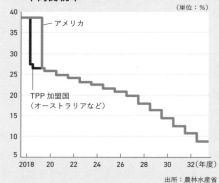

（単位：％）

出所：農林水産省

関税引き下げ還元セールで値引きされたアメリカ産牛肉（時事）

日本政府は，東南アジアの国々（2002年にシンガポール，06年にマレーシア，07年にタイ，08年にインドネシア，フィリピン，09年にベトナム）やインド（2011年）とFTAやEPAを締結してきた。また，日本政府は，2008年に東南アジア10カ国が加盟する**ASEAN**（東南アジア諸国連合）とも包括的なEPAを結んでいる。

2018年12月には，環太平洋諸国であるメキシコ，日本，シンガポール，ニュージーランド，カナダ，オーストラリアなどの11カ国は，**TPP 11**（**環太平洋パートナーシップに関する包括的及び先進的な協定**）と呼ばれるEPAを結んだ。2019年2月には，日本とEUもEPAを結んでいる。2020年1月には，

日本とアメリカが日米貿易協定を締結した。**No. 5-1-2** で説明するように，2020 年 11 月には，日本を含むアジアやオセアニアの 15 カ国の間で RCEP^{アールセップ} が署名された。

【 用語解説 】

❶ 関税

　現在の日本では，関税は，国境を越えて入ってくる財やサービスだけにかけられている。しかし，江戸時代までは，国内の特定の地域に入ってくる物品に対しても関税がかけられ，幕府や領主の重要な財源となっていた。

❷ GATT と WTO

　GATT は，自由貿易の実現のために多大な成果をあげてきた。1947〜94 年の間，計 8 回の多角的貿易交渉（ラウンド）が重ねられ，平均関税率は 1947 年当初の 10 分の 1 以下の4% にまで引き下げられた。

　しかし，WTO が 1995 年に GATT を引き継いだ後にカタールの首都ドーハで開かれた多角的貿易交渉（ドーハ・ラウンド）では，交渉が暗礁に乗り上げてしまった。そうしたことが，自由貿易協定が多国間協定から 2 国間協定や地域内協定に移行する大きな契機となった。

❸ FTA と EPA

　どちらも 2 国間協定である FTA と EPA には違いもある。FTA が主として財やサービスの貿易に関する自由化を目的としているのに対して，EPA は，労働力の移動や知的財産権の保護など広範な協力の促進が目的として織り込まれている。

比較優位と国際分業（その1）
—— 比較生産費説

> POINT それぞれの国の比較優位に応じて，
> 国際的な分業が行われていることを理解しよう。

絶対優位と比較優位

No. 3-2-2 で見てきたように，国際貿易は，各国の消費者に，より安い値段でより多くの財やサービスをもたらしてくれる。国際貿易のもう1つのメリットとしては，各国の得意とする分野に応じて**国際分業**をもたらしてくれるところにある。このことを，簡単な例で確かめてみよう。

いま，A国とB国の間で米とリンゴという農業生産物の貿易を通じて分業が生じることを見ていこう。両国とも，同じ人数の農民が，同じ広さの農地を耕しているとする。

表3-10 が示すように，A国は，1年間，米作に専念すると10トンを収穫し，リンゴ栽培に専念すると50,000個を収穫する。米作とリンゴ栽培を両方行うと米5トンとリンゴ25,000個を収穫する。

一方，B国は，1年間，米作に専念すると同じように10トンを収穫するが，リンゴ栽培に専念すると40,000個しか収穫できない。米作とリンゴ栽培を両方行うと米5トンとリンゴ20,000個を収穫する。

米作については，A国も，B国も，同じ収穫量であるが，リンゴ栽培については，A国の方がB国よりも収穫個数が10,000個多い。このように同数の農民と同じ広さの農地からより多くのリンゴの収穫があることを，A国がB国に対して**絶対優位**があるという。

それでは，それぞれの国について，米作とリンゴ栽培のどちらが得意かということを見てみよう。A国は，それぞれの作物に専念すると次のようになる。米1トンを生産していた農民がリンゴを栽培すると，リンゴを5,000個収穫することができる。逆に，リンゴ1個を栽培していた農民が米を生産すると，米を200グラム収穫することができる。

一方，B国は，米1トンを生産していた農民がリンゴを栽培すると，リンゴ

◯ A国とB国の比較優位に応じた国際分業

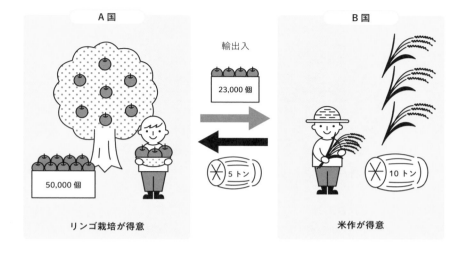

◯ 表3-10：A国とB国の間の比較優位

		米作に専念した場合	リンゴ栽培に専念した場合	米作とリンゴ栽培を両方行った場合
A国	米の収穫高	10トン	0個	5トン
	リンゴの収穫高	0トン	50,000個	25,000個
B国	米の収穫高	10トン	0個	5トン
	リンゴの収穫高	0トン	40,000個	20,000個

◯ 表3-11：A国とB国の間の分業と貿易

		A国がリンゴ栽培に，B国が米作に集中し，両国で貿易をした場合	A国とB国が貿易をした場合	
A国	米の収穫高	0トン	B国からA国に5トン輸出	5トン
	リンゴの収穫高	50,000個		50,000個−23,000個 =27,000個
B国	米の収穫高	10トン		10トン−5トン=5トン
	リンゴの収穫高	0個	A国からB国に 23,000個輸出	23,000個

を 4,000 個収穫することができる。逆に，リンゴ 1 個を栽培していた農民がコメを生産すると，米を 250 グラム収穫することができる。

そこで，A 国と B 国の比較をすると，

> A 国：リンゴ 5,000 個/米 1 トン ＞ B 国：リンゴ 4,000 個/米 1 トン
>
> A 国：米 200 グラム/リンゴ 1 個 ＜ B 国：米 250 グラム/リンゴ 1 個

となって，A 国は米作よりリンゴ栽培が得意で，B 国はリンゴ栽培より米作が得意ということになる。この場合，得意な方が**比較優位**にあるといい，A 国はリンゴ栽培に比較優位があり，B 国は米作に比較優位がある。逆にいうと，A 国は米作において**比較劣位**にあり，B 国はリンゴ栽培において比較劣位にあるともいう。

ここで注意しなければならないのは，絶対優位で見ると，リンゴ栽培についてはA 国が優位であるが，米作ではどちらの国が優位というわけではない。一方，比較優位で見ると，A 国はリンゴ栽培に優位が，B 国は米作に優位がある。

比較優位に応じた国際分業

デービッド・リカードという 18 世紀から 19 世紀にイギリスで活躍した経済学者は，**比較優位に応じて国際分業が生じる**と主張した（**比較生産費説❶**）。上の例の場合，A 国が比較優位のあるリンゴ栽培に専念し，B 国が比較優位のある米作に専念し，すなわち，2 国間で分業し，お互いに貿易を行う。すると，それぞれの国が米作とリンゴ栽培の両方を行っている場合よりも，より多くの農産物を消費することができる。

A 国は，50,000 個のリンゴを収穫し，B 国は，10 トンの米を収穫する。そこで，収穫後に，A 国は 23,000 個のリンゴを B 国に輸出する代わりに，5 トンの米を B 国から輸入するとしよう。**表 3-11** が示すように，A 国は，5 トンの米と 27,000 個のリンゴを消費でき，両方を栽培していたときの米 5 トン，リンゴ 25,000 個よりもより多くの農産物を消費することができる。一方，B 国も，5 トンの米と 23,000 個のリンゴを消費でき，両方を栽培していたときの米 5 トン，リンゴ 20,000 個よりもより多くの農産物を消費することができる。

つまり，比較優位に基づいて 2 国間で分業し，2 国間で貿易を行うと，2 国ともより豊かになることができるのである！

> **COLUMN**

比較生産費説の不思議

　ここで紹介した比較生産費説は，驚きや戸惑いを持って受け止められることが多い。

　受け止めやすいのは，絶対優位と比較優位が一致する場合であろう。上の例では，A国はリンゴ栽培が絶対優位かつ比較優位であり，B国は米作が絶対優位かつ比較優位である場合である。B国が米作に専念して10トン以上を収穫すれば，絶対優位と比較優位は一致する。絶対であろうが，比較であろうが，優位な国が自らの得意に応じて分業するのであるから，なんら不思議はない。

　逆に受け止めにくいのは，一方の国がいずれの生産でも絶対優位であるにもかかわらず，比較優位に基づいて分業が起きる場合であろう。上の例であれば，もしB国が米作に専念しても8トン超，10トン未満しか収穫できない場合，A国は，米作でも，リンゴ栽培でも絶対優位である。それにもかかわらず，比較優位に応じて，A国はリンゴ栽培に専念し，B国は米作に専念するという分業が起きる。

　何でもできる人にすべての仕事を任せてしまうよりは，それぞれの人が得意とする分野で分業する方が，全体として仕事がはかどるといえば，少しは理解することができるであろうか……

【 用語解説 】

❶ デービッド・リカードの比較生産費説

　デービッド・リカード（1772〜1823年）の「比較優位に応じて国際分業が生じる」という主張は，比較生産費説と呼ばれている。

比較優位と国際分業（その2）
―― 垂直分業と水平分業

→ **POINT** 比較優位に従って異なる産業間で起きる垂直分業と，
比較優位に限らず同じ産業内で起きる水平分業を理解しよう。

比較優位と国際分業

No. 3-2-3 の**比較生産費説**によると，それぞれの国が比較優位にある財やサービスに特化して生産し，その財を輸出する一方で，比較劣位にある財やサービスは他国から輸入することで貿易に関わったすべての国が豊かになる。

それでは，実際の国際貿易は，常に比較生産費説に従って決まっているのであろうか。比較生産費説が成り立つ典型的な例は，比較優位にある原材料の生産に特化するA国と，比較優位にある工業製品の生産に特化するB国の間で貿易が起きるようなケースである。A国は，原材料をB国に輸出し，工業製品をB国から輸入する。逆に，B国は，工業製品をA国に輸出し，原材料をA国から輸入する。

通常，原材料を川上（かわかみ）の産業に，工業製品を川下（かわしも）の産業にたとえることが多いので，A国とB国の関係は以下のように描かれる。

こうした両国の分業は，A国とB国の位置関係が垂直方向にあるので，**垂直分業 ❶** と呼ばれている。あるいは，A国とB国の間の貿易が異なる産業間の貿易であることから，**産業間貿易**といわれることもある。

しかし，垂直分業とは異なる国際分業もある。たとえば，工業製品について，A国とB国の間でお互いに輸出し合うような分業である。工業製品という同じ産業なので，川上・川下という位置関係はなくなるので，A国とB国の関係は次のように描かれる。

◉ 垂直型分業の例　　　◉ 水平型分業の例

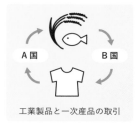

工業製品と一次産品の取引

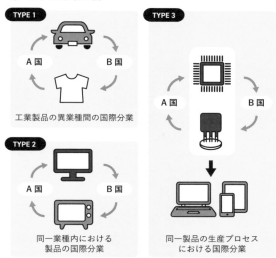

TYPE 1　工業製品の異業種間の国際分業

TYPE 2　同一業種内における製品の国際分業

TYPE 3　同一製品の生産プロセスにおける国際分業

出所：『通商白書　2018年版』第I-2-3-1-22図より作成

工業製品 x

A国　⇄　B国

工業製品 y

　こうした両国の分業は，A国とB国の位置関係が水平方向にあるので，**水平分業❶**と呼ばれている。あるいは，A国とB国の間の貿易が同じ産業の間の貿易であることから，**産業内貿易**といわれることもある。

　水平分業には，以下の3パターンがある。

(1)　異なる工業製品（たとえば，自動車と衣服）を相互に輸出し合う。

(2)　同じ工業製品（たとえば，4Kテレビ）の生産について両国がその性能を競い合う。

(3)　同じ工業製品の生産プロセスを分業する（COLUMN を参照）。

　上のような水平分業においては，比較生産費説が成り立つケースも，成り立たないケースもある。

ASEAN 諸国と中国の間の国際分業

　それでは，2018年に公表された『通商白書』❷の分析に従って，ASEAN 諸

アップル社のスマートフォンは，アメリカ製？

アメリカのカリフォルニア州に本社を置くアップル社は，スマートフォン（iPhone），タブレット型情報端末（iPad），パーソナルコンピュータ（Mac）を開発・販売している巨大情報技術企業（IT企業）である。非常に不思議なことであるが，アップル社の製品は世界各国で愛用されているが，アメリカの輸出品というわけではない。

アップル本社（AFP＝時事）

　アップル社の製品のほとんどは，中国，台湾，日本，アメリカ，韓国の企業200社あまり（2018年）の最新の素材や部品を，台湾企業の中国工場に集約して組み立てられている。そして，中国から世界各国に輸出されている（No. 5-1-2も参照）。すなわち，アップル社の製品は，その製造工程が世界各国の企業によって水平分業されている。

　このようにアップル社の製品は，アメリカ企業の製品ではあるが，決してアメリカ製というわけではないし，中国からの輸出品であるが，決して中国製というわけではない。しいていえば，「世界製」といえるかもしれない。

国❸と中国の間の国際分業が，垂直分業なのか，水平分業なのかを見ていきたい。

　これらの地域の国際分業は，基本的に垂直分業であった。すなわち，ASEAN諸国は，天然資源や農産物を中国に輸出する一方，工業製品を中国から輸入してきた。ASEAN諸国から中国へ輸出されるものには，天然ゴム（タイ），ヤシの油（マレーシア），原油（インドネシア）などが含まれた。

　しかし，2015年以降，IT（情報技術）関連の製品について，ASEAN諸国と中国の間で水平分業が進んできた。たとえば，ベトナムの携帯電話や集積回路，タイのコンピュータ関連製品，シンガポールの集積回路については，中国と水平分業が進んでいる。

　ASEAN諸国と中国の間の国際分業の最近の動向も，国際分業が垂直型から水平型に移行するという世界的な傾向を反映しているといえる。

【　用語解説　】

❶ 垂直分業と水平分業

　平面に描かれた位置関係では，上下を垂直，左右を水平ということが多い。

❷ 『通商白書』と『経済財政白書』

　『通商白書』は，経済産業省が毎年発表する日本の貿易に関する報告書である。1949 年から公表されてきた。『通商白書』は，内閣府が毎年発表する『経済財政白書』とともに，日本経済の動向を分析した権威ある報告書である。なお，『経済財政白書』は，1947 年より公表されてきた『経済白書』が 2001 年に名称変更されたものである。

❸ ASEAN（東南アジア諸国連合）

　東南アジア 10 カ国が経済，社会，政治，安全保障，文化に関して地域協力を進める機関。

　ASEAN は，1967 年にタイ，フィリピン，マレーシア（当時はマラヤ連邦），インドネシア，シンガポールによって設立された。1984 年にブルネイ，1995 年から 1999 年にかけてベトナム，ラオス，ミャンマー，カンボジアが加盟した。

財とサービスのグローバル化とビジネス

→ **POINT** グローバル化の進行と保護貿易主義の台頭のなかで
ビジネスのあり方を考えてみよう。

グローバル化の進行と保護貿易主義の台頭

No. 3-2-1〜No. 3-2-4 に詳しく見てきたように，第2次世界大戦（1939〜45年）後の国際社会は，高い関税を取り払い，垂直型と水平型の両面で国際分業を進めることによって財とサービスのグローバル化の恩恵を享受してきた。

しかし，世界史を振り返ってみると，財とサービスのグローバル化に逆行するように**自由貿易**に反対し，自国の産業を保護するような動き（**保護貿易主義**）が顕著になる局面が何度となくあった。とくに，国内経済が不況に陥ると，保護貿易主義が台頭しやすかった。各国の政府は，不況にあえぐ自国産業を守るために，輸入品に対して高い関税をかけるとともに，関税以外の障壁（**非関税障壁❶**）も設けた。

それでは，自由貿易と保護貿易の間で揺れ動いてきたアメリカ経済の歴史を振り返ってみよう。**図 3-7** は，世界最大の輸入国の1つであるアメリカが輸入品に課してきた平均関税率の推移を 1890 年から 2018 年まで示したものである。なお，**図 3-7** は，**ジェトロ❷** が作成した。

No. 2-4-3 で見てきたように，アメリカ経済は，1929 年に**大恐慌**（きわめて深刻な不況）に見舞われた。そこで，アメリカ政府は，1930 年に自国産業のために関税率を約 20% にまで引き上げた。しかし，その後は，戦中においても関税率が低下してきた。

No. 3-2-2 で見てきたように，1948 年の GATT の発効や 1995 年の WTO 発足によって，若干の紆余曲折はあったものの，関税率は徐々に引き下げられてきた。具体的には，平均関税率は，終戦直後の 1945 年に約 10% だったが，2010 年代には 1.4% の水準まで低下した。

特筆すべきは，1997 年の**アジア通貨危機 ❸**，2008 年のリーマン・ショック **❸**，2010 年の**欧州債務危機 ❸** の金融危機で世界経済はたびたび不況に見舞われたが，WTO，G20 **❹**，OECD などのリーダーシップで保護貿易主義が回避さ

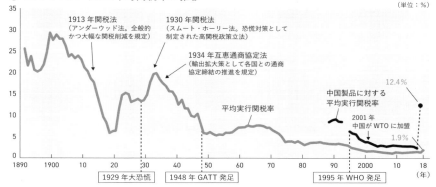

●図 3-7：アメリカの平均関税率の推移

(単位：%)

注：ここでいう平均実行関税率とは，輸出国や品目ごとに細かく決められている関税率の平均をとったもの／出所：『ジェトロ世界貿易投資報告2019年版』図表III-25

れ，関税引き上げの動きが封じられてきた点である。

米中貿易摩擦の激化

アメリカ政府は，2001年にWTOに加盟した中国からの輸入品に対しても，関税を引き下げてきた。しかし，2017年に発足したドナルド・トランプ米大統領の政権は，2018年になると，大幅な貿易赤字を抱えていた中国からの輸入品に対して関税を大幅に引き上げた。中国製品に対する関税率は，2018年末には12.4％に達した。

2019年も，中国製品に対する関税は引き上げられ，平均関税率は，2019年末には20％強となった。20％の関税率といえば，大恐慌直後の関税率に匹敵する高水準である。中国政府も，報復措置として，アメリカからの輸入品に対して高い関税を課すようになった。こうしたアメリカと中国の両政府による関税引き上げ合戦は，**米中貿易摩擦**と呼ばれている。2020年以降も，アメリカ政府と中国政府は，対立と和解の間で揺れ動いている。

こうした激しい米中貿易摩擦は，水平分業が進展する形でグローバル化した世界経済において非常に複雑な影響をもたらしてきた。**No. 3-2-4**の COLUMN で見てきたように，アメリカに本社を有するアップル社のような大企業は，世界中から部品や素材を調達し，中国に生産拠点を集約させてきた。したがって，アメリカ政府が中国製品に対して課した高い関税は，中国からアメリカに輸出されるアップル製品にも適用される可能性も出てきたのである。アップル社の

ようなグローバルな企業では，米中貿易摩擦がいっそう激化した場合に備えて，中国から他のアジア諸国に生産の一部を移す動きがすでに始まっている。

　こうして見てくると，財とサービスのグローバル化が進展した経済においては，関税引き上げが必ずしも自国企業の保護につながらないという皮肉な結果がもたらされることもある。

COLUMN

日本の企業にとっての米中貿易摩擦

　2018 年より始まった米中貿易摩擦の激化は，日本の企業にも複雑な影響をもたらした。日本の企業も，アップル社のように世界各国から部品や素材を調達し，中国に生産拠点を集約させてきたからである。そうした日本の企業は，中国からアメリカに向けて輸出を展開してきたので，アメリカ政府による関税引き上げの影響を強く受ける可能性があった。

　中国に生産拠点を移している日本企業の間では，次のような 3 つの対応パターンがあった。(1)米中貿易摩擦の動向を見きわめるために，当面は現状を維持する。(2)生産拠点を中国から ASEAN 諸国（とくに，ベトナム，タイ，フィリピン）に移す。(3)生産拠点を中国から日本に戻す。

　こうして見てくると，水平方向での国際分業の進んだグローバル経済では，関税引き上げがかつてとはまったく異なるインパクトを持つことになる。

【　用語解説　】

❶ 非関税障壁

　関税以外の輸入品に対する障壁としては，輸入数量の制限，課徴金，輸入手続きや輸入検査の煩雑化などがあげられる。

❷ ジェトロ

　ジェトロ（日本貿易振興機構）は，経済産業省が所管する独立行政法人であり，日本の貿易の振興に関する研究を幅広く実施している。No. 3-2-5 の記述も，ジェトロが毎年公表している『ジェトロ世界貿易投資報告』に依拠するところが大きい。

❸ さまざまな金融危機

　アジア通貨危機，リーマン・ショック，欧州債務危機などの世界的な金融危機については，No. 3-3-4 で説明する。

❹ G20

　G20 は，Group of Twenty の略。G7 に EU，ロシア，新興国など 11 カ国の計 20 カ国が加わり，1999 年から財務大臣・中央銀行総裁会議を開催している。

―― No. 3-3-1 ――

国境を越えて移動する資本

POINT　国境を越えて移動する資本の動向を把握しよう。

資本（資金）が国境を越えるとは？

　まずは，資本が国境を越えてグローバル化するとはどういうことなのかを考えてみよう。ここで資本は，資金と言い換えてみることができる。**資金が A 国から B 国に移動する**とは，A 国から見れば，B 国に資金を貸していることになる。一方，B 国から見れば，A 国から資金を借りていることになる。

　A 国が 1 年間で外国に貸す資金額の方が外国から借りる資金額よりも大きい場合，A 国は資本輸出国といわれる。また，B 国が 1 年間で外国から借りる資金額の方が外国に貸す資金額よりも大きい場合，B 国は資本輸入国といわれる。

　金融のグローバル化とは，銀行や証券会社などの金融機関が，このように国と国との資金の貸し借りの間を仲介するようになることを指している。なお，No. 3-2-1 で見てきたように，国際的な貸し借りで外国の企業や個人が日本の金融機関に手数料を支払えば，金融サービスの輸出となり，日本の企業や個人が外国の金融機関に手数料を支払えば，金融サービスの輸入となる。

経常収支に見る国際資金移動

　それでは，上のような国際的な資金移動は，どのように測ることができるのであろうか。「日本が外国に資金を貸す」とは，日本の外国に対する貯蓄が増えて**対外資産**が増えることを意味する。ここで外国に資金を貸すといっても直接貸すわけではなく，外国の銀行に預金をしたり，外国の企業の株式を買ったりすることで間接的に貸す。その結果，外国への貸付は，預金や株式投資の形をとった貯蓄の増加となるわけである。

　逆に，「日本が外国から資金を借りる」とは，日本の外国に対する貯蓄を取り崩して**対外資産**が減る，あるいは，日本の借金が増えて**対外負債**が増えるこ

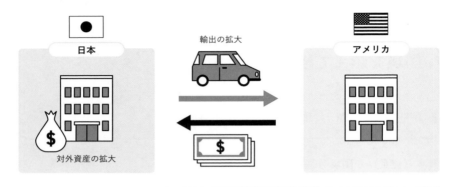

とを意味する。

　それでは，日本の外国向けの貯蓄はいつ増えて，外国からの借金はいつ増える
のであろうか。2つのケースが考えられる。第1に，海外への財・サービス
の輸出が拡大すると海外向けの貯蓄（対外資産）が増えて，海外からの財・サー
ビスの輸入が拡大すると海外からの借金（対外負債）が増える。すなわち，
財とサービスの輸出入の収支（**貿易収支**と**サービス収支**の和）がプラスとなれ
ば対外資産が増え，マイナスになれば対外負債が増える。

　第2に，海外で活動する企業や個人が日本に利潤や報酬などの所得を送金
すると日本の対外資産が増え，日本で活動する企業や個人が外国に所得を送金
すると日本の対外負債が増える。すなわち，日本と海外との**所得収支** ❶（＝
海外からの所得受け取り－海外への所得支払い）がプラスであれば対外資産が
増え，マイナスであれば対外負債が増える。

　国際収支統計では，**貿易収支**，**サービス収支**，**所得収支**の和を**経常収支**と呼
んでいる。つまり，

**　　　経常収支＝貿易収支＋サービス収支＋所得収支**

と表せる。

　したがって，ある1年間の経常収支がプラスになれば，その国は，その年
に資本輸出国になり，経常収支がマイナスになれば，その国は，その年に資本
輸入国になる。

⬤ 図 3-8：名目 GDP に対する経常収支の比率（G7 諸国，EU 諸国，日本）

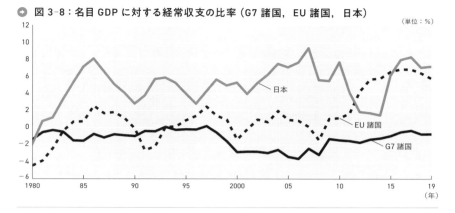

⬤ 図 3-9：名目 GDP に対する経常収支の比率（ASEAN 諸国，ラテンアメリカ・カリブ諸国，アフリカ諸国〔サブサハラ〕）

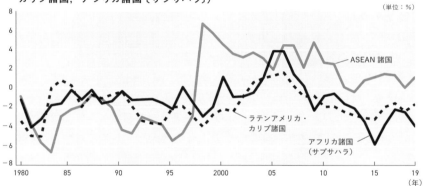

⬤ 図 3-10：名目 GDP に対する経常収支の比率（中東・中央アジア諸国）

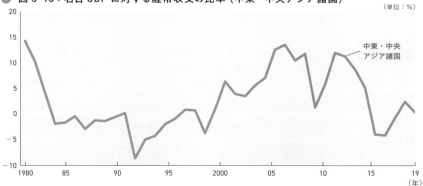

出所：図 3-8～図 3-10 とも，IMF の世界経済見通しデータベースより作成

地域ごとの経常収支の動向

　それでは，IMF ❷ の世界経済見通しデータベース ❷ によって，どの地域から
どの地域に国際間の資金移動が起きているのかを確認してみよう。**図 3-8 ～図
3-10** は，各地域に属する国々について，経常収支が名目 GDP に占める割合の
平均の推移（1980～2019 年）を示したものである。その割合がプラスであれ
ば，資本輸出地域，マイナスであれば，資本輸入地域となる。

　図 3-8 によると，**G7** の先進国は，全体として恒常的に資本輸入国となって
きた。この動向は，アメリカの経常収支赤字が巨額であることを反映している。
ただし，G7 に属する日本は，恒常的に資本輸出国であった。また，**EU 諸国**も，
おおむね資本輸出国として推移してきた。とくに，ドイツからの資本輸出の割
合が大きい。

　図 3-9 によると，**ラテンアメリカ・カリブ諸国**や**アフリカ諸国（サブサハ
ラ ❸）**は，2003～07 年の期間（アフリカで産出される原油を含めた資源の価
格が高騰した期間）を除いて，資本輸入国として推移してきた。一方，**ASEAN
諸国**は，1997 年までは資本輸入国であったが，輸出競争力が高まった 1998 年
以降は資本輸出国となった。

　図 3-10 によると，**産油国を含む中東・中央アジア諸国**は，原油価格が高騰
した 2000 年から 2014 年は経常収支の割合が増大して，非常に活発な資本輸
出国となった。

　こうして見てくると，国際資本移動は，時間を通じても，地域ごとにも，ダ
イナミックな変化を示してきたといえる。

> **COLUMN**
>
>
>
> ### 外国に資金を送るには……
>
>
>
> ---
>
> 　それでは，どのような仕組みによって，資金は国境を越えて貸し手から借り手に
> 送られるのであろうか。実は，海外送金においては，それぞれの国の銀行が重要な
> 役割を果たしている。
>
> 　**No. 2-4-2** で議論したように，それぞれの国では，民間銀行がその国の中央銀行
> に預金口座（当座預金口座と呼ばれている）を開いている。日本の場合，民間銀行

は日本銀行に当座預金口座を開く。一方，アメリカの場合，民間銀行は，アメリカの中央銀行に相当する連邦準備制度❹に当座預金口座を開く。

　ここで，**図3-11**を用いながら，海外送金の仕組みを説明していこう。いま，日本の貸し手Aがアメリカの借り手Bに資金を送るケースを考えてみよう。貸し手Aは，日本の民間銀行**甲**が取引銀行であり，借り手Bは，アメリカの民間銀行**丙**が取引銀行である。ここで重要な役割を果たすのが，日本銀行にも，連邦準備制度にも，当座預金口座を開いている民間銀行**乙**である。

　日本の貸し手Aがアメリカの借り手Bに送る円資金を**甲**銀行に預け，その資金が日本銀行の当座預金に入る。さらに，その資金は，日本銀行の当座預金の間で振り替えられ，**乙**銀行に入金される。**乙**銀行は，入金された円資金をドル資金に両替する（実際には，日本の銀行とアメリカの銀行が連携して**乙**銀行の役割を果たしている）。そして，そのドル資金を連邦準備制度の当座預金に入金する。その資金は，連邦準備制度の当座預金の間で振り替えられ，**丙**銀行の当座預金に入れられる。最後には，**丙**銀行にある借り手Bの口座に振り込まれる。

　このように，海外送金はいくつもの民間銀行や中央銀行を経由することから，送金手数料は非常に高いものになる。

➡ 図3-11：海外送金の仕組み（日本からアメリカに送金をする場合）

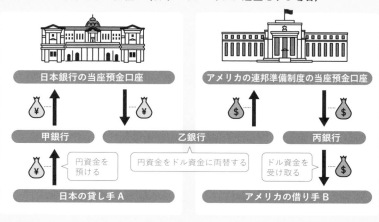

【 用語解説 】

❶ 所得収支

　正確にいうと、国際収支統計の所得収支は、第1次所得収支と第2次所得収支がある。

　第1次所得収支は、本文で述べているように、外国から日本への送金から、日本から外国への送金を差し引いた収支である。一方、第2次所得収支は、発展途上国への所得や物資の援助のうち、援助国で消費された額を指し、常にマイナスの値となる。

❷ IMFと世界経済見通しデータベース

　IMF（国際通貨基金）は、国際金融や外国為替レートの安定を目的として設立された国際連合（国連）の機関である。2020年現在では、190カ国が加盟している。IMFが公表する世界経済見通しデータベース（World Economic Outlook Database）は、経済や金融に関する国際比較データとして最も信頼できるものである。

❸ サブサハラ

　サブサハラとは、アフリカのうちサハラ砂漠よりも南の地域を指す。

❹ アメリカの連邦準備制度

　連邦準備制度（FRS：Federal Reserve System）はアメリカの中央銀行制度である。ワシントンには、その本店にあたる連邦準備制度理事会（FRB：Federal Reserve Board）があり、全国の12都市には、その支店に相当する連邦準備銀行（FRB：Federal Reserve Bank）がある。

外国為替相場の決まり方（その1）
―― 購買力平価

> **POINT**　購買力平価による外国為替相場の決まり方を学んでいこう。

円と外貨の両替

　海外からモノを輸入するときにも，外国の株式に投資するときにも，外国に旅行するときにも，外国の通貨（外貨）を必要とする。日本に住む人が外貨を得るためには，日本の通貨である円を外貨に両替しなければならない。

　逆に，日本の企業に対して海外に輸出したモノの代金が外貨で支払われた場合，受け取った外貨を，円に両替する必要がある。外国から送金されてきた外貨も，日本国内で使用するためには円に両替する必要がある。

　このように，日本に住む人々が海外に住む人々と経済取引をしていくためには，円から外貨への，あるいは外貨から円への両替が必要不可欠となってくる。

外国為替相場とは？

　それぞれの国の経済活動は，その国の通貨を用いて行われている。日本であれば円 ❶，アメリカであればドル ❷，イギリスであればポンド，中国であれ

● 円高・円安の影響

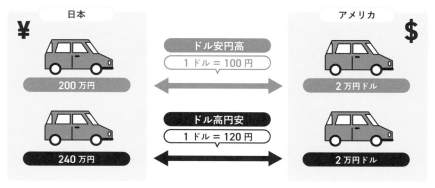

ば元 ❶（日本ではゲンと発音されるが，中国ではユアンと発音される），韓国であればウォンという通貨単位を用いている。

　財やサービスの貿易においても，たとえば，日本の製品がアメリカに輸出される場合，日本国内ではその製品価格が円表示であるが，アメリカ国内ではその製品価格をドル表示に換算しなければならない。

　また，**No. 3-3-1** の COLUMN で見てきたように，日本からアメリカへ資金を送金する場合，送金の仲介にあたる銀行は，円資金をドル資金に両替しなければならない。

　このように 2 つの通貨の換算や両替に必要となってくる交換レートが外国為替相場である。アメリカ以外の国では，**外国為替相場は，相手国の通貨 1 単位当たりの自国通貨の交換レートで表示される。**たとえば，円とドルの交換レートは，「1 ドルが円でいくらになるのか」で表示される。たとえば，2020 年 5 月 20 日は，1 ドルが 108 円に相当した。

　ドルと円の交換レートが 1 ドル当たりの円で表されているので，レートが上昇するとドル高円安，レートが低下するとドル安円高を意味する。たとえば，1 ドルが 100 円から 120 円になると，それまで 100 円で買えていた 1 ドルが 120 円になったので，ドルが高くなって円が安くなっている。逆に，1 ドルが 100 円から 80 円になると，これまで 100 円だった 1 ドルが 80 円で買えるようになるので，ドルが安くなって円が高くなっている。

円ドルレートの歴史

　それでは，円ドルレート（円とドルの交換レート）の歴史を振り返ってみよう。戦後の 1949 年 4 月 25 日に **1 ドル 360 円**と設定された。1971 年 8 月 15 日には，ニクソン大統領がドルの価値を引き下げる発表（ニクソン・ショック ❸）をし，1971 年 12 月 18 日に **1 ドル 308 円**のドル安円高となった。1 ドル 360 円，1 ドル 308 円というように外国為替相場を一定の水準に固定することを，固定相場制度という。

　その後は，1 ドル 308 円の固定相場が続いたが，1973 年 2 月 14 日に円ドルレートが外国為替市場 ❹ で自由に決まる変動相場制度に移行した。**図 3-12** が示すように，固定相場制度から変動相場制度に移行してからは，おおむねドル安円高で推移してきた。とくに，1985 年 9 月にニューヨークで開かれた G5 会合で全面的なドル安が合意 ❺ された直後の 1 年間は，円ドルレートが 237 円

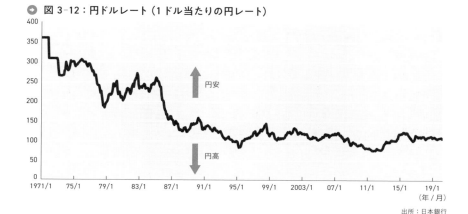

図 3-12：円ドルレート（1ドル当たりの円レート）

出所：日本銀行

から155円へと急激なドル安円高となった。1980年代後半以降は，1ドル70円台から150円台の間で円安と円高を繰り返してきた。

購買力平価から決まる外国為替相場

　それでは，外国為替相場は，どのようにして決まるのであろうか。外国為替相場の決定については，主として購買力平価から決まるという考え方と金利平価から決まるという考え方がある。ここでは購買力平価を説明し，次の **No. 3-3-3** では金利平価を説明する。

　購買力平価では，**どの国の製品でも，同じものであれば，同じ通貨に換算した価格も同じであると考える。**なお，外国で売られている同じ製品の価格を自国通貨に換算すると，自国の製品の価格と同じになる状態は，**一物一価**といわれている。

　たとえば，マクドナルドのビッグマックがアメリカで4ドル，日本で400円とする。この場合，円ドルレートが1ドル100円であれば，アメリカのビッグマックも円換算で400円（＝100円/ドル×4ドル）となって，日本のビッグマックの値段と同じになる。ここでは，1ドル100円の円ドルレートが購買力平価となる。

　したがって，購買力平価は以下のように求めることができる。

購買力平価（円/ドル）＝日本のビッグマックの値段（円）÷アメリカの
ビッグマックの値段（ドル）

	④アメリカでのビッグマックの価格（ドル）	⑤日本でのビッグマックの価格（円）	⑥実際の円ドルレート（円/ドル）	⑤ビッグマック価格で見た購買力平価（円/ドル）
2000 年 4 月	2.51	294	106	117
2005 年 6 月	3.06	250	107	82
2010 年 7 月	3.73	320	87	86
2015 年 7 月	4.79	370	124	77
2020 年 1 月	5.67	390	110	69
2000 年 4 月から 2020 年 1 月への変化（倍）	2.3	1.3	1.0	0.6

計算方法：⑤は，⑤を④で割ったものである／出所：イギリスで発行されている経済誌『エコノミスト』

　それでは，実際の円ドルレートはビッグマック価格で見た購買力平価どおりに決まっているのであろうか。**表 3-12** は，2000 年から 5 年ごとにアメリカと日本のビッグマックの価格をまとめたものである。表の⑤の列には上の式に従って求めた購買力平価を，表の⑥の列には実際の円ドルレートを示している。

　購買力平価と実際の円ドルレートは，2010 年 7 月でほぼ一致している。しかし，2005 年 6 月，15 年 7 月，20 年 1 月では，実際の円ドルレートは購買力平価に比べてかなりドル高円安である。逆に，2000 年 4 月は，実際の円ドルレートが購買力平価に比べてドル安円高である。

外国為替相場と輸出競争力

　どうも，実際の円ドルレートは，購買力平価どおりに決まっているわけではなさそうである。しかし，購買力平価と実際の円ドルレートを比較することには大きな意味がある。

　たとえば，2020 年 1 月には，実際の円ドルレート（110 円/ドル）が購買力平価（69 円/ドル）に比べてかなりドル高円安であった。日本のビッグマックの値段 390 円は，実際の円ドルレート 1 ドル 110 円で換算すると 3.55 ドルとなる。すなわち，ドル通貨で換算すると，同じビッグマックが，アメリカでは 5.67 ドルもするのに，日本では 3.55 ドルである。

　ビッグマックは輸出品ではないが，日本製のビッグマックは，仮にアメリカに輸出すれば，アメリカ製のビッグマックよりもかなり安く販売できる。言い

換えると，日本製のビッグマックは輸出競争力が非常に高い。同じことが実際の日本の輸出製品に起きれば，同じ製品が安い分だけ日本製品がアメリカ製品に比べて輸出競争力を持つことになるであろう。

このように，実際の円ドルレートが購買力平価よりもドル高円安である状態は，日本の輸出製品を海外市場でそのぶん安く売ることができ，価格競争力を持っている状態なのである。

COLUMN

戦中と戦後の円ドルレート

本文で述べたように，1949年4月25日に1ドル360円の固定相場が決定された。それでは，戦後の1ドル360円は，戦中の円ドルレートに比べてドル高円安だったのか，ドル安円高だったのであろうか。表3-13を用いて戦中と戦後の円ドルレートの水準について考えてみよう。

太平洋戦争（1941年12月〜1945年8月）の前年の1940年では，円ドルレートが1ドル4円27銭であった。この相場だけを見ると，戦後の円ドルレートは戦中の円ドルレートに比べて途方もなくドル高円安ということになる。

しかし，1940年から1950年にかけて日本経済は著しい物価高騰に見舞われ，物価水準が134倍になった。一方，アメリカ経済では，10年間の物価上昇は，1.71倍にとどまった。したがって，1940年に比べて1950年時点で円換算したモノの価格（物価）が釣り合うためには，円ドルレートが78.3倍（≒134倍÷1.71倍）にならなければならず，1950年の購買力平価は1ドル334円（≒4.27円×78.3）となる。

1ドル360円を1ドル334円の購買力平価と比べてみると，依然としてドル高円安であるが，その差はそれほど大きくない。戦後長らく固定相場となった1ドル360円という円ドルレートは，日本の物価高騰の度合いをおおむね反映したものといえる。

● 表3-13：戦中と戦後の円ドルレート

	④日本の物価指数	⑨アメリカの物価指数	⑤円ドルレート（円/ドル）	⑤購買力平価から見た円ドルレート（円/ドル）
1940年	4.27	1.00	4.27	4.27
1950年	573	1.71	360	334
1940年から1950年への変化（倍）	134	1.71	84.2	78.3

計算方法：⑤は，④を⑨で割ったもの／出所：日本の物価指数は，戦前基準・消費者物価指数。アメリカの物価指数は，労働統計局の消費者物価指数

【 用語解説 】

❶ 円と元

日本の通貨単位である円と中国の通貨単位である元は，もともとは同じ漢字であった。

日本においては，「圓」の簡体字が「円」であった。一方，中国も「ユアン」と発音される「圓」が通貨単位であったが，「圓」は画数が多く書くのに不便であった。そこで，発音が同じで字画が少ない「元」の字があてられた。

❷ さまざまなドル

通貨単位にドルを用いている国は，27カ国にのぼる。したがって，それぞれのドルを区別するために，国名が付けられることが多い。たとえば，オーストラリアドル，カナダドルのように表現される。この教科書では，ドルという場合，アメリカのドルを指している。

❸ ニクソン・ショック

1971年8月，アメリカ大統領リチャード・ニクソンは，ドルを金（ゴールド）と交換することを停止すると発表した。この大統領声明は，ゴールドの裏付けを失ったドルの価値の下落を意味することから，各国の市場関係者を震撼させ，後にニクソン・ショックと呼ばれている。

❹ 外国為替市場

「円をドルに両替すること」は，「円を売ってドルを買うこと」なので，通貨の両替は通貨の売買ということになる。各国の通貨が売買され，それぞれの交換レートが決まる市場である。外国為替市場は，**No. 2-1-1**で説明した相対取引で売買される。

❺ プラザ合意

G5会合がニューヨークのプラザホテルで行われたことから，プラザ合意と呼ばれている。

外国為替相場の決まり方（その2）
—— 金利平価

POINT　金利平価による外国為替相場の決まり方を学んでいこう。

金利平価から決まる外国為替相場

　ここでは，外国為替相場が金利平価から決まるという考え方を説明していこう。

　No. 3-3-2 で紹介した購買力平価は，円ドルレートが日本とアメリカの物価（たとえば，ビッグマックの価格）の比較で決まってくる。一方，これから紹介する金利平価は，円ドルレートが日本とアメリカの金利の比較で決まってくる。

　国境を越えて自由に移動する資金（資本）は，金利が相対的に高い方へ向かう傾向がある。たとえば，日本の金利が低く，アメリカの金利が高くなると，資金は，日本よりもアメリカの方へ流れていく。その結果，円を売ってドルを

● 金利平価

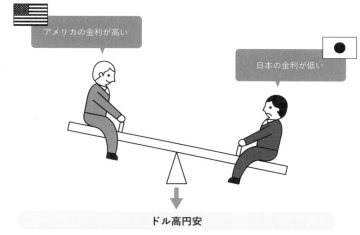

アメリカの金利が高い

日本の金利が低い

ドル高円安

買う動きが強まって，ドル高円安となる。

　　　　日本の金利↓　アメリカの金利↑　⇒　ドル高円安

　逆に，日本の金利が高く，アメリカの金利が低くなると，資金は，アメリカよりも日本の方へ流れていく。その結果，ドルを売って円を買う動きが強まって，ドル安円高となる。

　　　　日本の金利↑　アメリカの金利↓　⇒　ドル安円高

　金利平価の金利には，国が10年以上にわたって返済を行う債券である**長期国債❶**の金利を用いることが多い。アメリカと日本の長期国債金利の比較は，以下のような金利格差を用いる。

　　　　アメリカと日本の長期国債の金利格差
　　　　＝アメリカの長期国債金利－日本の長期国債金利

金利平価から見た実際の円ドルレート

　実際の外国為替相場は，本当に金利平価によって決まってくるのであろうか。
　上で見てきたように，アメリカの長期国債金利が日本の長期国債金利よりも上昇して両国の金利格差が拡大すると，ドル高円安傾向が生まれる。逆に，両国の金利格差が縮小すると（アメリカの長期国債金利が日本の長期国債金利よりも大きく低下すると），ドル安円高傾向が生まれる。

　図3-13は，1990年1月から2020年4月の期間について両国の金利格差（青線）と円ドルレート（黒線）の推移を見たものである。

　金利平価によって外国為替相場が決まっているとすると，両国の金利格差と円ドルレートは同じ方向に動くはずである。そうした傾向は，2000年から2018年にかけておおむね確認できる。すなわち，金利格差が拡大（縮小）すると，ドル高円安（ドル安円高）の方向に向かう。

　2000年から2018年にかけての動きをより詳しく見るために，**図3-14**では，横軸に両国の金利格差を，縦軸に円ドルレートをとってデータを描いてみた。確かに，両国の金利格差の拡大とともに，円ドルレートは上昇してドル高円安の傾向を生み出している。おおむね，1％の金利格差の拡大があると，13円強のドル高円安が生じる。

　しかしながら，金利平価が妥当しない期間も少なくない。**図3-13**から明らかなように，1990年代，とくに，1990年代前半は，金利格差が拡大する局面でドル安円高が進行することがしばしば観察された。また，2019年は，アメ

⬗　図 3-13：円ドルレートとアメリカ・日本の長期国債の金利格差

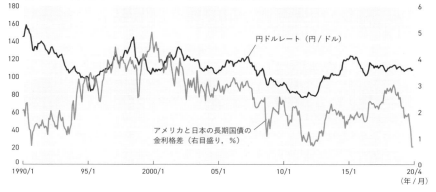

出所：日本銀行，財務省，連邦準備制度（アメリカ）

⬗　図 3-14：円ドルレートとアメリカ・日本の長期国債の金利格差（2001 年 1 月～2018 年 12 月）

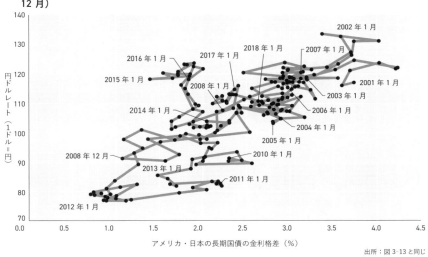

出所：図 3-13 と同じ

リカの長期国債金利が急激に低下して金利格差が縮小したにもかかわらず，ドル安円高とはならなかった。

　購買力平価のケースと同じように，金利平価だけで外国為替相場が決まらない時期も決して少なくない。しかし，購買力平価も，金利平価も，長期的な変化や今後の動向について見通しを持つためには重要である。

固定相場制度の難しさ──国際金融のトリレンマ

　このようにして見てくると，外国為替相場は，両国の物価動向，両国の金利動向，そして，物価や金利の動きではとらえられないさまざまな要因に左右されて大きく変動している。それでは，いっそのこと，1973年2月よりも前の固定相場制度に戻ってはどうかと思う皆さんも多いのではないであろうか。しかし，それは，大変に，大変に難しい。

　外国為替相場に関する研究を行う国際金融論 ❷ では，国際金融のトリレンマという理論がある。ジレンマというと，2つのうち，一方が成り立つと，他方が成り立たなくなる関係を指しているが，トリレンマは，3つのうち，2つが成り立つと，残りの1つが成り立たない関係を指している。

　国際金融のトリレンマでは，㋑固定相場制度，㋺自由な資本移動（資本のグローバル化），㋩中央銀行の独立性 ❸ のうち，どれか2つが成立すると，残りの1つが成り立たない。ここでいう中央銀行の独立性とは，それぞれの国の中央銀行が自由に金利水準を決められることをいう。たとえば，日本銀行も，アメリカの連邦準備制度も，独自に金利を決めることができる。

　たとえば，図3-15が示すように，㋺と㋩を認めると，㋑の固定相場制度が成り立たなくなる。第3-3節で議論していることは，資本のグローバル化であり，資本が国境を越えて自由に移動することが大前提である。したがって，㋺は常に成り立つ。

　それぞれの国の金融政策を尊重するのであれば，中央銀行の独立性も認めざるをえない。したがって，㋩も成り立っている。

　㋺と㋩が成り立って，㋑が成り立たないことは，金利平価の議論から明らかであろう。各国の中央銀行が自由に金利を決めれば，金利が相対的に高い国の方に資金（資本）は流れていく。その結果，金利の高い国の通貨価値が高まっていく。もはや，固定相場制度を維持すること ❹ はできない。要するに，資本がグローバル化した国際社会で各国の金融政策を尊重するのであれば，外国為替相場が変動する現実に向き合わざるをえないのである。

⮕ **図3-15：国際金融のトリレンマ**

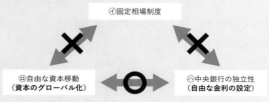

【　用語解説　】

❶　長期国債

　日本の場合，満期期限が 10 年を超える長期国債は，10 年債，15 年債，20 年債，30 年債，40 年債がある。返済期間が 15 年以上のものは超長期国債ともいう。**図 3-13** や**図 3-14** では，日本についても，アメリカについても，10 年債の金利（利回り）を用いている。

❷　国際貿易論と国際金融論

　第 3 章で取り扱っているトピックスのうち，財・サービスのグローバル化（第 3-2 節）と情報のグローバル化（第 3-4 節）は国際貿易論で，金融と資本のグローバル化（第 3-3 節）は国際金融論で研究されている。なお，人材のグローバル化（第 3-1 節）は国際貿易論や労働経済学で取り扱われる。

❸　中央銀行の独立性

　中央銀行の独立性という場合，中央銀行にとっては 2 つの意味がある。1 つは，COLUMN のように他国の中央銀行の金融政策から独立して金利を自由に設定することである。もう 1 つは，自国の政府や議会から独立して金利を自由に設定することである。

❹　固定相場制度を支えていたもの

　固定相場を維持するためには，**図 3-15** の⊡か△を断念しなければならない。すなわち，国境を越える資本移動を禁じるか，世界中の中央銀行が協調して同一水準の金利を決定するかである。

グローバル化のなかの金融危機

> **POINT** グローバル化のなかで金融危機が起こりやすくなっていることを
> 理解しよう。

資本のグローバル化のなかの通貨危機

　資本のグローバル化が進展し，大規模な資金の移動が起きることで，外国為替相場は大きく変動した。金利が高く，株価が上昇する国に大量の資金が流れ込み，その国の通貨価値が急激に高まる一方，なんらかのきっかけで大量の資金がその国から引き揚げられると，その国の通貨価値が暴落した。通貨の暴落によって引き起こされる**金融危機❶**は，**通貨危機❶**と呼ばれている。

　1990 年代で最も深刻な通貨危機は，**アジア通貨危機**である。1997 年には，成長に陰りが見えたタイから大量の資金が引き揚げられ，タイ通貨の**バーツ**が暴落した。通貨危機のなかでタイの株式市場も大きく暴落した。

　1997 年にタイのバーツから始まった通貨危機は，マレーシア通貨の**リンギット**，インドネシア通貨の**ルピア**，フィリピン通貨の**ペソ**，韓国通貨の**ウォン**にまで広がっていく。1998 年には，ロシア通貨の**ルーブル**，1999 年には，ブラジル通貨の**レアル**も通貨危機を経験した。これらの通貨危機も常に**株価暴落❶**を伴った。

2007 年から 2008 年の世界金融危機

　アメリカや日本を含む先進国では，IT（情報技術）関連企業の株価が 1999 年から 2000 年にかけて高騰し，2000 年の終わりから暴落した。この株価暴落は **IT バブルの崩壊❷** と呼ばれている。

　図 3-16 が示すように，IT バブルの崩壊による株価暴落に対して，各国の中央銀行は，2001 年初から 2003 年半ばにかけて**短期金利**（**No. 2-4-2** を参照）を大幅に引き下げた❸。

　IT バブルの崩壊の影響が収まり，各国の中央銀行が再び金利を引き上げたことが，次の金融危機につながっていく。**図 3-16** が示すようにイングランド銀行（イギリスの中央銀行）は 2003 年 11 月から，連邦準備制度（アメリカ

🔵 図 3-16：日本・アメリカ・イギリス・ユーロ圏（ヨーロッパ）の短期金利

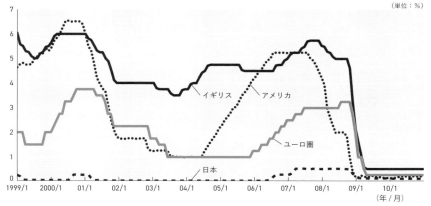

出所：日本銀行，連邦準備制度（アメリカ），イングランド銀行，欧州中央銀行

🔵 図 3-17：日本円・米ドル・英ポンド・ユーロ圏の実質実効為替レート

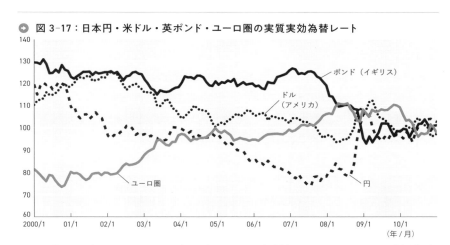

注：共通通貨のユーロを採用しているヨーロッパの国々（ユーロ圏）では，ユーロの外国為替相場は同じであるが，それぞれの国で物価水準が違うことに注意をしてほしい。なお，実質実効為替レートについては，異なる通貨での水準の比較はできない／出所：国際決済銀行

の中央銀行）は 2004 年 7 月から，欧州中央銀行（ユーロ圏 ❹ の中央銀行）は 2005 年 12 月から短期金利を大幅に引き上げた。日本銀行は，一番遅れて 2006 年 7 月から短期金利をわずかに引き上げた。

その結果，短期金利を大幅に引き上げた国に資金が流入し，その国の通貨の価値が上昇した。**図 3-17** が示すように，実質実効為替レート ❺ は短期金利を

リーマン・ショック世界同時株安 (2008 年 9 月 16 日，時事)

引き上げた国で上昇している。ここで注意してほしいのは，実質実効為替レートは，レートの水準が高いほど，その通貨の価値が高いという点である。短期金利を引き上げた順に，ポンド（イギリスの通貨）は高めで推移し，ドルも若干遅れて上昇し，ユーロはさらに遅れて上昇した。短期金利引き上げにおいてきぼりにされた円は，その価値が低下し続けた。こうした通貨動向は，資金が日本から流出し，イギリス，アメリカ，ユーロ圏に流入したことを意味している。

しかし，2007 年半ばごろから，ヨーロッパ各国で銀行などの金融機関が相次いで破綻し，2008 年には，アメリカでもいくつもの金融機関が破綻した。その結果，日本などからイギリス，アメリカ，ユーロ圏に流れていた資金が引き揚げられ，これらの国の通貨は下落した（**図 3-17**）。まさに通貨危機であった。逆に，資金が逆流してきた日本経済は，大幅な円高を経験した。2008 年 9 月には，アメリカの投資銀行**リーマン・ブラザーズ**が破綻したことがポンドやユーロの通貨下落に対して最後の致命的な影響を及ぼした。

この金融危機は，各国の株式市場にも及び，株価暴落を引き起こした。資金が逆流してきた日本経済も，その資金は主として国債市場に向かい，株式市場には向かわなかったので株価が暴落した。2007 年から 2008 年に進行した一連の金融危機は，**世界金融危機**（グローバルな金融危機）と呼ばれている。なお，日本では，リーマン・ブラザーズの破綻を象徴的な出来事として，**リーマン・ショック**と呼ばれることが多い。

ユーロ圏の金融危機

2009 年から 2010 年にかけて起きた**ユーロ圏の金融危機**は，ギリシャ，スペイン，ハンガリー，アイルランドでの財政危機が発端となった。これらの国の政府は，税収が不足するなか，膨大な財政支出をまかなうことができず，多額の国債を発行せ

ざるをえなくなった。これらの国の国債は，返済が危ぶまれたのである。

　ギリシャなどの国が金融危機に見舞われた背景には，統一通貨ユーロの導入が影響しているといわれている。ユーロ圏の国々には，経済力の高いドイツやフランスが含まれている一方，経済力の低いギリシャ，スペイン，ハンガリーなどの国も含まれている。

　その結果，ユーロの外国為替相場は，ドイツやフランスにとっては，弱小国に引っ張られて安い水準になっているために，ユーロ圏外への輸出競争力が高まった。逆に，ギリシャやスペインにとっては，強国に引っ張られて高い水準になっているために，ユーロ圏外への輸出力が低くなった。ギリシャやスペインなどの弱小国は，輸出不振で経常収支が悪化して，外部から資本を輸入せざるをえなくなった。

【　用語解説　】

❶ 金融危機

　金融危機は，通貨や株価が下落し，経済活動が混乱する現象を指す。通貨下落が主たる要因の場合，通貨危機といわれる。株価暴落は，金融危機の原因だけではなく，結果ともなる。

❷ IT バブルの崩壊

　先進国の株式取引所において IT（情報技術）関連企業の株式が大暴落をしたことを指す。当時，アメリカの企業の電子メールアドレスの語尾についた“.com”をとって，ドットコム・バブルとも呼ばれた。

❸ 株価暴落時の低金利政策

　中央銀行は，株価が暴落すると，投資家が株式投資の資金を得やすくするために金利を大幅に引き下げることが多い。

❹ ユーロ圏

　ユーロは，1999 年より導入され，2020 年現在，EU（欧州連合）加盟の 27 カ国のうち19 カ国が用いている統一通貨である。このグループがユーロ圏と呼ばれている。

　ユーロ圏内では，固定相場制度なので，欧州中央銀行が圏内に同一水準の短期金利を設定している。その結果，自由な資本移動のもとでも，圏内で固定相場制度が実現できる。

❺ 実質実効為替レート

　通常，外国為替相場は，外国通貨 1 単位に対して自国通貨の相場を表すが，実効為替レートは，自国通貨 1 単位に対して複数の外国通貨の平均的な相場を表す。たとえば，円の実効為替レートは，レートが高いほど，円高を示す。なお，「実質」は，物価の調整を表す。

金融と資本のグローバル化とビジネス

為替リスクへの対応方法

　これまで見てきたように資本がグローバル化する国際経済においては，個々の企業や投資家は外国為替相場の変動から免れることができない。外国為替相場の変動から生じるリスクは，**為替リスク**と呼ばれている。ここでリスク（risk）というと，危険を意味することから，相場で損をすることだけを意味しているようにとられかねない。しかし，経済学でリスクという場合，相場で損をしたり，得をしたりという変動が激しいさまを指している。

　ユーロ圏のように，圏内では統一通貨ユーロで**固定相場制度**を実現しても，圏外との経済取引においては，依然として為替リスクに直面してしまう。いずれにしても，為替リスクへの対応は，グローバルに活動する企業にも，個人にも，重要な課題となるわけである。

　為替リスクを取り除くことを「為替リスクを**ヘッジ**する」と表現する。ヘッジ（hedge）は，そもそも「庭を生垣で囲う」という意味があり，外部からの侵入者としての為替リスクをさえぎることを意味している。

　なお，外国為替相場の変動で収益を得ようとする行為は，**投機**とか，**スペキュレーション**とかと呼ばれている。たとえば，ドル安のときにドルを買っておいて，ドル高になったらドルを売れば，儲けることができる。しかし，目論見に反してさらにドル安になってしまえば，儲けるどころか，損を抱えてしまう。

自然なヘッジ

　為替リスクのヘッジには，**自然なヘッジ**と**金融デリバティブ ❶ によるヘッジ**の2つの方法がある。

　第1の方法である**自然なヘッジ**とは，基本的には，「同じ通貨で支払い，同じ通貨で受け取る」という方法である。もし，輸入代金をドルで支払うのであれば，輸出代金をドルで受け取るように契約をし，逆に，円で支払うのであれ

ば，円で受け取るように契約をする。

たとえば，ドルで支払う約束がある場合，ドルで受け取るようにしておけば，ドル安になっても，受け取る額は下がるが，支払う額も下がる。逆に，ドル高になっても，支払う額は上がるが，受け取る額も上がる。このようにして，受取額と支払額の変動は相殺され，為替リスクを回避することができる。

具体的には，次のような自然なヘッジの方法がある。

(1)　**円建て ❷ 輸出契約 ❸**：日本で製造した商品をアメリカに輸出する場合，製造費のほとんどは，円建てで支払う。したがって，輸出代金も円建てで受け取るような契約をしておけばよい。

(2)　**現地生産**：もし円建て輸出契約ができずに，輸出代金はどうしてもドル建て ❷ になるとすれば，いっそのこと，生産拠点を日本からアメリカに移してしまえば，製造費はドル建ての支払いとなるであろう。

金融デリバティブによるヘッジ

第2の方法である金融デリバティブによるヘッジにはさまざまな手法 ❶ があるが，ここでは，先物契約を例にとってみよう。先物契約とは，**将来，あらかじめ決めたレートで外国通貨を買ったり，売ったりする約束**を指している。

日本で製造しアメリカに輸出する場合に為替リスクをヘッジするには，理想的には，円建てで輸出代金を受け取る契約が望ましい。しかし，どうしてもドル建てで輸出代金を受け取らざるをえない場合に為替リスクが発生する。あらかじめ決めたドルの輸出代金を受け取るところで著しくドル安円高になってしまえば，輸出代金をドルから円に換金すると大幅な収入減になる。

そこで先物契約を使うのである。あらかじめ決めた円ドルレートでドルを売って円を買う約束をしておけば，為替リスクは回避できる。たとえば，「将来，1ドル100円のレートでドルを売る」先物契約をしておけば，輸出代金をドルで受け取るときに，円ドルレートが（1ドル100円を下回って）いくらドル安円高になっていても，1ドル100円で換金できるので為替リスクを回避できる。

ただし，輸出代金をドルで受け取るときに1ドル120円のドル高円安になっていても，1ドル100円でドルから円に換金しなければならないので，ヘッジをしていなければ，儲けることができた。このように，為替リスクをヘッジすることは，損もしない代わりに，得もしないのである。

ヘッジと投機（スペキュレーション）

　為替リスクをヘッジする人と，為替リスクで投機する人（投機家**❹**）は，水と油のように見える。しかし，先物契約を売買する先物市場では，両者は切っても切れない関係にある。本文の例で，為替リスクをヘッジする人が「将来，1ドル100円でドルを売る」約束をしたが，その反対側には，「将来，1ドル100円でドルを買う」約束が必要である。どういう人がそうした約束をするのであろうか。有力な候補者が投機家なのである。

　投機家は，将来，1ドル120円のドル高になると見込んでいたとする。そうした見込みに確信を持っている投機家にとっては，「将来，1ドル100円でドルを買う」という約束は大変に魅力的である。というのも，その見込みどおりであれば，「1ドル100円でドルを買う」という約束を果たして，買ったドルを1ドル120円で売れば，儲けることができる。

　同じように，「将来，1ドル100円でドルを買う」約束で為替リスクをヘッジする人の反対側では，「将来，1ドル80円のドル安になる」と見込んだ投機家が「将来，1ドル100円でドルを売る」約束をするわけである。すると，将来その見込みどおりとなれば，1ドル80円のドルがなんと1ドル100円で売れるわけである。

【 用語解説 】

❶ 金融デリバティブ

　金融デリバティブとは，さまざまな金融商品の価格の変動（リスク）を取り除く経済取引である。金融デリバティブには，リスクの種類に応じた区分と，形態に応じた区分がある。

　リスクの種類による区分には，金利リスク，株価リスク，信用リスク，為替リスクなどがある。一方，形態による区分には，先物契約，オプション契約，スワップ契約などがある。

❷ 「円建て」と「ドル建て」

　「円建て」とは，円通貨での受け取りや支払いを意味し，「ドル建て」とは，ドル通貨での受け取りや支払いを意味する。

❸ 円建て輸出契約

　日本に生産拠点を持つ製造業にとっては，円建て輸出契約が最も自然な為替リスクのヘッジとなる。しかし，国際貿易の実務では，ドル建て輸出契約が圧倒的なシェアを占めている。その結果，アメリカに生産拠点を持つ製造業は，為替リスクをヘッジしやすいわけである。

❹ 投機家

　金融デリバティブ市場がうまく機能し，リスクをヘッジしようとする人が円滑に取引できるためには，必ず多数の投機家が市場に参加していなければならない。

情報のグローバル化

—— No. 3-4-1 ——

国境を越える膨大なデジタル情報

POINT 膨大なデジタル情報が国境を越えて流通していることを理解しよう。

デジタル情報と情報通信技術

まずは，デジタル情報について簡単に説明しておこう。デジタル（digital）は「数字で表現された」という意味なので，デジタル情報とは「数値化された情報」ということになる。それでは，さまざまな情報はどのように数値化されるのであろうか。

文字情報の場合は比較的簡単である。英字や数字であれば，規則に従って0か1からなる8桁の数字に置き換えることができる。たとえば，「Oh!」であれば，「01001111 01101000 00100001」のように数値化される。漢字や仮名の場合は，8桁ではなく16桁となるが，数値化の手続きは基本的に同じである。

しかし，音声情報，画像情報，動画情報は，より複雑な手続きを経ないと，0か1からなる長い数列に置き換えることができない。たとえば，画像情報であれば，画像を非常に細かい区画に分け，その区画の色を赤，緑，青に分解し，それぞれの色の色調を256段階（0か1からなる8桁の数字）で数値化する。こうして作られるデジタル画像情報は，デジタル文字情報に比べ情報量が膨大となる。

いずれにしても，いったん情報が数値化されると，デジタル情報を蓄えたり，複製したり，加工・処理（たとえば，文字情報の検索作業）することが可能となる。情報技術（IT❶）とは，さまざまな情報を数値化し，そうして作られたデジタル情報を処理し，貯蔵する技術を指している。したがって，ITの進歩とは，より大量のデジタル情報の管理を，より迅速に，より正確に，より低コストで実現することである。たとえば，**No. 2-2-4**のCOLUMNで紹介したように，情報技術の中核であるコンピュータの計算能力は，2年で2倍の勢いで向上してきた。

さらには，**インターネット❷**の発達で，1つのコンピュータが世界中のコンピュータとつながることが可能となった。それまでも，コンピュータどうしがつながったネットワークは世界中の組織や地域にあったが，インターネットは，これらの異なるネットワークを相互に接続する標準的な手続き（約束事）を提供したのである。

インターネット技術も情報技術のように急速に進歩し，膨大なデジタル情報を，あるコンピュータから世界中のコンピュータに迅速に，かつ正確に送信することが可能となった。インターネットなどの通信技術は，情報技術（IT）と合わせて**情報通信技術（ICT❶）**と呼ばれている。

国境を越えるデジタル情報量

第3-4節は，情報通信技術がグローバルな経済にどのような影響を及ぼしたのかを見ていくが，その前に，インターネットを通じて，どのくらい膨大なデジタル情報が国境を越えて（**越境して❸**）流通しているのかを確認しておこう。

そもそも，インターネットは，世界でどのくらい普及しているのであろうか。**表3-14**によると，2016年には世界中の多くの国でインターネット利用率（個人や世帯がインターネットを利用している割合）が高い水準にある。とくに，アイスランド，ルクセンブルク，バーレーンは，利用率が98％を超えている。東アジアでは，日本と韓国の利用率が約93％と非常に高い。一方，サブサハラのアフリカ諸国は，利用率が10％を下回っている。

それでは，こうしたインターネットの普及に支えられて，どのくらいのデジタル情報が国境を越えて流通しているのであろうか。先に述べたように，国境を越えるデジタル情報が文字情報だけであれば，情報量もたいしたことにならないであろう。しかし，音声情報，画像情報，さらには，動画情報が国境をもろともせずに飛び回っているのであるから，情報量も莫大となる。

表3-15は，1秒当たりに国境を越えたデジタル情報量をギガビットの単位（COLUMNを参照）で測っている。なお，財，サービス，資本，労働力と違って，デジタル情報は同時に双方向で送信されるので，デジタル情報には輸出と輸入の区別がない。

2016年に国境を出入りしているデジタル量が多い国・地域のベスト5は，香港，アメリカ，イギリス，台湾，中国である。日本は，それらの国に次いで

⊙ **表 3-14：各国のインターネットの普及状況（2016 年）**

地域	国名	インターネット利用率（%）	地域	国名	インターネット利用率（%）
アジア・大洋州	日本	93.2	中東・アフリカ	バーレーン	98.0
	韓国	92.8		カタール	94.3
	オーストラリア	88.2		UAE	90.6
	シンガポール	81.0		トルコ	58.3
	中国	53.2		南アフリカ共和国	54.0
	タイ	47.5		イラン	53.2
	インド	29.5		ケニア	26.0
	インドネシア	25.4		ナイジェリア	25.7
	バングラデシュ	18.2		エチオピア	15.4
	アフガニスタン	10.6		ブルキナファソ	14.0
	パプアニューギニア	9.6		南スーダン	6.7
欧州・ロシア・CIS	アイスランド	98.2		ブルンジ	5.2
	ルクセンブルク	98.1		チャド	5.0
	ノルウェー	97.3		ニジェール	4.3
	デンマーク	97.0		ギニアビサウ	3.8
	イギリス	94.8		ソマリア	1.9
	オランダ	90.4	米州	カナダ	89.8
	ドイツ	89.6		アメリカ	76.2
	フランス	85.6		アルゼンチン	71.0
	ロシア	73.1		ブラジル	60.9
	ウクライナ	52.5		メキシコ	59.5
	タジキスタン	20.5		ハイチ	12.2

出所：『ジェトロ世界貿易投資報告　2018 年版』図表I-30

6 位である。**表 3-15** は，2001 年から 2016 年の変化と 2015 年から 2016 年の変化も倍数で報告している。非常に印象的なのは，台湾，中国，インド，ロシア，ベトナムでは，国境を出入りしているデジタル情報量が 2001 年に比べて飛躍的に増大しているだけでなく，2015 年に比べても倍増以上で拡大している。

こうして見てくると，インターネットの普及によって，膨大なデジタル情報

● 表 3-15：インターネットによって国境を越えたデジタル情報量（2016 年）

（単位：ギガビット毎秒，％，倍）

順位	国・地域	国境を越えた デジタル情報量	16 年 構成比	01 年 構成比	01 年 順位	2016/ 2015 年	2016/ 2001 年
	世界	264,968	100.0	100.0		1.4	165
1	香港	37,927	14.3	0.4	21	1.3	5,288
2	アメリカ	31,589	11.9	17.0	1	1.3	115
3	イギリス	27,328	10.3	14.8	2	1.2	115
4	台湾	13,428	5.1	0.4	20	8.9	1,858
5	中国	11,017	4.2	0.5	19	2.4	1,450
6	日本	9,668	3.6	1.4	13	1.3	426
7	ブラジル	8,106	3.1	0.4	24	1.5	1,336
8	ドイツ	7,945	3.0	12.9	3	1.2	38
9	インド	6,115	2.3	0.1	35	3.2	4,146
10	ロシア	5,619	2.1	0.2	27	2.0	1,437
11	フランス	5,461	2.1	11.9	4	1.2	28
12	カナダ	4,617	1.7	3.5	8	1.3	83
13	シンガポール	4,552	1.7	0.2	30	1.3	1,725
14	スウェーデン	4,516	1.7	3.8	7	1.2	75
15	ルクセンブルク	4,503	1.7	0.1	37	1.2	3,429
16	コロンビア	4,396	1.7	0.0	41	1.5	6,611
17	スペイン	4,309	1.6	1.6	12	1.3	170
18	ベトナム	3,997	1.5	0.0	93	2.4	117,551
19	イタリア	3,091	1.2	2.2	11	1.2	86
20	トルコ	3,077	1.2	0.0	43	1.3	4,966

出所：『ジェトロ世界貿易投資報告　2018 年版』図表I-49

が，グローバルに行き交っていることは明らかである。これから，こうしたデジタル情報のグローバル化が経済にどのような影響をもたらしたのかを勉強していこう。

情報量の単位

　情報量の単位を簡単に紹介しよう。0か1が入る1桁の数値を1ビットという。したがって，英字や数字の1文字の情報量は8ビット，漢字や仮名の1文字の情報量は16ビットとなる。

　8ビットをもって1バイトとする。あとは，以下のように1000倍ごとに単位が用意されている。

　1キロバイト＝1000バイト　　　　　1ペタバイト＝1000テラバイト
　1メガバイト＝1000キロバイト　　　1エクサバイト＝1000ペタバイト
　1ギガバイト＝1000メガバイト　　　1ゼタバイト＝1000エクサバイト
　1テラバイト＝1000ギガバイト　　　1ヨタバイト＝1000ゼタバイト

　表3-15で用いられたデジタル情報の単位であるギガビットは，1バイトが8ビットなので，125メガバイトに等しい。なお，1ギガビット（＝1,000,000,000ビット）は，2^{30}ビット（＝1,073,741,824ビット）の近似で用いられることが多い。

【 用語解説 】

❶ IT と ICT

　IT は，Information Technology の略で，情報技術と訳されている。IT は，主としてデジタル情報の作成，処理，貯蔵に関わる技術であり，コンピュータなどの情報機器を意味することが多い。

　一方，ICT の方は，Information and Communication Technology の略で，情報通信技術と訳されている。Communication Technology は，デジタル情報の通信や伝達に関わる技術であり，主にインターネット技術を意味している。

❷ インターネット

　インターネットとは，複数のコンピュータがつながったあるネットワークと，他のコンピュータ・ネットワークを相互に接続するための約束事である。この約束事は，プロトコルと呼ばれ，現在のインターネットでは，TCP/IP と呼ばれるプロトコルが採用されている。

❸ 越境（cross border）

　国際貿易論では，国境を越えることを cross border，越境ということが多い。

情報のグローバル化とビジネス（その1）
── 新しい貿易の形

ICT と新しい貿易

ICT（情報通信技術）は，財やサービスの貿易に対してどのようなインパクトをもたらしてきたのであろうか。主として2つの影響が認められる。

第1に，ICT 関連の財やサービスの輸出入が活発になった。

第2に，ICT が貿易の形を大きく変えてきた。たとえば，**No. 3-2-4** で見たように1つの製品の製造過程に関して大規模な水平分業が可能になったのも，後述するように ICT の発展によるところが大きい。

デジタル貿易 ❶ という用語は，上の2つの意味で用いられている。すなわち，デジタル貿易は，ICT 関連の財・サービスの貿易とともに，ICT が生み出した新しい貿易を意味している。

ICT 関連の財やサービスの貿易

世界各国の貿易統計も，財やサービスの輸出入について，ICT 関連の財やサービスを分けて報告するようになった。

ジェトロによると，同じ ICT に関連する財の貿易であっても，成長が加速している財もあれば，成長が鈍化している財もある。

高成長の ICT 関連財は，通信機器，半導体などの電子部品，計測器・計器，医療用電子機器，半導体製造機器，産業用ロボット，3D プリンター（COLUMN を参照）などである。

一方，低成長の ICT 関連財は，コンピュータ，事務用機器，半導体以外の電気・電子部品，映像機器，音声機器である。これらの ICT 関連財は，従来の情報技術を支えてきた機器である。低成長の ICT 関連財は，その貿易シェアが2007年の50％強から，2017年には40％にまで低下した。

表 3-16 が示すように，日本は，ICT 関連財輸出において2007年に中国，

⬤ 表 3-16：世界の ICT 関連財輸出上位国（2007 年と 2017 年）

（単位：100 万ドル）

順位	国・地域	17 年金額	07 年順位
	世界	2,950,495	
1	中国	706,212	1
2	アメリカ	251,658	2
3	韓国	166,316	6
4	ドイツ	166,271	4
5	オランダ	148,611	5
6	日本	140,407	3
7	台湾	138,711	7
8	ベトナム	88,899	39
9	メキシコ	87,959	9
10	マレーシア	83,425	8

出所：『ジェトロ世界貿易投資報告　2018 年版』図表I-40

⬤ 表 3-17：世界の ICT 関連サービス輸出上位国（2005 年と 2017 年）

（単位：100 万ドル）

順位	国・地域	17 年金額	05 年順位
	世界	527,339	
1	アイルランド	85,159	—
2	インド	54,863	1
3	アメリカ	38,936	2
4	ドイツ	36,782	4
5	中国	27,767	11
6	イギリス	25,589	3
7	オランダ	25,065	—
8	フランス	18,311	—
9	スウェーデン	14,305	9
10	スイス	13,193	6
23	（参考）日本	4,703	13

出所：『ジェトロ世界貿易投資報告　2018 年版』図表I-44

アメリカに次いで 3 位であったが，2017 年には 6 位に下げている。日本は，2007 年には，6 位であった韓国，4 位であったドイツ，5 位であったオランダに抜かれた。

　次に，**ICT に関連するサービス**の貿易を見ていこう。世界各国の貿易統計では，通信サービス，コンピュータ・サービス，情報サービスが ICT 関連サービスとして分類されている。**No. 3-2-1** で見てきたように，先進国においてサービス収支が拡大してきたが，ICT 関連サービスの輸出拡大が寄与した面もある。

　表 3-17 が示すように，日本は，ICT 関連サービス輸出においても 2005 年の 13 位から 2017 年の 23 位に大きく低下した。一方，1 位のアイルランドは，法人税の優遇制度を背景として，マイクロソフト，グーグル，オラクル，フェイスブックといった大手 ICT 関連サービス企業の誘致に成功した。2 位のインドは，タタ，インフォシス，ウィプロなどの自国の大企業が先進国からコンピュータ処理やソフトウェア開発などの委託業務を請け負ってきた。

ICT とグローバル・バリュー・チェーン

ICT は，製造業の**バリュー・チェーン❷**をグローバルに展開することを可能にした。従来，製造業の企業は，設計，原材料・素材の調達，部品の製造，組み立てなどのそれぞれの製造過程（バリュー・チェーン）を国内，あるいは，海外の1カ所に集中して製造を行ってきた。

しかし **No. 3-2-4** で見てきたように，21世紀に入って，アップル社のような企業は，それぞれの製造過程を世界各国に分散して製品を作り上げる体制（グローバル・バリュー・チェーンと呼ばれる水平分業体制）を展開するようになった。

ICT は，グローバル・バリュー・チェーンの展開を技術面から支えてきた。従来，ほとんどの製造過程を1カ所に集中したのは，それぞれの製造過程の間で**人間どうしのコミュニケーション**が不可欠だったからである。たとえば，次のようなやり取りである。

組み立て⇒部品製造　「この部品，不良品だよ！」「この部品，足りないよ！」

原材料調達⇒組み立て　「この原料，納期がすごく遅れるよ！」「この原料の調達先，A国からB国に切り替えていい？」

組み立て⇒設計　「組み立てたけど，ここがどうもおかしいよ。設計ミスじゃない？」

ICT は，こうした人間を間にはさんだ情報のやり取り（コミュニケーション）のかなりの部分を，物理的な距離に関係なくデジタル情報の通信や伝達に置き換えてしまうことができるのである。ICT の急速な進歩の結果，企業は，製造過程を世界のさまざまな場所に展開するグローバル・バリュー・チェーンを築くことができるようになった。

日本の企業も，東アジア諸国との間でグローバル・バリュー・チェーンを築いてきた。日本の企業の場合，日本で設計と中核部品の製造を行い，東アジアにある生産拠点が現地，日本，周辺各国から原材料や部品の調達をして組み立てを行っている。完成品は，日本だけではなく，世界中に輸出されている。

3Dプリンターの衝撃

　本文では，ICTが国際貿易を活発にし，新しい貿易の形を生み出してきたことを見てきた。実は，その逆もあるのである。つまり，ICTの出現で，貿易が消えるかもしれない。そんな可能性を垣間見せてくれたのが，3Dプリンター❸の出現である。

　3Dプリンターは，入力がデジタル情報である点は通常のプリンターと同

3Dプリンター（スイス，keystone/時事通信フォト）

じであるが，出力は印刷とほとんど関係がなく，物理的な立体物（要するに，製品）を作り出す機械である。3Dプリンターは，コンピュータなどの情報機器を通してデジタル情報を受け取ると，その場で原材料や部品から製品を作り出す。

　3Dプリンターが人々に大きな衝撃を与えた理由は，「**製造メーカーによる設計・生産⇒製品の輸出⇒他国で消費**」というパターンから，「**製造メーカーによる設計⇒デジタル情報の伝達⇒他国で3Dプリンターによる生産・消費**」というパターンへ移ることで，「**製品の輸出**」が消えてしまうからである。

　3Dプリンターは，部品のような小さなものから，エンジンや乗用車などの大きなものまでさまざまな製品を作り出すことができるようになった。

【 用語解説 】

❶ デジタル貿易

　デジタル貿易の「デジタル」は，デジタル情報の「デジタル」とは違って「数値化された」という意味ではない。ここでの「デジタル」は，デジタル情報を処理するICTそのものや，ICTに関連する機器を指している。

❷ バリュー・チェーン

　バリュー・チェーンは，製造過程を積み重ねるたびに付加価値が生じることを意味している。No. 2-2-1で見たように，経済全体でも生産部門が積み重ねられるたびに付加価値が生じてきたが，ここでいうバリュー・チェーンは，1企業において，生産過程を積み重ねるたびに付加価値が生じることを指している。

❸ 3Dプリンター

　3Dは，立体（three dimensional）の意味なので，3Dプリンターは，紙のような平面（two dimensional）に印刷する普通のプリンターと区別して用いられた用語である。しかし，COLUMNで述べているように「プリンター」というのは比喩であり，事実上は製造機器である。

情報のグローバル化とビジネス（その2）
── 新しい取引の形

POINT ICT が貿易取引を進化させていることを理解しよう。

越境 EC の普及

インターネットは，国際間の商取引の形も変えてきた。**越境 EC ❶** は，その代表的な事例である。**越境 EC** は，一般的には国境を越えた**電子商取引**のことを指しているが，具体的にはインターネットの**通信販売（通販）**サイトを通じて**海外の消費者**に商品を**輸出**する貿易取引を意味している。

日本側から見ると，(1) 日本の消費者が海外の通販業者から商品を購入する輸入という面と，(2) 日本の通販業者が海外の消費者に商品を発送する輸出という面がある。

(1) の輸入の面では，日本の消費者が海外通販サイトから購入する額は限られている。日本の消費者のオンラインを通じた商品購入額の 9 割以上が国内通販サイトからの購入である。一方，(2) の輸出の面では，日本の通販業者は，とくに中国の消費者向けに市場が拡大している。

経済産業省が 2016 年に行った越境 EC に関する市場調査によると，日本の消費者が中国やアメリカの通販サイトから購入した額は 2400 億円であったのに対して，中国やアメリカの消費者が日本の通販サイトから購入した額は 1.65 兆円（うち，中国が 1.04 兆円，アメリカが 0.62 兆円）に達した。

ただし，越境 EC とはいっても輸出取引なので，販売先の国の法律に対応する必要がある。また，越境 EC でも，通常の輸出と同様に関税が発生する。

巨大プラットフォーマーの出現

インターネットが国内外の経済取引で中核的な機能を果たすようになって，インターネット上で電子商取引をはじめとしてさまざまなサービスを提供する巨大な**プラットフォーマー ❷** が出現してきた。

巨大プラットフォーマーとしては，**GAFA** と呼ばれているグーグル，アマゾ

ン，フェイスブック，アップルのアメリカ4
社（ビッグ・フォーともいわれる）が有名で
ある。FAANG という場合は，上の4社に加
えて動画配信をしているネットフリックスが
含まれている。中国のアリババやアルゼンチ
ンのメルカドリブレも電子商取引の巨大なプ
ラットフォーマーである。

　巨大なプラットフォーマーが出現したのに
は主として3つの理由がある。第1に，プラットフォーマーの提供するネッ
トワーク（たとえば，プラットフォーマーに加盟する店の数）が拡大すると利
便性がそれだけ高まって，ますますプラットフォーマーの利用者が増える。第
2に，通常の店舗や取引所のように敷地や建物が必要ないので，インターネッ
トの仮想空間上で費用をかけることなく規模を拡大することができる。第3に，
利用者が1つのプラットフォーマーになじんでしまうと，他のプラットフォ
ーマーに切り替えることが難しくなる。

　なお，第5-1節で説明するように，これらの巨大なプラットフォーマーは，
2020年初めからのコロナ禍で業績を大きく伸ばした。

ブロックチェーンと国際貿易

　ブロックチェーン ❸ と呼ばれるデジタル台帳システムも，国際貿易の商取
引の形を大きく変えつつある。ブロックチェーンのデジタル台帳の大きな特徴
は，インターネットを通じて多くの関係者で取引情報が共有されているところ
である。

　ブロックチェーンの仕組みを理解するために，倉庫台帳を例にとってみよう。
A社の倉庫台帳といえば，普通，A社が倉庫に保管している商品名とその数量
を記録したものである。この台帳は社外秘であり，会計士や税理士を除いてA
社以外の人が閲覧することはない。

　一方，ブロックチェーンは，通常の台帳のように，**倉庫を保有している会社
の立場から**記録しているのではなく，**倉庫に保管されている個々の商品の立場
から**記録されている。すなわち，それぞれの商品について，どこの会社の倉庫
にあるのかを記録したものである。

　表 3-18 を用いて，もう少し詳しく見ていこう。ここでは，平日の午前8時

表 3-18：ブロックチェーンのイメージ

	ブロック①	ブロック⑦	ブロック⑪	ブロック⑭	ブロック⑳
	2020年1月6日8時台のブロック	2020年1月7日10時台のブロック	2020年1月8日10時台のブロック	2020年1月9日9時台のブロック	2020年1月10日11時台のブロック
商品1	A社の倉庫		B社の倉庫	C社の倉庫	
商品2		D社の倉庫			E社の倉庫
商品3	F社の倉庫	G社の倉庫		H社の倉庫	
商品4			I社の倉庫	J社の倉庫	
商品5	K社の倉庫				L社の倉庫

から 12 時にかけて商品が倉庫を移る可能性があるとしよう。1 時間ごとに商品の移動を台帳に記録する。たとえば，2020 年 1 月 9 日の 9 時台に商品 1 がB 社から C 社に，商品 3 が G 社から H 社に，商品 4 が I 社から J 社にそれぞれ倉庫を移動した。

　1 時間ごとに記録される台帳は**ブロック**と呼ばれている。上の 1 月 9 日 9 時台の商品移動はブロック⑭に記録されている。内容がチェックされたブロック⑭は，ブロック⑬の上に積み重ねられる。

　同様に，1 月 10 日の 11 時台に商品 2 が D 社から E 社に，商品 5 が K 社から L 社に倉庫を移動して，その記録がブロック⑳に記録される。内容がチェックされたブロック⑳は，ブロック⑲の上に積み重ねられる。このように台帳のブロックがチェーンのように連なっていくので，**ブロックチェーン**と呼ばれている。ブロックチェーンでは，さまざまな暗号技術が駆使され，ブロックに記録された内容が後から改竄（かいざん）されないようになっている。

　会社ごとに記録した倉庫台帳が社外秘であるのに対して，ブロックチェーンの台帳は，関係する会社の間で台帳が共有されている。そうすると，台帳を共有しているどの会社も，それぞれの商品が現在，どの会社の倉庫にあるのかを知ることができる。

　なぜ，ブロックチェーンが，貿易取引のあり方を大きく変える可能性があるのであろうか。たとえば，輸出される乗用車のそれぞれについて，自動車メーカーから出荷されてからの保管場所，輸送状況，**税関 ❹** における通関手続き状況，販売先などを記録したブロックチェーンが，自動車メーカーやディーラー，輸送会社や海運会社，輸入業者に融資をする銀行，さらには，税関にも共有されているとしよう。

　従来，乗用車の貿易取引のさまざまな段階では，人を介して手作業で紙ベースの手続きを行っていた。しかし，上のようなブロックチェーンが関係者の間で共有されれば，それぞれの乗用車について，そうした煩雑な手続きをデジタル化することができる。その結果，貿易取引が飛躍的に合理化される。現在ブロックチェーンの活用によって，貿易取引の合理化が進められようとしている。

ブロックチェーンと暗号通貨

　ブロックチェーンは，ビットコインに代表される暗号資産（暗号通貨，仮想通貨とも呼ばれる）の記録に最初に用いられた。コインごとに，保有者が変更するたびにブロックに記録される。ビットコインの場合，10分ごとにブロックが積み重ねられていく。なぜ，ブロックチェーンを活用したビットコインが注目されてきたのであろうか。

　そこで，No. 3-3-1 の COLUMN で説明した「日本の貸し手A」から「アメリカの借り手B」に資金を送るときに必要となったいくつものステップを思い出してほしい。日本にいる A から送られた資金は，日本の甲銀行⇒日本銀行⇒乙銀行の日本の支店⇒乙銀行のアメリカの支店⇒アメリカの連邦準備制度⇒アメリカの丙銀行を経てやっとアメリカにいる B に届く。

　それが，ビットコインであれば，A から B に直接送金ができる。表 3-19 は，送金額に相当する価値のあるコイン 1 に関するブロックチェーンの記録だけを切り取ったものである。2020 年 1 月 8 日 10 時 20 分台の取引を記録したブロックYYYYYY によると，日本の A は，イギリスの投資家 C からコイン 1 を受け取っている。そして，1 月 10 日 11 時 30 分台の取引を記録したブロック ZZZZZZ によると，日本の A は，アメリカの B にコイン 1 を送っている。

　このように，ブロックチェーンを用いた海外送金は，中央銀行を含めたいくつもの銀行を介することなく資金を移動できるので，送金コストが飛躍的に節約できるのである。

● 表 3-19：ビットコインのイメージ

	ブロック XXXXXX (2020 年 1 月 6 日 8 時 10 分台の取引)	ブロック YYYYYY (2020 年 1 月 8 日 10 時 20 分台の取引)	ブロック ZZZZZZ (2020 年 1 月 10 日 11 時 30 分台の取引)
コイン 1	イギリスの投資家 C	日本の貸し手 A	アメリカの借り手 B

【 用語解説 】

1 越境 EC

越境 EC とは，cross border electric commerce の略で，越境電子商取引と訳されている。

2 プラットフォーマー

市場プラットフォームとは，市場に参加する売り手，買い手，さまざまな関係者を結びつける機能を指している。プラットフォーマーとは，そうした市場プラットフォームを提供する企業である。

3 ブロックチェーン

ブロックチェーンは，しばしば分散型台帳技術と呼ばれることがある。ここで「分散型」とは，多くの参加者に取引情報が共有されている状態を指している。

4 税関

港や空港で関税を徴収したり，輸出入の商品を検査したりという業務を行う官庁。なお，日本の税関は，財務省の部局である。

情報のグローバル化の光と影

→ **POINT**　情報のグローバル化がもたらした問題点を整理してみよう。

情報のグローバル化の弊害

　ICT（情報通信技術）を基軸とした情報のグローバル化は，新しい貿易の形を生み出した一方で，次のような問題点や課題も浮かび上がらせた。

- 巨大プラットフォーマーによる独占
- 個人情報 ❶ の保護
- 知的財産 ❷ の保護

　以下では，これらの問題を詳しく見ていこう。

[**巨大プラットフォーマーによる独占**]　**No. 3-4-3** で見てきたように，インターネットを通じてサービスを提供するプラットフォーマーは巨大化しやすい。その結果，巨大プラットフォーマーが市場を独占（**No. 2-1-4** を参照）しかねない。ただし，プラットフォーマーは，通常の独占企業のように価格を引き上げ，供給を縮小することによって独占利潤を確保しているわけではない。

　たとえば，巨大プラットフォーマーは，独占力を背景にプラットフォームのルールやシステムを自らに有利なように勝手に変更し，プラットフォームを利用する事業者や消費者の利益を損ねてしまうかもしれない。

　GAFA などの巨大プラットフォーマーは，タックス・ヘイブン ❸ を活用して節税をし，巨額の利益を蓄えてきた。現在，OECD（経済協力開発機構）のような国際機関において，各国の政府が巨大プラットフォーマーの利潤に対して直接課税（デジタル課税 ❹）することが検討されている。

[**個人情報の保護**]　プラットフォーマーは，利用者から個人情報を得やすい立場にある。これらの個人情報は，登録や購入のときに利用者が進んで提供したものだけでなく，利用者の了承を得ないで集められたものもある。たとえば，あるプラットフォーマーの個人情報データベースをハックする（盗む），SNS ❺ 上の個人を特定できる写真を収集する，携帯電話から位置情報を集めるなど，違法に集められた個人情報も含まれる。とくに，巨大プラットフォーマー

● 個人情報を収集するプラットフォーマー

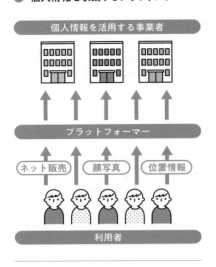

は，膨大な個人情報データベースを構築することができる。

　こうしてプラットフォーマーのもとに集められた個人情報は，利用者に無断で悪用されるおそれがある。たとえば，個人情報が，調査会社に，時には政府に漏洩される。個人情報保護法は，プラットフォーマーを含めて個人情報の管理に厳しい規制を設けている。また，巨大プラットフォーマーに対しては，独占力を背景に個人情報の悪用をしかねないことから，独占禁止法による規制がかけられている。

　［**知的財産の保護**］　インターネット上で貿易取引されているデジタル化された知的財産を保護することは非常に難しい。音楽，映画，書籍，雑誌，新聞などは，いったんデジタル化されてしまうと，複製することが容易だからである。

　現在は，デジタル化した知的財産の複製が困難になるようなさまざまな技術が開発されてきている。同時に，知的財産を輸出している企業が本拠を置く国の政府と，知的財産を輸入している企業が本拠を置く国の政府が協力して，違法な複製を厳しく取り締まるようになった。

情報のグローバル化の本質的な疑問

　情報のグローバル化については，次のような本質的な疑問も投げかけられている。

- 情報のグローバル化は，人々を豊かにしているのであろうか？
- 情報のグローバル化は，かえって格差を拡大させているのでないであろうか？

　上の 2 つの大きな問題を少しだけ見ていこう。

［**ICT と経済全体の豊かさ**］　1990 年代ごろから，アメリカの経済学者を中心に，情報のグローバル化を支えている ICT は，特定の事業者を豊かにしているものの，各国の経済全体を豊かにしているわけではないという主張がなされ

てきた。とくに，どの国においても，ICTによって経済全体の生産性が向上している証拠を見出しにくいことが主張の根拠とされてきた。

　一方では，ICTによる経済の豊かさが経済統計でうまくとらえられていないという反論もある。また，ICTの生産性拡大効果が経済全体に及ぶのにまだまだ時間がかかるという主張もある。ICTが私たちの社会全体を豊かにしているのかどうかについては，現在でも論争が続いている。

[ICTによる情報格差]　インターネットなどを含めてICTについては，それをうまく利用できる人と利用できない人の間で情報格差❻が生まれていると指摘されてきた。

　たとえば，No. 3-4-1で見てきたように，先進国ではインターネット利用率が9割を超えているところが少なくない一方で，サブサハラのアフリカ諸国は，インターネットの利用率が1割を下回っている。

　日本国内においても，高所得層と低所得層，若年層と高齢者層では，インターネット利用率に大きな格差が存在している。ただし，かつてはインターネット利用率には都市と地方の間で格差があったが，通信網の整備のおかげで地域的な格差は解消した。

　このような情報格差を解消していかないかぎり，ICTの恩恵が経済全体に及ぶことはないであろう。

COLUMN

データ保護主義

　財とサービスのグローバル化と同じように，情報のグローバル化においても，それを阻もうとする保護主義が台頭してきている。ただし，財とサービスのグローバル化に対する保護主義は，関税の引き上げなどによる輸入規制の形で現れてきたが，情報のグローバル化に対する保護主義は，電子データ（デジタル情報）の持ち出し規制の形で現れている。その意味では，データ保護主義といわれることも多い。

　たとえば，中国では，外国企業が中国国内で蓄積した電子データを本国や第三国に転送することに強い規制をかけようとしている。しかし，電子データの国外持ち出しが禁じられると，中国を生産拠点とするグローバル・バリュー・チェーンは，その維持ができなくなってしまう。中国，外国企業が本拠を置く本国，そして，部品や素材を供給する国の間で活発なデジタル情報のやり取りがあってはじめて，グローバル・バリュー・チェーンが展開できるからである。

また，外国のプラットフォーマーが集めた中国での利用状況に関するデジタル情報は，たとえ個人情報の部分を完全に取り除いたとしても，国外に持ち出すことができなくなる可能性もある。そうすると，外国のプラットフォーマーは，中国市場に関する分析ができなくなり，中国のプラットフォーマーに比べて競争上，不利になってしまう。

　上のような形でデータ保護主義が台頭してしまうと，情報のグローバル化の恩恵が限られてしまうであろう。

【　用語解説　】

❶　個人情報

　個人情報は，個人を特定できるような情報である。たとえば，名前，年齢，性別，住所，電話番号，電子メールアドレス，銀行口座，クレジットカード番号などが個人情報に含まれる。

❷　知的財産

　知的財産とは，発明，著作，営業秘密など，形はないものの価値のある財産を指している。
　知的財産権は，そうした知的財産を保護する。たとえば，音楽，書籍，絵画などの著作物を保護するのは著作権，発明を保護するのが特許権である。

❸　タックス・ヘイブン

　租税回避地と訳されているタックス・ヘイブンは，課税が著しく低い，あるいは，完全に免除されている国や地域を指している。

❹　巨大プラットフォーマーへのデジタル課税

　現行の国際ルールでは，国内に店舗や工場などの物理的な拠点を持たない外国企業には課税することができない。まさにプラットフォーマーは，インターネット上の仮想空間で取引を行い，進出国に販売拠点を設けていないので，現行の法律では課税することが非常に難しい。

❺　SNS

　ソーシャル・ネットワーキング・サービスの略。ツイッター，フェイスブック，ラインは，代表的な SNS である。

❻　情報格差

　情報格差は，英語のままにデジタル・ディバイドと呼ばれることも多い。

CHAPTER 4

企業活動のグローバル化

FRESH AND FRIENDLY GUIDANCE ON THE GLOBAL ECONOMY

── No. 4-1-1 ──

なぜ，企業は海外進出をするのか？

POINT　　企業の海外進出のメリットとデメリットを考えていこう。

なぜ，企業は海外進出をするのか？

　第3章では，人材（ヒト），財とサービス（モノ），金融と資本（カネ），情報のグローバル化について，さまざまな角度から考察してきた。こうしたグローバル化を実際に担っているのが**企業の海外進出**である。企業が海外で販売拠点や生産拠点を設立するとともに，それ以外のさまざまな側面でもグローバル化が同時に進行してきた。第4章では，企業の海外進出という観点からグローバル化の実態に迫っていこう。

　そもそも，なぜ，企業は，海外に進出するのであろうか。

　第1に，その企業が活動してきた国内経済に次のような事情があると，企業は海外に進出する可能性が高まる。

(1)　**少子高齢化 ❶** で国内市場が縮小すると見込まれると，市場が拡大する国に拠点を移す。

(2)　国内の労働市場で需給が逼迫（需要に対して供給が不足）して人件費が高騰し，人手不足が深刻になると，労働力が豊富な国に拠点を移す。

(3)　その国の通貨が高くなることも企業の海外進出を促す。たとえば，**No. 3-3-2** で見てきたように，1985年以降，円通貨がドル通貨をはじめとした主要通貨に対して急速に円高となったことから，日本企業は，価格競争で不利となる輸出を断念し，輸出先で**現地生産 ❷** するようになった。

(4)　中小企業のなかには，主要な取引先の大企業の海外進出に伴って，海外進出を検討するケースもある。

　第2に，以下のように国際環境の変化も企業の海外進出に影響を及ぼす。

(5)　輸出先の国で**保護貿易主義 ❸** が高まり，関税が引き上げられると，企業は，本国からの輸出から，輸出先での現地生産に切り替えを迫られる。

● **企業の海外進出**

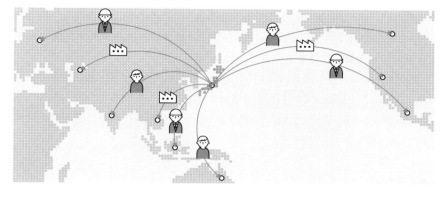

(6)　第3章全体で見てきたように，国際分業のあり方がダイナミックに変化してくると，生産拠点をいくつもの国に展開する必要が生じてくる。

(7)　COLUMN で紹介しているように，経済特区において外国の成長戦略の一環で実施される法人税引き下げなどの税制優遇 ❹ のメリットが海外進出のきっかけになる。

(8)　世界全体で生産拠点が中国や東南アジアに集中するに従って，技術開発や商品開発の刺激的な機会を求めて同地域に海外進出するケースもある。

海外に進出する企業の課題

　それでは，海外に進出する企業には，どのような課題があるのであろうか。

　個々の進出企業にとって最も大きな課題は，進出先の経済慣行や経済環境にうまく適応することだといわれている。たとえば，労働市場の慣行や法律が本国と大きく違うのにもかかわらず，現地の事情を無視した採用活動を行うと，人材確保がうまくいかず海外事業が頓挫してしまう。また進出先の市場の調査を綿密にしないと，現地のニーズにあった商品を製造することができなくなる。

　海外に進出した企業のもう1つの重要な課題は，これまで国内で雇用してきた従業員，機械などの生産設備，工場や事務所のあった敷地を，どのように新たな事業で活用していくかということであろう。とくに，海外に進出していく企業が地元の中核企業である場合，これまで企業活動を支援してきた地域住民への配慮も必要になってくる。

　また，海外に進出していく企業の拠点であった地域にとっても，地域の経済

活動や雇用を維持していくうえで，進出後の地域振興について海外進出企業と綿密な話し合いが必要になってくるであろう。こうした側面での政府や地方自治体の対応が首尾よくいかないと，地域経済が雇用の減退や経済活動の停滞（経済の空洞化❺）に陥ってしまいかねない。

　このように，企業の海外進出には，個々の企業レベルでも，地域社会にとっても，ひいては国家にとっても，メリットとデメリットがあるので，さまざまな利害関係者の間で両面を慎重に検討したうえで，海外進出の決定をしていくべきであろう。

COLUMN

アジアの経済特区

　経済特区では，国内の一定の区域を指定して，法人税，地価税，相続税，消費税などの税金を免除するとともに，その特区で輸入したものについては，関税を免除するような税制の優遇措置がとられている。また，企業活動に必要となる行政手続きも簡素化される。

　アジアの国々は，こうした経済特区の設置を海外企業の誘致の切り札としてきた。たとえば，以下のような事例がある。

中国：広東（カントン）省の深圳（シェンチェン）市，珠海（ヂューハイ）市，汕頭（スワトウ）市，福建（フーチェン）省の廈門（アモイ）市，海南（ハイナン）省（海南島）。

台湾：高雄（カオシュン）市。

香港：香港（ホンコン）自体が特別区。

韓国：済州島開発区など。

ベトナム：ハノイ市，ダナン市，ホーチミン市など50以上の経済特区。

フィリピン：300以上の経済特区。

マレーシア：ジョホール州など。

カンボジア：プノンペン経済特区やシアヌークビル港経済特区など，30以上の経済特区。

ミャンマー：ティラワ経済特区，ダウェー経済特区など。

ラオス：ビタパーク経済特区，サワン・セノ経済特区など。

タイ：東部経済回廊など。

　ちなみに，中国，台湾，香港，ベトナムの経済特区の位置関係を右の地図で確かめてみよう！

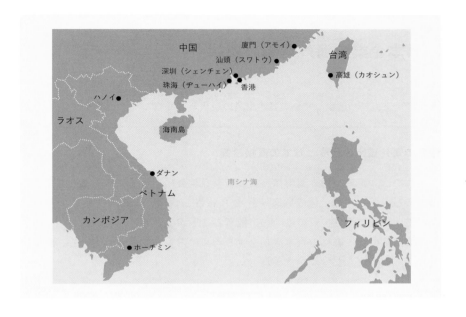

【　用語解説　】

❶ 少子高齢化

　少子高齢化とは、出生率の低下と平均寿命の長期化が同時に進行して、人口に占める若年層の割合が低下していく現象を指している。若年層や中年層が労働力や消費の担い手になることから、少子高齢化で労働市場や消費財・サービス市場が縮小することが予想される。

❷ 現地生産

　現地生産とは、製造企業が生産設備を海外に建設し、現地で生産活動をすることを指す。

❸ 保護貿易主義

　通常、外国製品への反発やその製品の生産国の国民への反感は、外国製品の圧倒的な輸出競争力を背景としていることが多い。No. 4-1-3 で説明するように、日本の自動車メーカーも、アメリカでの保護貿易主義への対応として現地生産に踏み切った。

❹ 税制優遇

　COLUMN で紹介しているように、アジアの国々は、経済特区を設けて、法人税引き下げなどの税制優遇措置をとることで、海外企業を誘致してきた。

❺ 経済の空洞化

　企業の海外進出で、企業が国内で拠点を置いていた地域の経済活動や雇用が減退することを指している。No. 4-2-2 で議論するように、地域経済を守ることも、企業の社会的責任とされている。

日本企業の海外進出の現状

〜〜〜〜〜〜〜〜〜〜〜〜〜〜〜〜〜〜〜〜〜〜〜〜〜〜〜〜〜〜〜

➡ POINT 海外に進出している日本企業の現状を見ていこう。

企業の海外進出の尺度としての直接投資

それでは，企業の海外進出は，どのような統計によって調べることができるのであろうか。実は，**国際収支統計 ❶** に報告されている**直接投資 ❶** の項目によって，企業の海外投資の動向を把握することができる。

直接投資には，海外で企業活動をするための投資が記録されている。直接投資には，次のような投資が含まれている。

(1)　海外企業の株式を購入して，その企業の経営に関与する。通常は，その企業が発行した株式の1割以上を購入した場合に，直接投資とみなされる。

(2)　とくに，海外企業が発行する株式を100%取得する直接投資は，**クロスボーダー M&A ❷** と呼ばれる。

(3)　(1)や(2)は，すでに立ち上がっている海外企業への直接投資であるが，海外に新たに企業を設立する場合，**グリーンフィールド投資 ❸** と呼ばれている。たとえば，現地生産の場合，現地にすでにある工場を買収する場合はクロスボーダー M&A となり，現地で更地に工場を新設する場合は

● クロスボーダー M&A

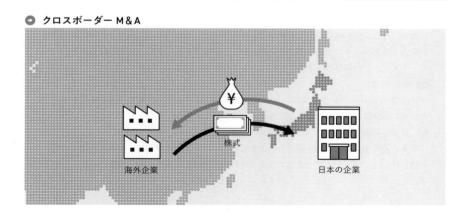

海外企業　　株式　　日本の企業

● 図 4-1：世界の海外向け直接投資額の推移（ネット）

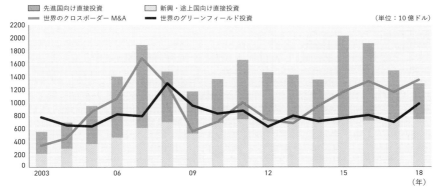

凡例：
- 先進国向け直接投資
- 新興・途上国向け直接投資
- 世界のクロスボーダー M&A
- 世界のグリーンフィールド投資

（単位：10 億ドル）

出所：『ジェトロ世界貿易投資報告　2019 年版』図表 II-1

● 図 4-2：日本の海外向け直接投資（ネット）

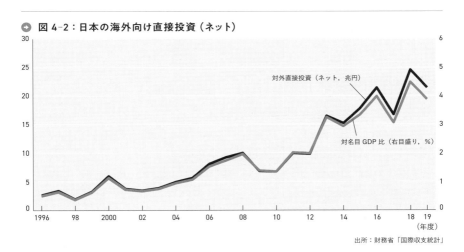

対外直接投資（ネット，兆円）

対名目 GDP 比（右目盛り，%）

出所：財務省「国際収支統計」

グリーンフィールド投資となる。

世界の直接投資の動向

　図 4-1 の棒グラフは，世界の企業の海外進出について，企業進出を受け入れた側から見た**ネットの直接投資額 ❶**（直接投資額から資金引き揚げ分を差し引いたもの。単位は，10 億ドル）の推移を表したものである。直接投資については，先進国向けと新興・途上国向けに分けている。一方，2 本の折れ線

グラフは，クロスボーダー M&A とグリーンフィールド投資を表している。なお，これら 2 つの投資額は，ネットの直接投資額と異なって，資金の引き揚げ分が差し引かれていない。

世界全体で見ると，直接投資額は 2003 年から 2007 年にかけて拡大し，その後は，増減を繰り返してきた。新興国や途上国に向けた直接投資の額は，安定して推移してきているので，変動は先進国向けの直接投資で生じている。とくに，先進国間のクロスボーダー M&A が大きく変動してきた。

2017 年以降，先進国向けの直接投資が減少している背景には，ヨーロッパやアメリカにおいて，中国企業による直接投資を規制する動きが顕著になってきた事情がある。ヨーロッパやアメリカの政府が中国企業によって自国の技術が流出することを警戒するようになったからである。

日本の直接投資の動向

次に，日本企業の海外進出の動向を見ていこう。

図 4-2 は，日本の対外直接投資額（ネット）と，名目 GDP に対する比率を，1996 年度から 2019 年度にかけて描いたものである。この間，日本の直接投資は拡大傾向にあり，2010 年度以降，拡大が加速してきた。

直接投資の名目 GDP に対する比率で見ると，1996 年度には 0.5% にすぎなかったが，2011 年度に 2%，2018 年度には 4.5% に達した。こうした直接投資の傾向は，2010 年代に入って，日本企業の海外進出が加速してきたことを示している。

表 4-1 は，2019 年（暦年）について，日本の対外直接投資の地域別投資額（ネット）を見たものである。日本の直接投資は，総額 27.2

⏺ **表 4-1：地域別に見た日本の海外向け直接投資(ネット)**

（単位：兆円）

地域・国名	2019 年（暦年）
アジア	6.6
中国	1.6
香港	0.3
台湾	0.1
韓国	0.3
シンガポール	1.7
タイ	0.6
インドネシア	0.9
マレーシア	0.1
フィリピン	0.2
ベトナム	0.3
インド	0.6
北アメリカ	5.6
中・南アメリカ	1.6
オセアニア	1.3
ヨーロッパ	12.1
中東	0.0
アフリカ	−0.1
合計	27.2

注：表 4-1 は暦年の統計であり，図 4-2 は年度の統計であることに注意してほしい／出所：財務省「国際収支統計」

兆円のうち，ヨーロッパが 12.1 兆円，北アメリカが 5.6 兆円，オセアニア（主にオーストラリア）が 1.3 兆円と，先進国向けが 7 割弱を占めている。

　しかし，アジア諸国への直接投資額も 6.6 兆円に達している。とくに，シンガポール 1.7 兆円，中国 1.6 兆円，インドネシア 0.9 兆円と規模が大きい。一方，中東やアフリカ向けの直接投資は，ほぼゼロとなっている。

COLUMN

日本企業によるクロスボーダー M & A

　本文で見てきたように，世界の直接投資の動向は，クロスボーダー M & A の規模に大きく左右されてきたが，日本企業によるクロスボーダー M & A も，近年，大型化してきた。

　表 4-2 は，1990〜2019 年の期間において，クロスボーダー M & A の買収額で見たベスト 10 である。ここでは，こうした数字の規模感をどのようにつかめばよいのかを考えてみよう。

　まず，買収額は，100 万ドル単位で記載されていて，ドル表示では，すぐには数字の大きさを判断することができない。2000 年以降，1 ドルに対する円の外国為替相場は，80 円（2011 年，2012 年）から 125 円（2002 年）と変動してきたが，ここでは，簡単に **1 ドル 100 円**と想定してしまおう。したがって，武田薬品工業によるシャイアーの買収は約 **140 億ドル**なので，1 ドル 100 円で **7.7 兆円**となる。同社によるナイコメッドは約 **140 億ドル**で **1.4 兆円**，ミレニアム・ファーマシューティカルズは約 **80 億ドル**で **0.8 兆円**となる。

　それでは，7.7 兆円，1.4 兆円，0.8 兆円がどのくらい大きいのであろうか。2020 年 6 月 4 日時点の武田薬品工業の株式時価総額 ❹ を見ると，**6.4 兆円**である。上の 3 つの海外企業の買収額は，企業価値の尺度である株式時価総額に比べても非常に大きい。2019 年 1 月のシャイアーの買収額は，2020 年 6 月の時点で会社の株式時価総額さえ上回っていた。

　同じ作業を他のクロスボーダー M & A 案件でも行ってみよう（**表 4-3**）。ただし，サントリーホールディングス自体は証券取引所に上場していないので，グループ企業で上場しているサントリー食品インターナショナルの株式時価総額を用いる。

　こうして見てくると，これらのクロスボーダー M & A は，企業価値の尺度である株式時価総額と比べても非常に大きな案件だったと判断することができる。

● 表 4-2：日本企業によるクロスボーダー M&A の大型案件（1990〜2019 年）

（単位：100 万ドル）

実施年月 （完了ベース）	買収企業	被買収企業	国籍	業種	金額
2019 年 1 月	武田薬品工業	シャイアー	アイルランド	医薬品	76,886
2016 年 9 月	ソフトバンクグループ	アーム	イギリス	電気・電子機器	30,751
2013 年 7 月	ソフトバンク	スプリント・ネクステル	アメリカ	通信	21,640
2007 年 4 月	日本たばこ産業（JT）	ギャラハー	イギリス	たばこ	18,800
2014 年 4 月	サントリーホールディングス	ビーム	アメリカ	飲料	15,688
2011 年 9 月	武田薬品工業	ナイコメッド	スイス	医薬品	13,686
2001 年 1 月	NTT ドコモ	AT&T ワイヤレスグループ	アメリカ	通信	9,805
2008 年 5 月	武田薬品工業	ミレニアム・ファーマシューティカルズ	アメリカ	医薬品	8,128
1999 年 5 月	日本たばこ産業（JT）	RJR ナビスコ（アメリカ以外のたばこ事業部門）	オランダ	たばこ	7,832
2011 年 6 月	三菱 UFJ フィナンシャル・グループ	モルガン・スタンレー	アメリカ	銀行	7,800

出所：『ジェトロ世界貿易投資報告　2019 年版』図表II-20

● 表 4-3：買収企業の時価総額とクロスボーダー M&A の買収額

買収企業	時価総額（2020 年6 月 4 日時点）	被買収企業	買収額（1 ドル100 円で換算）
ソフトバンクグループ	10.8 兆円	アーム スプリント・ネクステル	3.1 兆円 2.2 兆円
日本たばこ産業	4.3 兆円	ギャラハー RJR ナビスコ	1.9 兆円 0.8 兆円
サントリー食品インターナショナル	1.4 兆円	ビーム	1.6 兆円
NTT ドコモ	9.5 兆円	AT&T ワイヤレスグループ	1.0 兆円
三菱 UFJ フィナンシャル・グループ	6.1 兆円	モルガン・スタンレー	0.8 兆円

【 用語解説 】

❶ 国際収支統計の直接投資

　第3章で詳しく見てきたように，国際収支統計は，貿易収支とサービス収支で財・サービス（モノ）のグローバル化を，経常収支（誤差を修正したものは金融収支とも呼ばれる）で資金（カネ）のグローバル化をそれぞれ記録している。

　国際収支統計は，こうしたグローバル化の動向に加えて，直接投資によって，企業の海外進出を記録している。通常，直接投資統計では，海外企業への年間投資額から，海外企業から引き揚げた年間資金を差し引いたネットの直接投資が用いられる。

❷ クロスボーダー M&A

　M&A の M は，Merger の合併を，A は，Acquisition の買収をそれぞれ意味している。いずれの場合も，企業を丸ごと購入することを指している。

　なお，クロスボーダーは，国境を越える取引を意味している。

❸ グリーンフィールド投資

　グリーンフィールドは，未開発の更地を意味している。工場や事務所が建っていない土地に，新たな企業を立ち上げる場合に，グリーンフィールド投資と呼ぶ。

❹ 株式時価総額

　株式時価総額とは，その企業が発行している株式総数に株価を掛け合わせたものである。株式時価総額は，その企業の総価値を表していると解釈できる。

日本の自動車メーカーの海外進出

日本の自動車メーカーの試練と栄光

　ここでは，日本の自動車メーカーの海外進出の歴史を振り返りながら，日本企業が海外進出する意義についてあらためて考えてみたい。

　トヨタや日産などの日本の自動車メーカーは，1950年代からアメリカ向けの輸出を行っていた。しかし，アメリカのビッグスリー ❶ といわれた3大自動車メーカー（ゼネラルモーターズ，フォード・モーター，クライスラー）の牙城を突き崩すことができなかった。トヨタは，1960年代になると，輸出先の主軸をアメリカからヨーロッパにシフトさせていった。

　日本車の存在感がアメリカ市場で高まったのは，1970年代になってからである。70年代の2度のオイル・ショック ❷ でガソリン価格が高騰したことから，燃費の良い省エネルギー ❸ の日本車への需要がアメリカで急速に高まった。日本車は，厳しい排ガス規制もいち早くクリアした。最初は，トヨタと日産がアメリカ向け輸出を拡大した。70年代半ばには，ホンダ，マツダ，三菱も，アメリカ向けの輸出実績を伸ばしていった。

輸出から現地生産へ

　しかし，1980年代に入ると，日本車のアメリカ向け輸出拡大は，アメリカ国内で政治問題化した。アメリカ市場における日本車の急増が，ビッグスリーの業績に深刻な打撃を与えたのである。とくに，クライスラーは，70年代末から経営危機に陥り，アメリカ政府によって救済された。自動車産業に従事するアメリカの労働者も，日本車の進出で雇用を奪われた形になったので，日本車の輸入規制をアメリカ政府に働きかけるようになった。すなわち，アメリカでは，日本車に対して保護貿易主義的な動きが顕著になったのである。

　ただし，アメリカの社会全体が，日本車への反感を高めたわけではない。自動車を購入する消費者から見ると，燃費が良いうえに，価格が安かったことか

ら，アメリカの消費者の間で日本車人気は根強かった。

　こうした消費者の利益も重んじなければならないアメリカ政府としては，日本車への関税を引き上げるという，あからさまな輸入規制を発動することが難しかった。アメリカの自動車メーカーの生産を守るために輸入規制を行えば，消費者の利益を保護することを目的としている独占禁止法（**No. 2-1-9**を参照）に抵触する可能性さえあった。

　その結果，アメリカ政府は，日本政府を通じて，日本の自動車メーカーにアメリカ向け輸出ではなく，アメリカでの現地生産に切り替えるように働きかけてきた。日本のメーカーであってもアメリカに生産拠点を移せば，アメリカでの雇用を守ることができ，アメリカの輸入を削減して貿易収支を改善できる。1980年代前半には，日本のメーカーは，ホンダ，日産，トヨタの順でアメリカに生産拠点を移した。

　アメリカでの現地生産は順調に推移した。さらに日本の自動車メーカーは，アメリカ市場でヨーロッパの自動車メーカーとしのぎを削ることで，大衆車のメーカーから高級車のメーカーに脱皮することができた。**COLUMN**で見ていくように，日本の自動車メーカーは，アメリカ市場で人気を博した高級車を日本市場に投入した。

日本の自動車メーカーの経験からの教訓

　表4-4を用いながら1970年代からの日本の自動車メーカーの歩みをまとめてみよう。

　日本の自動車メーカーによる四輪車❹の輸出台数は，1970年度の109万台から1985年度の673万台でピークを迎える。その後は，輸出台数が減少した。2018年度には482万台まで低下した。国内の生産台数も，1990年度に1349万台でピークとなり，その後は，928万台（2015年度）まで減少した。

　一方，日本の自動車メーカーの海外生産台数は，1980年代後半から急増していく。1985年度には，89万台にすぎなかった海外生産が，2018年度には1997万台に達した。30年あまりの期間で，海外生産台数は，20倍以上拡大したことになる。こうした数字の動きは，1970年代には日本車の輸出が急増したが，1980年代になると，輸出から現地生産へのシフトを迫られたことを物語っている。

　ここで，国内の生産台数や海外への輸出台数を見ると，21世紀に入り日本

● 表 4-4：日本の自動車メーカーの国内生産と海外生産

(単位：台)

年度	日本メーカー					世界の四輪車生産台数	日本メーカーの占める割合
	四輪車国内生産台数	四輪車輸出台数	輸出台数/生産台数	四輪車海外生産台数	海外生産比率		
1970	5,289,157	1,086,776	20.5%				
1975	6,941,591	2,677,612	38.6%				
1980	11,042,884	5,966,961	54.0%				
1985	12,271,095	6,730,472	54.8%	891,142	6.8%		
1990	13,486,796	5,831,212	43.2%	3,264,940	19.5%		
1995	10,195,536	3,790,809	37.2%	5,559,480	35.3%		
2000	10,140,796	4,454,885	43.9%	6,288,192	38.3%	58,374,162	28.1%
2005	10,799,659	5,053,061	46.8%	10,606,157	49.5%	66,719,519	32.1%
2010	9,628,875	4,841,460	50.3%	13,181,554	57.8%	77,583,519	29.4%
2015	9,278,321	4,578,078	49.3%	18,094,876	66.1%	90,780,583	30.2%
2018	9,729,594	4,817,470	49.5%	19,965,959	67.2%	95,634,593	31.1%

注：四輪車には，乗用車，トラック，バスを含む。海外生産比率は，海外生産台数÷（国内生産台数+海外生産台数）／出所：日本自動車工業会。ただし，世界の四輪車生産台数は，国際自動車工業連合会（OICA）

の自動車メーカーは，大幅な縮小を迫られてきたという解釈になってしまう。しかし，日本車の製造拠点は，日本国内からアメリカや中国をはじめとした海外に移り，海外生産が飛躍的に拡大した。**表 4-4** が示すように，21 世紀に入って世界の四輪車生産台数は，2000 年度の 5837 万台から 2018 年度には 9563 万台にまで 60% 以上も拡大した。そうしたなかにあって，日本の自動車メーカーは，常に 3 割のシェアを占めてきた。

日本の自動車メーカーは，海外に進出することによっていっそう発展してきたといえる。

COLUMN

レクサス LS400 の大成功

本文でも述べたように，1980 年代に入ってアメリカに生産拠点を移した日本の自動車メーカーは，ヨーロッパの自動車メーカーと切磋琢磨することで，大衆車だけでなく高級車の市場でも成功をおさめてきた。

　そのなかで最も成功した事例の 1 つは，トヨタが 1989 年に発表したレクサス LS400 である。レクサスは，ヨーロッパの高級車並みの走行性能，居住性，快適性を備えていたにもかかわらず，販売価格が格段に安かった。当時，ヨーロッパメーカーの高級車は，5 万ドル（1989 年の円ドルレートで換算すると 690 万円）が相場だったにもかかわらず，レクサスは 3 万 5000 ドル（483 万円）で値付けされた。格安の値段で高級車を手に入れられるということで，LS400 はアメリカ市場で大成功をおさめた。

レクサス LS400（トヨタ自動車）

　トヨタのレクサスは，ホンダのアキュラ，日産のインフィニティとともに，アメリカ市場での成功を梃子に，2005 年，最先端の高級車として日本市場にも投入された。

　　資料：webCG，2020 年 3 月 26 日，『自動車ヒストリー』の第 71 回「日本車の輸出拡大
　　　　と現地生産」

【　用語解説　】

❶ アメリカ自動車メーカーのビッグスリー

　ビッグスリーとは，ゼネラルモーターズ，フォード・モーター，クライスラーを指している。いずれのメーカーも，ミシガン州に拠点を置いている。自動車産業は，20 世紀を通じてアメリカ経済の象徴的な存在であった。

❷ オイル・ショック

　オイル・ショックとは，原油価格が高騰し，ガソリンを含む石油関連商品が急騰する現象を指している。1970 年代に 2 回のオイル・ショックが起きた。第 1 次オイル・ショックは，1973 年 10 月の第 4 次中東戦争を契機とし，第 2 次オイル・ショックは，1979 年 1 月のイラン革命直前に始まった。

❸ 省エネルギー車

　省エネルギー車（略して省エネ車）とは，同じガソリンの量でより長く走行できる自動車を指している。ガソリンなどのエネルギー消費を省くことができるという意味で省エネと呼ばれている。

❹ 四輪車

　四輪車というと，乗用車を思い浮かべるが，トラックやバスも含まれる。なお，バイクは，二輪車といわれる。

—— No. 4-2-1 ——

企業の法的責任と社会的責任

→ POINT 企業の法的責任と社会的責任について理解を深めよう。

企業のステークホルダーとは？

企業の社会的責任とは，企業のステークホルダー ❶ に対して貢献する自主的な責任❹を意味しているが，言葉の意味を１つ１つ説明していこう。

まず，企業のステークホルダーは，企業と利害関係を持っている者を指しているが，**図4-3** が示すように，以下のような関係者が含まれる。

- 株主
- 債権者（企業に資金を貸している銀行など）
- 従業員
- 取引先（仕入れ先や卸売り先）
- 顧客（消費者）
- 地域社会 ❷
- 市民社会 ❸
- 国際社会（**No. 4-2-3** で説明）

最後の地域社会，市民社会，国際社会は，特定の関係者というよりも，さまざまな関係者の集まりと考えた方がよい。

ステークホルダーに対する法的責任

それでは，こうしたステークホルダーたちに企業が負っている責任❹とは，どのようなものなのであろうか。実は，同じ「責任」であっても，性格の異なる２つの意味の「責任」❹がある。

第１の意味の責任は，英語で liability ❹ という法的な責任❹ である。この意味の責任は，文字どおり法律によって定められている責任となる。

No. 2-1-9 で見てきたように，独占禁止法は，企業が消費者や取引先の利害

◆ 図 4-3：企業のステークホルダー

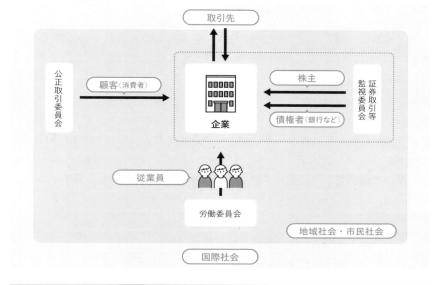

を著しく侵害するような行為を禁止している。たとえば，少数の企業がカルテルを結んで，消費者に不当に高い値段で販売することを禁じている。また，企業が取引先に対して安値での仕入れや高値での卸売りを強いることも禁じられている。公正取引委員会は，企業が独占禁止法を守っているかどうかを常に監視している。

　また，**No. 2-1-10** で見てきたように，労働組合法は，企業が従業員（労働組合員）に対して不当な労働行為を行うことを禁じている。労働委員会は，企業に対して不当労働行為の是正を命じることができる。

　同じく **No. 2-1-10** で見てきたように，金融商品取引法は，株主や債権者などの投資家に対して企業が不公正な取引をすることを禁じている。証券取引等監視委員会は，企業が投資家の利益を侵害するような不正取引をしていないかを監視している。

　なお，株主の利益を最大限に実現するように企業経営者に働きかける仕組みは，コーポレート・ガバナンス ❺（企業統治）と呼ばれている。当然ながら，企業が会社法や金融商品取引法を守ることは，コーポレート・ガバナンスにおいて最優先の事項である。

ステークホルダーに対する社会的責任

第 2 の意味の責任は，英語で responsibility ❹ という**自主的な責任** ❹ である。「企業の社会的責任」は，英語で Corporate Social Responsibility（CSR と略されている）であり，自主的な責任を意味している。第 2 の責任は，第 1 の責任のように法律に定められていることだけに企業が責任を負うというのではない。むしろ，企業の社会的責任は，地域社会や市民社会を含めて，あらゆるステークホルダーに対して，自主的な活動として責任を果たしていく企業行動を指している。

企業の社会的責任の中身については，次の **No. 4-2-2** で詳しく見ていこう。

COLUMN

金融危機と粉飾決算

粉飾決算とは，企業が損失を隠し，収益を過大に計上して，企業の経営状況を実際よりもよく見せることを目的とした不正な会計操作である。株主，投資家，取引先，消費者など，広範なステークホルダーの利益を大きく害することから，**会社法**（特別背任罪など）や**金融商品取引法**（有価証券報告書虚偽記載罪）などの違反で企業経営者は厳しく法的責任を問われることになる。

これまでの粉飾決算の事例を見ると，金融危機の影響を受けて巨額の損失を被った企業が粉飾決算を行うことが少なくなかった。とくに，**No. 2-3-3** の COLUMN で見てきたような 1989 年末から生じた株価暴落（資産価格バブルの崩壊）や，**No. 3-3-4** で見てきたような 2007 年から 2008 年の世界金融危機（リーマン・ショックを含む）では，日本を代表する老舗の大企業さえ，損失の穴埋めのために粉飾決算に手を染めた。

かつては四大証券会社（ほかに野村證券，大和證券，日興證券）のうちの 1 つでもあった山一證券（1897 年創業）は，資産価格バブルの崩壊で被った巨額の損失を帳簿に記載しないように隠していたことが 1997 年に発覚し，自主廃業に追い込まれた。山一證券は，会社創立百年目という節目の年に幕を閉じた。

繊維や化粧品の事業で有力なメーカーのカネボウ（1887 年創立）は，資産価格バブルの崩壊以降，粉飾決算を繰り返してきた。カネボウは，粉飾決算が発覚する

と，2005 年に東京証券取引所の上場を廃止され，2007 年に会社の解散が決定された。カネボウは，120 年にわたる歴史の幕を閉じた。

　代表的な光学機器・電子機器メーカーのオリンパス（1919 年設立）も，資産価格バブル崩壊時に出した多額の損失を長い期間にわたって帳簿から隠してきた。そうした粉飾決算は，2011 年にようやく発覚した。オリンパスは，会社を存続させたものの，刑事と民事の両面で法的責任が厳しく追及された。

　大手電機メーカーである東芝（1875 年創業）は，リーマン・ショックで大幅に落ち込んだ収益を水増しするために 2009 年から 2014 年にかけて粉飾決算を行った。2015 年に粉飾決算が発覚して以降，東芝は経営危機に陥った。東芝も会社を存続できたが，倒産を回避するために有力な事業部門を手放さざるをえなくなった。

【 用語解説 】

❶ ステークホルダー

　ステークホルダーとカタカナで表される stakeholder は，本来，「掛け金を保管する人」を意味したが，そこから転じて利害関係者の意味となった。

❷ 地域社会

　ここでの地域社会とは，企業が立地する地域の住民や地方自治体から構成される社会を指している。

❸ 市民社会

　市民社会とは，人々が対等かつ自由な立場でさまざまな地域活動に参加している社会を指している。

❹ liability と responsibility

　日本語で「責任」と表される言葉は，英語では，liability と responsibility という 2 つの言葉で表される異なった意味がある。

❺ コーポレート・ガバナンス

　企業統治と訳されるコーポレート・ガバナンス（corporate governance）とは，会社経営者を厳しく監視・監督することによって，法令を遵守させ，管理監督責任を全うさせる仕組みを指している。

企業の市民社会への責任

POINT 企業が市民社会に対して
どのような責任を負っているのかを理解しよう。

従来の CSR と新しい CSR

日本の企業は，これまで企業の社会的責任（以下，英語の略語を用いて CSR とする）を狭くとらえる傾向があった。第 1 に，**No. 4-2-1** で論じてきたような法的責任として社会的責任を理解するのが普通であった。たとえば，企業は，独占禁止法や金融商品取引法を形式的なレベルで守っていれば，社会的な責任を果たしていると考えていた。

第 2 に，社会的責任は，企業の収益の範囲で果たしていくという考え方が根強かった。逆にいうと，社会的責任を果たすことは，企業が自らの収益を犠牲にすると考えられていた。

しかし近年，日本企業のなかでも，関連する法律だけでなく，広く社会の要請に対して，企業が責任（responsibility）を果たしていくべきであるという考え方に変わってきた。

また，CSR に関わる出費は，企業収益を犠牲にするコストではなく，企業の価値を向上させる投資という考え方が定着していった。

CSR が重視する項目

新しい CSR は次のような企業行動によって実現が図られてきた。当然ながら，これらの CSR のなかには，法的な責任となっているものも少なくない。
[人権の尊重と雇用環境への配慮] 市民社会で尊重しなければならない人権については，さまざまな立場の人々にとって働きやすい雇用環境を実現することが企業に求められた。具体的には，企業が以下のような職場ルールを設けるようになった。

- 職場での女性，障害者，高齢者に対する差別 ❶ やハラスメント ❶ の禁止。
- 児童労働 ❷ によって生産した製品の不買。
- 労働組合活動の尊重。

- 職場の安全や衛生の管理。
- 不当に長い労働時間や過度に低い賃金の禁止。
- 従業員の子育ての支援（産休❸や育児休業❸）。

［**市民社会と地域社会への貢献**］　企業は，市民社会や地域社会への貢献にも積極的に取り組むことが求められるようになった。たとえば，企業は，NPO（非営利団体）❹などの市民団体と協力して，地域活動，社会貢献活動，教育，文化，芸術，スポーツへの支援をするようになった。また，**No. 4-1-1**で述べたように，企業が海外に進出する場合には，その企業がそれまで事業を展開してきた地域の住民とともに，進出後の地域プランについて積極的に話し合う機会を持つようになった。

　企業は，経営者や従業員が一市民としてボランティア活動❺などで社会に貢献することを奨励するようにもなった。

［**環境への配慮**］　企業が環境問題に配慮することについては，従来のCSRでも考慮されていたが，新しいCSRではいっそう求められるようになった。そうした企業の環境配慮行動には，グリーン調達❻，土壌・地下水の汚染状況の把握，二酸化炭素排出量の削減❼，再生可能エネルギー❽の導入が含まれる。

［**企業統治（コーポレート・ガバナンス）の向上**］　企業統治の向上は，当然ながら，新しいCSRでも重要な課題となった。企業は，独占禁止法，金融商品取引法，労働組合法などの法律を遵守しながら，不当な行為や不正な取引を極力排除する。一方，企業は，万が一，不正な取引などの不祥事が自社で起きてしまった場合には，すみやかに社会に対して情報を公開する。また，企業統治には，会社業務が適切であることを確保するための体制作りも含まれる。こうした体制は内部統制と呼ばれている。さらには，新しいCSRでは，情報システムの安全性や自然災害時での危機対応が高いレベルで求められている。

COLUMN

CSR ランキング

　『週刊東洋経済』という日本でも最も古い経済誌は，毎年，「東洋経済CSR企業ランキング」を公表している。このランキングは，人材活用，環境，企業統治，社会性の面で企業を評価している。さらには，新しいCSRでは，社会的責任を果た

表 4-5：CSR・財務の総合ランキング

	1 位	2 位	3 位	4 位	5 位
2010 年	パナソニック	トヨタ自動車	シャープ	富士フイルム	デンソー
2011 年	トヨタ自動車	ソニー	パナソニック	富士フイルム	本田技研工業
2012 年	富士フイルム	トヨタ自動車	ソニー	富士通	シャープ
2013 年	トヨタ自動車	富士フイルム	NTT ドコモ	ソニー	日産自動車
2014 年	NTT ドコモ	富士フイルム	日産自動車	キヤノン	トヨタ自動車
2015 年	富士フイルム	NTT ドコモ	デンソー	富士ゼロックス	日産自動車
2016 年	富士フイルム	富士ゼロックス	小松製作所，ブリヂストン		NTT ドコモ
2017 年	富士フイルム	ブリヂストン	KDDI	小松製作所	NTT ドコモ
2018 年	NTT ドコモ	KDDI	ブリヂストン	小松製作所	花王
2019 年	NTT ドコモ	KDDI	花王	ブリヂストン	富士フイルム
2020 年	KDDI	NTT ドコモ	日本電信電話	花王	富士フイルム

注：色付けしている企業は，5 回以上登場している企業／出所：週刊東洋経済『東洋経済 CSR 企業ランキング』

表 4-6：2019 年の部門別ランキング

	1 位	2 位	3 位	4 位	5 位
CSR 合計	SOMPO ホールディングス	丸井グループ	イオン	NTT ドコモ	KDDI，トヨタ自動車
人材活用	花王	全日本空輸	SOMPO ホールディングス	SCSK	ワコール，みずほフィナンシャルグループ
環境	イオン	SOMPO ホールディングス	富士フイルム，ダイキン工業，デンソー，キヤノン，トヨタ自動車，サントリー食品インターナショナル，本田技研工業，丸井グループ，ローム，東芝，ダイフク，ケーヒン		
企業統治・社会性	NTT ドコモ	オムロン	ブリヂストン，リコー，帝人		
財務	キーエンス	東京エレクトロン	SUBARU	NTT ドコモ	アステラス製薬

出所：表 4-4 と同じ

すことと企業価値を向上させることが両立するという考え方に立っているので，企業経営の健全性や企業の収益性を示す財務についても評価される。

表 4-5 は，すべての観点（すなわち，人材活用，環境，企業統治，社会性，財務に基づいた総合評価）からベスト 5 のランキングを，2010 年から 2020 年までまとめている。この表によると，上位 5 社は，10 年の間に，家電メーカー（パナソ

ニック，ソニー，シャープ）や自動車メーカー（トヨタ自動車，本田技研工業，日産自動車）から，通信サービス（NTT ドコモ，KDDI，日本電信電話〔NTT〕）に移ってきた。しかし，富士フイルムのように 11 年間（2018 年を除いて），常にベスト 5 に登場している企業もある。

　一方，**表 4-6** は，2019 年について，部門ごとにベスト 5 までのランキングをまとめている。CSR 合計とは，人材活用，環境，企業統治・社会性に基づいてのランキングである。財務も含めた総合ランキング（**表 4-5**）で 2019 年に上位 5 位に入っている企業（NTT ドコモ，KDDI，花王，ブリヂストン，富士フイルム）は，財務以外の部門でも上位 5 位に入っている。

【　用語解説　】

❶ 職場での差別とハラスメント

　職場での差別は，性別や年齢，国籍などを理由にして待遇を引き下げることを意味する。
　一方，職場でのハラスメントは，上司が部下に対して嫌がらせをすることなどを指す。

❷ 児童労働

　安い賃金で児童を働かせること。途上国では，グローバルに活動する企業が，児童を労働に従事させている事例もある。

❸ 産休，育児休業

　産休は，女性が産前や産後に休業を取得することを指す。
　育児休業は，男性，女性に関わりなく，1 歳になるまでの子供を育てるための休業をいう。

❹ NPO

　NPO は，nonprofit organization の略で，営利を目的とせずに社会貢献活動をする市民団体をいう。日本語では非営利団体などと呼ばれている。

❺ ボランティア活動

　自発的に社会に奉仕する活動を指す。

❻ グリーン調達

　企業が原材料の調達などの際に「環境にやさしい」製品を極力購入することを意味する。

❼ 二酸化炭素排出量の削減

　地球温暖化の原因になっているとされる二酸化炭素の排出量を削減すること。

❽ 再生可能エネルギー

　太陽光や風力を用いたエネルギーで，二酸化炭素を排出しないもの。

企業の国際社会への責任

　企業が国際社会に対して
　　　どのような責任を負っているのかを理解しよう。

経済のグローバル化と CSR

　第3-2節で見てきたように，各国の企業は，生産拠点をグローバルに展開してきた。一方，第4-1節で見てきたように，途上国や新興国は，経済特区を設けてグローバルな企業を積極的に誘致してきた。その結果，個々の企業は，世界中の市民や企業との結びつきが強まった。そして，企業は，自国の市民社会に対してだけでなく，国際社会に対しても責任を果たしていかざるをえなくなった。

　たとえば，日本国内の労働環境は確かに改善し，児童労働は禁止され，職場の安全性や衛生状態は向上してきた。しかし，途上国の労働市場では，児童が低賃金で働かされ，労働者が劣悪な職場環境に置かれることも少なくない。そうした国の企業から製品を購入している企業は，グローバルなレベルで見ると社会的責任を果たしていないことになる。

　このように，経済がグローバル化していく環境にあっては，CSR（企業の社

約1100人が犠牲となったバングラデシュの縫製工場倒壊事故現場
（2013年，AFP＝時事）

○ 図 4-4：国連開発計画が提唱する SDGs のポスター

提供：国連開発計画「持続可能な開発目標」https://www.un.org/sustainabledevelopment/（本書の内容は国連によって承認されたものではなく，国連やその関係者，加盟国の見解を反映したものではありません）

会的責任）は，国内レベルだけでなく，グローバルなレベルで取り組んでいく必要がある。以下では，グローバルなレベルでの CSR のあり方を見ていこう。

国際機関からの CSR の要請

　グローバルなレベルでの CSR への要請で最も重要なものは，国際連合 **❶** の補助機関である国連開発計画が 2015 年に採択した SDGs（Sustainable Development Goals，持続可能な開発目標）であろう。SDGs は，持続可能な社会 **❷** を実現するために行政，市民団体，民間企業，そして，1 人 1 人の市民が達成すべき目標が掲げられている。**図 4-4** が示すように，SDGs は 17 項目にわたっている。民間企業にとっては，SDGs を達成するということは，まさに，グローバルなレベルで CSR を実践していくことである。

　他の国際機関も，グローバルなレベルで民間企業に対して社会的責任を果たしていくことを求めてきた。たとえば，ILO（国際労働機関） **❸** は，1977 年に「多国籍企業 **❹** 及び社会政策に関する原則の 3 者宣言」を採択し，その後も改訂を重ねてきた。ここでいう「3 者」とは，政府，労働者，雇用者（企業）を指している。

　OECD（経済協力開発機構） **❺** も，1976 年に「雇用・労使関係や環境などに

ついて責任ある企業行動を求める指針」を策定し，2000年の改訂からは「多国籍企業行動指針」を定めてきた。

ISO（国際標準化機構）❻が2010年に発行したISO 26000と呼ばれる「社会的責任に関する手引き」は，政府，消費者，企業，労働組合，大学などが果たすべき社会的責任のガイドラインとなった。

民間投資家からのCSRの要請

企業に株式投資をする年金基金❼や資産運用会社も，投資先の企業に対してCSRを求めている。すなわち，これらの民間投資家は，企業の環境（Environment），社会（Social），ガバナンス（Governance，企業統治の意味，**No. 4-2-1**の用語解説を参照）への取り組みを重視して企業の株式に投資するようになった。こうしたCSRへの取り組みを重視した株式投資は，それぞれの観点の頭文字をとって**ESG投資**と呼ばれている。

ESG投資が世界的な広がりを見せたのは，国際連合が2006年に責任投資原則（Principles for Responsible Investment，PRIと略）でESG投資を組み入れることを提唱したからである。2019年3月末で2400近い年金基金や資産運用会社がPRIに署名した。

このように国際機関と民間投資家からの要請を受けた企業は，CSRをグローバルなレベルで取り組まざるをえなくなった。

COLUMN

年金積立金管理運用独立行政法人（GPIF）とESG投資

年金積立金管理運用独立行政法人（GPIF）は，日本の公的年金である厚生年金と国民年金の積立金の管理・運用を行っている独立行政法人（厚生労働省所管）である。GPIFは2006年に設立された。

GPIFも2015年にPRIに署名した。GPIFは，直接，株式投資をするわけではないが，GPIFから運用を受託している金融機関に対してESG投資を考慮することを強く求めている。

GPIFは，2017年から投資先企業のCSRの取り組みを指数化したESG指数を採用し始めた。採用されたESG指数には，(1)CSRへの取り組みを総合的に評価したものと，(2)CSRの個別分野での取り組みを評価したものがある。後者のESG指数では，環境への配慮や女性活躍の取り組みが評価されている。

【　用語解説　】

❶　国際連合

国際連合は，1945 年に国際平和と国際協力の実現のために設立された国際機関である。2020 年 4 月現在で，193 カ国が加盟している。

❷　持続可能な社会

持続可能な社会とは，将来の世代が必要とするものを損なうことがないように，現在の世代が地球環境や自然環境を大切にする社会を意味している。

❸　ILO（国際労働機関）

ILO は，1919 年に世界の労働者の労働条件と生活水準の改善を目的として創設された国際機関である。2016 年で 187 カ国が加盟している。

❹　多国籍企業

複数の国に生産や販売の拠点をもってグローバルに活動する大企業。

❺　OECD（経済協力開発機構）

No. 3-2-1 を参照。

❻　ISO（国際標準化機構）

ISO は，1947 年に設立された非政府組織である。ISO は，さまざまな分野において，工業製品の設計や技術利用において国際的な標準となる国際規格を策定している。

❼　年金基金

年金基金は，老後の所得を確保するために積み立てられた資金を運用する機関投資家である。年金基金は，公的年金と私的年金に分かれる。COLUMN で紹介している GPIF が運用している年金基金は，公的年金のうち，厚生年金と国民年金を対象としている。

── No. 4-3-1 ──

企業と世界との関わり（その1）
── 地域から，市民から，そして，自然環境から

> ● POINT 　企業と世界との関わりを地域，市民，自然環境の視点から見ていこう。

企業が世界と関わるとは

　第4-3節は，理屈や統計を中心に議論してきたこれまでの章や節とは異なって，日本企業によるグローバル化の具体的な取り組みを紹介してみよう。最初に **No. 4-3-1** では，ローカルな企業や生産者がグローバルな展開をしているケースを見ていく。これらの企業は，地域の豊かな自然環境や多様な歴史を踏まえてグローバル化に取り組んできた。また，中小企業がグローバルなレベルで環境問題や人権問題に向き合ってきた事例も紹介する。

世界で高い評価を受ける日本の食品

　これまで日本の農産物輸出については，アメリカなどで大規模に生産される農産物に価格面で太刀打ちできないといわれてきた。しかし，21世紀に入って，りんご，いちご，ぶどう，桃などの高級果物や，たまねぎ，かぼちゃ，じゃがいも，白菜，レタスなどの高級野菜は，アジアの国々を中心に品質面で高い輸出競争力を持つようになった。

　たとえば，甘くて柔らかい日本産いちごは，台湾や香港などの東南アジアの国々では，きわめて人気が高い。ただし，果物の輸出は，外国に輸出する過程で傷みやすく

香港での陽苺の販売の様子

品質を保持することが難しい。いちご生産量が日本一の栃木県にある観光いちご園では，2020年初からの新型コロナウイルスの感染拡大で，来場者が大幅に減少した。そこで，栃木県，益子町，生産者，輸出業者などが協議を重ね，販路拡大の一環として「陽苺」というブランドの輸出に踏み切った。この

酒蔵の様子（大七酒造）

取り組みによって，産地から直接空港へ輸送することにより，輸出国によっては翌日，現地での店頭販売が可能となった。

　いちごの栽培方法も飛躍的に進歩してきた。宮城県の亘理郡山元町にある農業生産法人 GRA は，ビニールハウス内で一定の気温を保ち，土壌の代わりにヤシ殻を利用した養液栽培によって高品質のミガキイチゴを生産することに成功した。ここでヤシ殻を用いるのは，ヤシ殻であれば，与えた養液の栄養分から排出液に含まれる栄養分を差し引くことで，どれだけイチゴが栄養分を吸収したかを正確に把握することができるからである。こうして栽培されたミガキイチゴは，東南アジアや南アジアの国々に輸出された。また，インドではミガキイチゴの栽培が試みられたこともあった。

　日本の酒類のなかには，輸出競争力が非常に高いものも少なくない。たとえば，福島県二本松市にある大七酒造は，新しい精米技術を開発し，高級な清酒ブランドを海外で販売するようになった。大七酒造の清酒は，世界的なワインコンテストでも，非常に高い評価を受けている。

グローバルにデビューするローカルな木工品

　日本の高級木工製品も，海外の市場で人気を博している。福島県南会津郡にあるマストロ・ジェッペットは木製玩具を製造し，香港や台湾などの海外市場に積極的に進出してきた。そもそも，南会津は木材の町としての歴史があり，「あかべこ」など郷土玩具の伝統がある地域であるが，そこにイタリアでも活躍してきたデザイナーが加わり，新しい木製玩具のブランドを確立してきた。

　広島市の家具メーカーであるマルニ木工は，高名なデザイナーが設計したデ

木製玩具の製作工房（マストロ・ジェッペット）／手作業で仕上げている美しい椅子（マルニ木工）

ザインの木工椅子の製造に成功した。この椅子の製造過程はできるだけ機械化を進めているが，最後は職人の手で磨き仕上げている。マルニ木工の椅子は，アメリカ・カリフォルニアにあるアップル本社にも数千脚納品された。

大阪万博のパビリオンで登場したテント建築

　大阪市に本店を置くテント構造物のメーカーである太陽工業は，1970年に大阪で開催された日本万国博覧会（大阪万博）が世界的なデビューとなった。大阪万博の会場に建ち並んだパビリオン（展示館）のいくつかは，太陽工業が開発したテント構造物技術によってはじめて可能となったものである。その斬新なデザインは，テント構造物の新たな可能性を世界に示した。

グローバルな環境問題や人権問題への取り組み

　グローバルな社会で環境問題や人権問題などの社会的な課題に取り組んでいる日本の企業や団体も少なくない。東京都に本社を置く電気自動車メーカーのテラモーターズは，バングラデシュ，ベトナム，フィリピンで現地生産を開始した。現在は，インドとネパールに工場を集約し，二輪車や三輪車の製造・販売を行っている。これらの国は，ガソリン車からの排気ガスによる大気汚染が深刻であった。テラモーターズは，現地でニーズの高い二輪車や三輪車を電気自動車の形で提供することで，環境問題の改善にも

大阪方博のパビリオンで用いられた多彩なテント建築（共同提供）

アジアで活躍する電動三輪自動車（テラモーターズ）／国際フェアトレード認証（dpa/時事通信フォト提供）

寄与してきた。

　また，貿易の「公正さ」が問われるようになったのも，モノのグローバル化の最近の特色といえる。開発途上国から原料や製品を不当に安く買うのではなく，適正な価格で継続的に買い取る取引を「**フェアトレード**」（公正な貿易）という。**国際フェアトレード認証**という枠組みでは，コーヒー，紅茶，バナナ，チョコレート，綿などの途上国の輸出品について，①生産者の安全な労働環境が保証されているのか（社会的基準），②危険な農薬や薬品が使われていないのか（環境的基準），③途上国の生産者から適正な価格で継続的に購入しているのか（経済的基準）といった3つの基準が守られている材料や製品だけを貿易する。フェアトレード・ジャパンという非営利法人は，コーヒー，紅茶，綿などの輸入，製造，販売に携わる日本の業者に対して主として経済的基準が満たされていることを認証している。認証された商品には，国際フェアトレード認証ラベルが貼付されている。

企業と世界との関わり（その2）
—— 外国人から，女性から，そして，シニアから

POINT 企業と世界との関わりを外国人，女性，シニアの視点から見ていこう。

多様な人材に担われる企業のグローバル化

No. 4-2-2 で議論したように，新しい CSR では，広範で多様なステークホルダーによって企業の活動が担われていくべきだと考えられている。企業のグローバル化についても，同じように考えてよいであろう。とくに，企業の従業員の多様化は，非常に重要な要素となる。**No. 4-3-2** では，多様な人材，すなわち，外国籍社員，女性社員，シニアの社員によって企業のグローバル化が担われている事例を紹介していこう。

外国籍社員に担われるグローバル化

ポンプ，コンプレッサ（圧縮機），送風機，半導体製造装置に関わる機器など社会・産業インフラを支える産業機械メーカーである荏原製作所は，外国籍社員の採用や登用に積極的である。

2011〜20 年の 10 年間について荏原製作所による新卒採用を見ていくと，586 名の総合職に対して，外国籍社員は 141 名（うち女性 41 名）と社員の約 4 分の 1 を占めた。国籍別に技術系と事務系に分けると，中国が 33 名／14 名，韓国が 14 名／14 名，インドが 28 名／0 名，台湾 25 名／2 名，アメリカ 0 名／4 名であった。海外の大学から採用する割合は技術系に多く（98 名中 92 名），日本国内の大学から採用する割合は事務系に多い（43 名中 33 名）。

荏原製作所が外国籍社員を本社採用するのは，(1) 能力・意欲の面で優秀な人材を確保できる，(2) 会社全体のグローバル化を推進する，(3) 戦略的重点地域の出身者を採用する，といった目的がある。一方，外国籍社員にとっての荏原製作所の魅力は，技術力の高さ，安心・安全な労働環境，処遇や福利厚生の高さ，同じ出身国の社員がいる，などがあげられている。

それでは，外国籍社員は，入社後にどのようなキャリアを進むのであろうか。

入社当初は，会社が外国籍社員をさまざまな面でサポートしている。入社後3年間は，週2回から3回程度の日本語クラスの受講が推奨されている。入社5年目までは，母国への帰省の交通費が補助されている。入社2年目までは，キャリア形成・開発サポートの一

荏原製作所の社員食堂のメニュー

環で母国語によるキャリアに関するインタビューも行われる。社員食堂では，ベジタリアンに配慮した食事も提供されている。

しかし，入社3年から5年を経過すると，日本人社員と外国籍社員は，キャリア形成の面でまったく差がなくなる。

国内グループ会社からの海外勤務者は，2019年で176人に達するが，そのうち14名が外国籍社員であった。逆に，国内グループ会社が海外グループ会社から受け入れた研修生や出向者は，2014～19年の間で56名に達した。

荏原製作所は，2019年現在で国内グループ会社で8236名，海外グループ会社で8804名と海外グループ会社の従業員の方が多いが，将来的には国内グループ会社と海外グループ会社の人事交流を積極的に進めていこうとしている。このように日本企業は，人材面でもグローバル化を着実に推進してきている。

女性社員に担われるグローバル化

花王は，洗剤，石鹸，化粧品の大手メーカーであるが，女性社員の積極的な採用や登用でも有名である。花王を含む日本の化粧品メーカーは，「おもてなし」の精神に基づいた対面販売を国内で展開してきたが，化粧品事業のグローバル展開でも対面販売を主軸としてきた。海外での化粧品対面販売を支えてきたのが，日本国内で活躍してきた女性美容部員たちである。

花王は，早い時期から化粧品ブランドであるソフィーナをアジア市場に投入してきた。1985年から台湾と香港で，2004年から中国で，2018年からシン

花王の中国の店舗で対面販売する美容部員

ガポールで販売を開始した。日本の経験豊かな美容部員が，短期・長期の出張で，あるいは，長期の駐在を通じて，アジア各国の現地美容部員の教育や育成を担ってきた。

化粧や身だしなみに対する考え方も，接客に対する考え方も，日本とアジアの国々では大きく異なっている。2000年代初めに花王が中国に進出したころ，日本からの美容部員は，地元の美容部員とのコミュニケーションからさまざまな教訓を得てきた。たとえば，日本では当たり前の笑顔での接客が，化粧品ブランドの印象を必ずしも改善するわけではないという，思わぬ発見もあった。

現地の美容部員間の人間関係も，日本とはかなり異なっている。日本であれば，先輩の美容部員が後輩の美容部員を指導するのが当たり前である。しかし，中国では，美容部員は周囲の美容部員を指導する慣習がない。そのため，美容部員の教育担当者を別途育成する必要が出てくる。

このように，海外の進出先の現場では，日本で当たり前と思われていることがなかなか通じないという経験が繰り返されてきた。そうしたなかにあって，日本からの経験豊かな美容部員と現地で採用した新人美容部員は，文化，慣習，価値観の違いについて1つ1つを丁寧に話し合うことで相互理解を進め，信頼関係を築き上げてきた。多様な価値観をお互いに尊重することは，海外に進出するいずれの日本企業にとっても，最も大切な原則なのであろう。海外に派遣された女性社員は，きめ細やかな対応で進出先の従業員との信頼関係を深め，高いレベルでの企業のグローバル化を担ってきている。

海外ビジネス経験の豊かなシニア層に担われるグローバル化

実は，あまり目立たないが，企業のグローバル化を担っている人材には，メーカー，商社，銀行などの金融機関で長い期間にわたって海外ビジネス経験を積み重ねてきた50歳代後半以上のシニア層も含まれている。

こうしたシニアのビジネスパーソンは，これまで働いてきた企業組織のなかにあっても，若干独立した立場で，あるいは，それまでの企業組織から離れて，

日本企業のグローバル化に貢献してきた。

たとえば，**No. 4-3-1** で紹介した農業生産法人 GRA がイチゴ栽培でインドに進出する際には，大手自動車メーカーで海外販売の経験豊かなシニアのビジネスパーソンが，中立的な立場で現地のパートナー企業や会計事務所を紹介した[1]。GRA の海外展開には，こうしたシニアのビジネスパーソンの仲介が必要不可欠であった。

シニアのビジネスパーソンは，日本企業が海外に進出するケースだけでなく，逆に海外の企業や投資家を日本に誘致するケースでも重要な役割を担っている。

日本の金融市場や不動産市場は，その本来の実力に比して，海外からは過小評価されているといわれている。シニアのビジネスパーソンは，それまでに長い期間にわたって培ってきた海外ネットワークを活かして，国内と海外の間に横たわる評価のギャップを埋め合わせる役割を担ってきた。

ここで三井住友信託銀行の取り組みを紹介してみよう。同行では，海外支店や現地法人での勤務が長い 50 歳代後半以上のシニアの社員が，行内にあってもアドバイザーや顧問といった独立した立場で日本の金融市場や不動産市場をアジアの投資家に紹介する業務に関わっている。非常に興味深いのは，シニアの社員が長期にわたって築いてきた個人的なアジア投資家層との関わりを通じて，通常の業務ではなかなか見えてこない投資家のニーズや要望を，行内で共有する役割を担っていることである。

たとえば，アジアの投資家層は，日本社会や経済への強い関心，さらには，尊敬から，日本市場を重要な投資先の 1 つとして位置づけたいと考えているにもかかわらず，そうしたニーズが，日本の金融機関になかなか伝わっていない。加えて，アジアの投資家がいざ日本市場に投資しようとしても，制度や税制上の制約が投資の妨げになっていることが日本国内では十分に認識されていない。シニアの社員は，このようなアジアの投資家層と日本国内の金融機関との間に横たわる認識のギャップを解消してきた。

通常，投資とか金融というと，法人と法人の取引のように考えられているが，本来の金融は，金融機関に勤める社員と投資家という個人と個人の間の健全な信頼関係に支えられている。上のようなシニアの社員によるグローバル化への貢献は，金融本来の姿への原点回帰の側面があるといってもよいかもしれない。

1　日本貿易振興機構活用事例（2014 年 3 月）より（https://www.jetro.go.jp/case_study/gra.html）。

企業と世界との関わり（その3）
―― 先端と伝統

老舗部品メーカーのグローバル化

　製品輸出に持たれていた従来のイメージは，家電製品，工作機械，輸送機器などの最終製品のメーカーが，その製品に特化した部品を自社で製造するか，下請け企業に製造させて，自国の工場で最終製品を組み立て，輸出するというものであった。しかし，**No. 3-2-4** で紹介したように，アメリカのアップル社の製造過程では，製品の仕様に応じて世界中の優れた部品メーカーから先端的な部品が調達され，中国などの生産拠点に集められた。そして，スマートフォンなどの最終製品がそこで組み立てられ，世界中に輸出されるようになっている。

　最終製品メーカーと部品メーカーの関係は，前者の場合，親会社と下請け会社の関係であるが，後者の場合，両者は対等な関係にある。**No. 4-3-3** では，戦前からの歴史を有する老舗の部品メーカーが大企業から受注して生産する体制を脱し，世界中のさまざまな顧客（主として生産設備や機械装置のメーカー）に対して，先端的な部品を，受注サイズの大小にかかわらず，迅速に供給できる体制を整えてきた事例を紹介していこう。

　ここでいくつかお断りを述べたい。第1に，ここで紹介する事例は，特定の部品メーカーの特別な経験というよりも，経済のグローバル化において，製造業が直面してきた普遍的な課題と解釈してほしい。

　第2に，どうしても技術の説明に踏み込まなければならなくなるが，その説明が，適度に不正確で，適度に曖昧になることを了解してほしい。実は，これまでの経済学に関わる説明でも，学術論文のように曖昧さをいっさい廃して正確さを極める書き方をできるだけ避けてきた。適度に不正確になり，適度に曖昧になることで，かえって物事の本質が読み手に正確に伝わるからである。

⬀ **図 4-5：回転運動から直線運動へ**

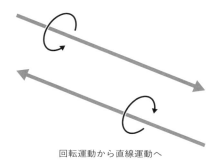

回転運動から直線運動へ

⬀ **図 4-6：2 つのユニットの組み合わせ**

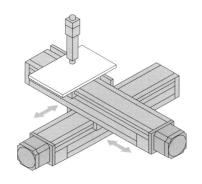

単軸ロボットのケース

　それでは，部品と製品の新たな関係を，単軸ロボット[2]の事例で見ていこう。単軸ロボットは，COLUMN その 1 で詳しく説明しているが，非常に簡単にいうと，ねじの原理を応用して回転運動を直線運動に換える仕組みである。

　技術的には不正確なイメージなのであるが，**図 4-5** のように，時計方向の回転が後進に，時計と逆方向の回転が前進にそれぞれ変換されるような装置を想像してみよう。そして，前後，左右，上下の直線的な動きの背後には，ピストンのような往復運動ではなく，モーターのような回転運動があることを思い浮かべてほしい。なお，ここでいう単軸ロボットは，「ロボット」というよりも，回転運動を直線運動に変換する「仕組み」と考えた方がよい。

　こうした単軸ロボットを 2 つのユニットで直行させれば，前後の運動だけでなく，左右の運動も生み出すことができる（**図 4-6**）。さらに，もう 1 つのユニットを垂直方向に組み合わせれば，前後，左右に加えて，上下の運動も生み出すことができる。

　こうした単軸ロボットが生み出す自在な動きは，医療機器，検査機器，産業用ロボット，半導体製造装置，食品包装機械，3D プリンター（**No. 3-4-2** を参照）などのさまざまな機械装置に応用されてきた。

2　単軸ロボットは，電動アクチュエータ，あるいは，電動作動装置とも呼ばれているが，ここでは，装置のイメージがつかみやすい単軸ロボットの名称を用いていく。

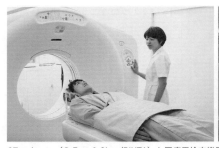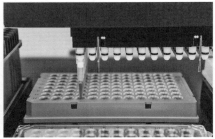

CTスキャン（© Fast & Slow/PIXTA）と医療用検査機器（© iStock）

たとえば，CTスキャナーでは，単軸ロボットの仕組みが，診察台の前後の動きと静止を正確に制御している。医療用検査機器でも，検査薬の注入器の前後，左右，上下の動きは，装置に組み込まれた単軸ロボットによってもたらされている。

単軸ロボットの応用事例

［**単軸ロボットの中核を支える部品メーカー**］　以下では，戦前に創業された老舗の部品メーカーが，単軸ロボットに不可欠な高性能モーターやカップリング（軸継手）などの部品を供給していることを紹介しよう。

オリエンタルモーターは1885年に創業し，1909年にモーター製造を開始した。1945年の東京大空襲で工場が焼失したあと，1950年に株式会社として再出発した。モーター生産の体制も，装置メーカーなどからの受注生産から脱却を図った。生産コストを引き下げ，大量生産できるようにモーターの標準化を進め，顧客がカタログから製品を選ぶ販売スタイルに転換した。

1970年代の2度にわたるオイル・ショックを経て，大量に生産して在庫を持ち，注文に応じるスタイルから，在庫を持たずに「必要なものを，必要なときに，必要なだけ生産する」というスタイルに切り替えてきた。1980年代には，工業用モーターの用途が，動力伝達だけではなく，半導体製造などの制御へと広がってきたが，オリエンタルモーターは，そうした制御用途にも積極的に対応してきた。現在は，国内中心に生産拠点を展開するとともに，国内・海外合わせて100カ所以上に販売拠点を置いている。

オリエンタルモーターが製造する**ステッピングモーター**（COLUMN その2）は，

高い精度で回転量と回転速度をコントロールでき，制御用途において高いパフォーマンスを有している。こうした高性能モーターは，単軸ロボットにおける回転運動の正確な制御に用いられてきた。

岐阜県関市に本社を置く**鍋屋バイテック**は，1560年創業の鋳物業（鉄や銅などを溶かしたものを鋳型に流し込んで器などを製造する事業）として出発した鍋屋から，1940年に分家した機械部品メーカー（当初の社名は，鍋屋工業）である。

鍋屋バイテックも，世界の部品メーカーが対等な立場で最終製品メーカーに対して製造販売していく環境にあってグローバル化を進めてきた。オリエンタルモーターと同様に，さまざまな製品に活用可能な，多種多様で汎用性の高い機械部品を標準化し，カタログに掲載している（現在は基本的にオンラインのみ）。そうした生産体制で，世界のどこにでも迅速に機械部品を納入してきた。

鍋屋バイテックは，単軸ロボットの仕組みにおいて重要な部品である**カップリング**（軸継手，COLUMN その3）についても，開発，製造，販売をしてきた。

こうして，単軸ロボットという仕組み，あるいは，その仕組みを活用した多様な最終製品（CTスキャナー，医療用検査機器，半導体製造装置，食品包装機械，3Dプリンターなど）と，そうした製品を支えるさまざまな部品の関係を見てくると，最終製品と部品の関係が大きく変化したことがわかるであろう。かつては，最終製品の仕様に合わせて部品が受注生産され，部品が最終製品に特化していた。一方，単軸ロボットを通してあぶり出される最終製品と部品の関係から，部品は，ある最終製品に特化したものではなく，さまざまな最終製品に用いられる汎用性を備えたものへと変化してきたことがわかる。

［精密な減速機のケース］　それでは，もう1つの事例として，**精密な減速機**が最終製品と部品の関係を大きく変えてきたことを見ていこう。

減速機の原理は非常にシンプルである。たとえば，小さな歯車と大きな歯車がかみ合っているとしよう。大きな歯車の円周（歯数）は，小さな歯車の円周（歯数）のちょうど2倍とする。この場合，**図4-7**が示すように，小さな歯車が1周すると，大きな歯車は半周しかしない。減速機は，こうした仕組みを活かして，速い回転から遅い回転に換えていく。同時に大きな歯車では，遅くなった分だけ，力強い回転となる。減速性能は，減速の度合いで表すので，この場合は，1対0.5，あるいは，2対1となる。

実は，減速機の原理は，身近なところでも利用されている。5段変速機付き

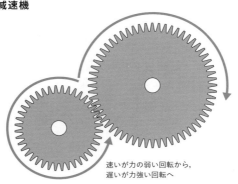

● 図 4-7：精密な減速機

速いが力の弱い回転から，
遅いが力強い回転へ

の自転車では，坂道を登るときには，1 速に入れて，ゆっくりでも，力強い回転を後輪に伝える。一方，坂道を下るときには，5 速に切り替えて，力は弱いが，より速い回転を後輪に伝える。坂を下る場合，変速機が減速機ではなく，増速機の役割を果たしていることになる。

　減速性能が非常に高い精密な減速機は，速く弱い回転運動を，とてもゆっくりとした，しかし，力強い回転運動に変換させることができる。以下では，そうした精密な減速機の発明によって，多彩な最終製品への応用が見出されたことを見ていこう。

　ハーモニック・ドライブ・システムズが製造しているハーモニックドライブ® と呼ばれる減速機[3]（その仕組みは，COLUMN その 4 で説明）は，さまざまなタイプの減速機のなかにあっても，軽量かつコンパクトでありながら，きわめて高い減速性能（最大 320 対 1 の減速性能）を実現した。

　こうした小型，軽量，高精度の減速機が生み出す微細な回転運動によって，人間の脚や腕のみならず，指の動きも正確に再現することが可能になる。たとえば，本田技研工業の開発した 2 足歩行ロボットである ASIMO（アシモ）には，微妙な関節部分の動きを生み出すためにハーモニックドライブ® が数多く使われている。また，手術支援ロボットにも，遠隔にいる外科医の手先の動きを正確に再現するためにハーモニックドライブ® のような精密な減速機が活用

---

[3]　ハーモニックドライブは，ハーモニック・ドライブ・システムズの登録商標であることから，ハーモニックドライブ® と記述している。この精密な減速機は，一般的には波動歯車装置と呼ばれている。

精密な減速機の応用事例：ホンダの ASIMO（アシモ）（時事提供）とパワーアシストスーツ（クボタ）

されている。

　また，非常に高い減速性能を得ることができると，小型のモーターによっても，ゆっくりとした力強い動きを生み出すことができる。精密な減速機は，そうした特性を活かして，介護や輸送の現場で用いられているパワーアシストスーツにも使われている。

　ハーモニック・ドライブ・システムズの歴史も，部品と製品の関係が大きく変わってきたことを如実に物語っている。同社の前身である長谷川歯車は1911 年の創業である。戦前は，大企業に対して大型歯車を納入してきた。たとえば，戦艦の砲台を動かすような超大型の減速機を製造した。戦後も，長谷川歯車は大企業の下請けの地位にあった。

　しかし，1970 年，長谷川歯車は，アメリカの USM 社との合弁でハーモニックドライブ® という最先端の減速機の製造販売に着手することで，脱下請けの悲願を成就しようとした。ただし，当初は，ハーモニックドライブ® の独自性を発揮できる用途がなかなか見つからず，必ずしも売り上げに結びつかなかった。転機となったのは，西ドイツ（当時）の販売拠点でハーモニックドライブ® がカラー印刷機の非常に微細な制御に用いられたことであった。精密な減速機の応用範囲が，動力伝達装置から精密制御装置へと一挙に広がった。その結果，精密制御市場というまったく新しい市場が生まれる契機ともなったのである。1970 年代後半からは産業用ロボットでの使用が始まり，1980 年代以降は半導体などの電子部品の製造装置などの分野で精密な制御を担っている。

製品と部品の新たな関係

　優れた部品メーカーの歩みを振り返りながら，単軸ロボットをめぐって，あるいは，精密な減速機をめぐって，最終製品と部品の関係を考察していくと，両者の関係が根本的に変化してきたことが理解できるであろう。

　当初は，最終製品メーカーが部品の用途を定め，部品メーカーは，製品メーカーの決めた仕様に従って受注生産をしていた。ところが，優れた部品メーカーが自立することによって，「製品メーカーが主，部品メーカーが従」という従来の関係が根本的に変化してきたのである。部品メーカーが生産した汎用部品に新たな用途が見出され，そこから新しい最終製品が生まれてきた。

　確かに，ある汎用部品に新たな用途が見出されたのちの時点に立って事態を見れば，最終製品メーカーが仕様を指定し，部品メーカーがその仕様に従って生産する場合も依然として存在するという意味で，従来の最終製品メーカーと部品メーカーの関係とあまり変わらないように見えるかもしれない。

　しかし，偶然も含めてさまざまな出来事が重なった先に，ある汎用部品に新たな用途が見出されるという長い，長い用途発見プロセスを振り返れば，「**新たな用途が見出された汎用部品が，多様な製品自体を発掘している**」といった方が正確であろう。たとえば，数多くの汎用部品に支えられた単軸ロボットという仕組みは，CT スキャナーや医療用検査機器のために開発されたわけではない。単軸ロボットの仕組みを組み合わせることで生み出される自由自在な運動が，それらの製品の誕生を支えた。精密な減速機にしても，それによって生み出される微細な回転運動が，2 足歩行ロボットや手術支援ロボットを生み出したのである。

　また，技術進歩をめぐる時間の経過についても，考え方をあらためないといけないのかもしれない。ある汎用部品に新たな用途が見出されたのちには，技術は急速な速度で進展する。しかし，ある汎用部品に新たな用途が見出されるまでの時間は，気が遠くなるほど長い。その間，その技術はあたかも停滞しているようにさえ見えるかもしれない。しかし，一見すると停滞期に見える時期においてこそ，技術は飛躍的な進歩を遂げようとしていた。私たちは，前者の急速な技術進歩ばかりに目を奪われ，動きがないように見える後者の時期に潜行していた真の技術革新を見逃しがちである。

　こうして見てくると，今後は，ある企業を最終製品メーカーか，部品メーカ

ーかに分類することも，技術の進歩にそぐわなくなるのかもしれない。家電製品，工作機械，輸送機器などの最終製品メーカーと見られた企業も，グローバル化する経済において，その役割をダイナミックに転換している可能性があるからである。たとえば，家電メーカーと見られていた企業が，実は，高性能なイメージセンサー[4]やバッテリーなどの部品メーカーに転身している事例も少なくない。

　先に見てきたように，ハーモニックドライブ®という精密減速機は，アメリカで発明されたが，日本企業がアメリカのメーカーから技術供与を受けながら生産をし，その欧州販売拠点の西ドイツ（当時）で精密制御装置として新たな用途が見出された。高性能の汎用部品自体が，試行錯誤を繰り返しながら，長い時間をかけて，新たな用途を見出しつつ，新しい製品の誕生を可能にしたという側面も，グローバル化する経済の1つの姿なのであろう。

COLUMN

ザクッとした技術の説明

［その1・単軸ロボットの仕組み］　単軸ロボットは，ねじの原理を応用して回転運動を直線運動に変換する。**図4-8**のように雄ねじ（おねじ）と雌ねじ（めねじ）があると，雌ねじの位置を固定しておいて，雄ねじを右回転させると，雌ねじに入

⟶ 図4-8：雄ねじと雌ねじの関係

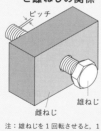

ピッチ

雌ねじ　雄ねじ

注：雄ねじを1回転させると，1つのピッチ分だけ，雌ねじが前進，または，後退する。

⟶ 図4-9：単軸ロボットの仕組み

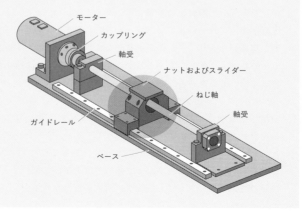

モーター
カップリング
軸受
ナットおよびスライダー
ねじ軸
軸受
ガイドレール
ベース

4　レンズから入ってきた被写体の光をデジタル画像データに変換する部品。撮像素子とも呼ばれている。

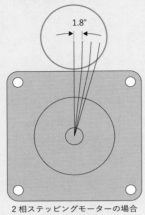

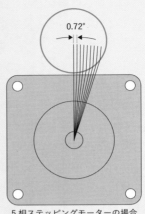

2相ステッピングモーターの場合
（200分割）

5相ステッピングモーターの場合
（500分割）

り込んでいく。左回転させれば，雌ねじから出てくる。ここで，雌ねじでなく，雄ねじの位置を固定すると，雄ねじに対して，雌ねじが入ったり，出たりする。このように，雄ねじに伝えられた回転運動は，雌ねじの直線運動に変換される。また，雄ねじの回転数は，雌ねじの移動距離に比例する。

　それでは，上述のねじの原理に照らして，単軸ロボットの具体的な仕組みを掘り下げて見ていこう。**図4-9**が示すように，単軸ロボットでは，モーターの回転がカップリング（軸継手）を介してボールねじ軸（雄ねじに相当すると考えてほしい）に伝えられる。ねじ軸には，スライダーと呼ばれる台（**図4-9**の青丸）と連結した**ナット**（雌ねじに相当すると考えてほしい）が組み込まれている。ねじ軸の位置が固定されているので，モーターでねじ軸を回転させると，それに伴ってナットと連結したスライダーが直線運動をする。スライダーは直線運動をサポートするガイドレールによって支えられており，スライダーの移動速度，移動方向，停止位置などは，モーターの回転を制御することで調整することができる。

［その2・ステッピングモーター］　ステッピングモーターは，高い精度で回転量と回転速度を制御し，正確な位置決めを実現する。**図4-10**のように，2相ステッピングモーターは，360度を200分割して1.8度の精度で制御し（左図），5相ステッピングモーターは，さらに360度を500分割して0.72度の精度で制御する（右図）。その結果，決められた時間幅で回転の角度を正確に刻むことができる。こうした高性能の制御用モーターは，位置決め精度が重要な産業用ロボットや医療機器，半導体製造装置などで必要不可欠な部品となる。

［その3・カップリング］　鍋屋バイテックは，単軸ロボットの中核部品であるカッ

プリング（軸継手，写真）を開
発，製造，販売している。カップ
リングそのものは，原理的にはシ
ンプルな部品である。しかし，単
軸ロボットで要求されるカップリ
ングは，モーターの軸とねじ軸の
微妙なずれを許容しつつ，モータ
ーの回転をねじ軸に正確に伝える
必要があるために，高度な設計技
術や製造技術が必要とされる。

さまざまなカップリング（鍋屋バイテック）

［その4・精密な減速機（ハーモニックドライブ®）の仕組み[5]］　ハーモニックドラ
イブ®は，固定された真円の歯車の内側に，柔軟に変形する楕円の歯車を組み込ん
だ減速機である。より詳しく見ていくと，**図4-11**が示すように，真円の歯車は**サ
ーキュラ・スプライン**と呼ばれ，内周に歯が刻まれており，歯車自体は固定されて
いる。一方，**フレクスプライン**は薄くて弾力性のある外周に歯が刻まれている歯車
であり，楕円形状をしている**ウェーブ・ジェネレータ**に伝えられた動力で回転す
る[6]。

　上記の基本部品3点を組み合わせると，フレクスプラインはウェーブ・ジェネ
レータによって楕円状にたわめられ，楕円の外周上の点を結んだときに一番長くな
る2点の周辺でサーキュラ・スプラインといくつもの歯がかみ合い，一番短くな
る2点の部分では歯どうしが完全に離れる。2つの大小の歯車を組み合わせたシン
プルな減速機では歯がかみ合うのは1カ所であるが，ハーモニックドライブ®では
歯がかみ合うのが2カ所となるところに大きな特徴がある。2カ所となる分，同時
にかみ合う歯数が多くなることから，フレクスプラインに直結している出力軸に対
して力が効率よく，正確に伝わる。

　ここで，ポイントとなるのが，サーキュラ・スプラインの内周の歯数がフレクス
プラインの外周の歯数よりも2枚分多いところである。ウェーブ・ジェネレータ
を時計方向に回転させると，フレクスプラインはサーキュラ・スプラインのなかを
転がるように形を変えながら，サーキュラ・スプラインとの歯のかみ合い位置が順
次移動する。ウェーブ・ジェネレータが1回転すると，サーキュラ・スプライン
を基軸にして見れば，フレクスプラインがサーキュラ・スプラインの内側の歯にか

5　ここでは，ハーモニックドライブ®の仕組みについて非常に簡単な説明を行っている。より詳しい説明に
ついては，笹原政勝「ハーモニックドライブ®減速機の原理と応用」（『海洋化学研究』第19巻第2号，
2006年11月）などを参考にしてほしい。

6　英語記述では，それぞれ，Circular Spline，Flexspline，Wave Generator と表される。

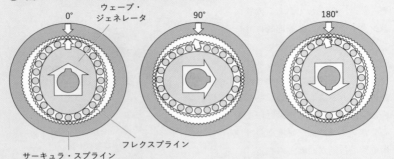

● 図4-11：ハーモニックドライブ® の仕組み

ウェーブ・
ジェネレータ

0°　　　　　　　　90°　　　　　　　　180°

サーキュラ・スプライン　　フレクスプライン

ウェーブ・ジェネレータが時計方向へ180度まで回転すると，フレクスプラインは歯数1枚分だけ，反時計方向へ移動

かって，反時計回りに歯数差の2枚分だけ移動することになる。

　たとえば，100対1の減速性能を得ようと思えば，サーキュラ・スプラインの内周の歯数を202，フレクスプラインの外周の歯数を200とすればよい。ウェーブ・ジェネレータが100回転すると，フレクスプラインが1回ごとに逆方向に2枚分回転していくので，2枚/回×100回転＝200となり，フレクスプラインの外周1周分に相当するからである。もし内周歯数642，外周歯数640とすれば，320対1の減速性能を得ることができる。

　回転の起動や停止，あるいは，回転の方向や速度を精密に制御できるモーターで動力をウェーブ・ジェネレータに伝えれば，フレクスプラインに直結している出力軸に対して，微細な回転を非常に高い精度で制御できることになる。

CHAPTER 5

コロナ禍と
経済のグローバル化

— No. 5-1-1 —

コロナ禍と金融・情報のグローバル化
—— 株式市場の風景

→ **POINT** コロナ禍によって，ヒトやモノのグローバル化が停滞したのに，カネや情報のグローバル化はかえって進展した。なぜなのだろうか？

第5章で紹介する「いくつかの風景」

　第5章では，**ポスト・コロナ**（「新型コロナウイルスが終息したあと」という意味）のグローバル経済を展望するというような大それたことを論じるわけではない。第5章を執筆している 2020 年 11 月時点までに新聞や雑誌の記事，あるいは，書籍の論考で接した「いくつかの風景」を紹介していくので，経済のグローバル化について，この教科書で学んだことの意味をあらためて確かめてほしいと思っている。

　コロナ禍は，経済のグローバル化の本質的な側面をあぶり出すようなところがあって，グローバルな経済社会において私たちが当事者として生きていくうえで，重要で有用な教訓や示唆を与えてくれている。第1章では，**経済社会の不平等化**と**新型コロナウイルスの大流行（パンデミック）**という2つの要因が，経済のグローバル化を再考するきっかけとなったことを指摘してきた。実は，経済社会の不平等化とパンデミックは，相互に影響し合う関係にあって，経済のグローバル化がそうした相互依存関係をいっそう増幅しているようなところがある。グローバル化，不平等化，パンデミックの3者のダイナミックな関係を，ここで紹介する「いくつかの風景」を通じて見ていくことにしよう。

誰も予想しなかった株式市場の動向

　新型コロナウイルスは 2020 年 2 月から中国で大流行し，3月になってアメリカや日本などの国々でもパンデミックの可能性が強く懸念された。そのとき，多くの人々は，コロナ禍の経済へのインパクトが最も深刻に表れるのが株式市場であると信じていた。

図 5-1：日本とアメリカの株価指数（日次）

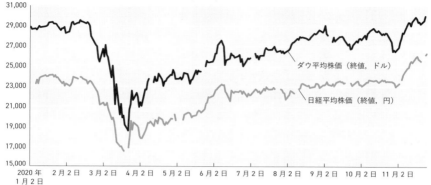

注：日本とアメリカでは，土日以外の休日が一致しないために，ところどころでグラフが途切れることが起きてしまう/出所：日本経済新聞社，S&P ダウ・ジョーンズ・インデックス

　事実，日本やアメリカの株式市場の平均的な株価動向を示す日経平均株価（No. 2-3-3 の COLUMN を参照）やダウ平均株価（No. 2-4-3 を参照）によると，日本やアメリカの株価は，2 月中旬から 3 月下旬にかけて大きく下落した。図5-1 によると，日本では約 2 万 3000 円から約 1 万 7000 円へ，アメリカでは約 2 万 9000 ドルから約 1 万 9000 ドルに暴落した。

　しかし，3 月下旬から 6 月初旬にかけて，日本やアメリカの株価は急回復したのである。日経平均株価は 2 万 3000 円に，ダウ平均株価は 2 万 7000 ドルにそれぞれ回復した。その後，どちらの株式市場も，時々，暴落を経験したが（たとえば，ダウ平均株価は 6 月 11 日に 1 日で 1862 ドル下落している），株価の回復基調は維持された。10 月末にかけて株価が下落する局面があったが，11 月に入ると再び急上昇した。日経平均株価は，11 月 17 日には 1991 年 5 月以来，29 年ぶりに 2 万 6000 円に回復した。ダウ

上げ幅が一時 500 円を超えた日経平均と史上初めて 3 万ドルを突破したダウ平均（共同）

平均株価は，11月24日に3万ドルを突破した。

　4月以降の株価の急上昇には，国境を越えたヒトとモノとの行き来がコロナ禍でひどく停滞したのとは裏腹に，カネや情報の行き来が，国内で，あるいは，国境を越えてきわめて活発になったことが影響しているといわれる。

　インターネットを通じて国内外の経済取引で中核的な機能を果たしてきた**巨大なプラットフォーマー**（**No. 3-4-3**を参照）や情報通信技術を担ってきたIT・ICT企業（**No. 3-4-1**を参照）の株価は，軒並み最高値を更新してきた。**No. 3-4-3**で紹介した**FAANG**とまとめて呼ばれているフェイスブック（F），アマゾン（A），アップル（A），ネットフリックス（N），グーグル（G）は，その代表例といえる。

　世界中の職場でリモートワーク（会社ではなく，自宅などで勤務する形態）に，そして，世界中の学校や大学で遠隔授業・講義（教室ではなく，自宅などで受ける形態）に移行したことから，経済社会自体が一挙に情報通信技術（ICT）へ依存する度合いが高まったのである。また，娯楽サービスを楽しむ場所も劇場や映画館から自宅に移って，インターネットを通じて映画やドラマ番組の配信を受けることが増えた。そうしたことが背景となって，インターネットなどのICTに深く関わる企業の株価が高騰してきた。

　4月以降の株価の回復は，すべての企業の株価が上昇したわけでないところも特徴的であった。インターネットを舞台に収益を拡大したFAANGとは対照的に，国境を越えたヒトやモノの行き来に大きく関係している自動車メーカー，航空機メーカー，石油化学メーカーなどの株価は大きく下落した。また，国境を越えたカネの行き来はコロナ禍でかえって活発になったものの，大手銀行の株価も低迷した。こうした傾向は，最近の金融のグローバル化が，必ずしも大手の銀行や証券会社に担われてきたわけではないことを示唆している。

アメリカ大統領選とワクチン開発の衝撃

　一方，2020年11月以降の日本やアメリカの株価の高騰は，これまで大停滞していたヒトとモノのグローバル化が再び活性化することを期待させる2つのビッグニュースによって先導された。

　第1に，11月3日に実施されたアメリカ大統領選でバイデン民主党候補がトランプ大統領に勝利したニュースは，株式市場にとって好材料となった。トランプ大統領が主導してきた**移民排斥運動**（**No. 3-1-2**を参照）や**保護貿易主**

義（**No. 3-2-5** を参照），とりわけ，深刻化した米中貿易摩擦（**No. 3-2-5** を参照）が，新大統領のもとで解消に向かうことが期待された。アメリカの移民排斥や保護貿易主義が解消されれば，国境を越えたヒトとモノの行き来が再び活発になり，そこでビジネスをしている企業の業績も大幅に改善すると予想されたのである。

　第 2 に，11 月 9 日にアメリカの大手製薬メーカーであるファイザーがドイツの医薬ベンチャー企業ビオンテックと共同して，続いて 11 月 16 日にアメリカの新興製薬メーカーのモデルナが，それぞれ有効性の高い新型コロナワクチンの開発に成功したと発表した。このニュースにより，コロナ禍で破壊された経済秩序が近い将来に回復することが期待され，日本やアメリカを含め，世界中の株式市場が活況を呈した。

　ここで興味深い点は，コロナ禍以前のヒトとモノの行き来が戻ってくることが期待されるやいなや，これまで株式市場を牽引してきた IT 企業の株価が下落し，コロナ禍で株価が低迷してきた自動車メーカーなどの製造業の株価が上昇したところである。

しかし，長い目で見てみると……

　こうして 2020 年 2 月から 11 月の日本とアメリカの株価の暴落と高騰を見てくると，株価動向は，まさにヒト，モノ，カネ，情報のグローバル化の動向を的確に映し出す鏡といってもよいであろう。

　しかし，2020 年 2 月から 11 月の 10 カ月間という比較的短い期間に見せた株価の下落と上昇は，より長い期間で見てみると，決して激しい振幅とはいえないことにも注意をしてほしい。**図 5-2** は，1985 年 2 月からの両国の平均株価を月ごとに見たものである。2020 年 4 月から 11 月の株価上昇は，日本とアメリカで 2009 年 2 月から始まった株価上昇傾向のほんの一部に相当するにすぎない。2009 年 2 月から 2020 年にかけて株価指数は，日本で約 7600 円から約 2 万 6000 円へと 3.4 倍に，アメリカで約 7100 ドルから約 3 万ドルへと 4.2 倍に上昇した。

　一方，2020 年 2 月から 3 月の株価下落も，過去の暴落に比べるとスケールが小さい。たとえば，日経平均株価は，1989 年 12 月から 1992 年 4 月にかけて約 3 万 8900 円から約 1 万 7400 円に 55% 下落した。ダウ平均株価は，2007 年 10 月から 2009 年 2 月にかけて約 1 万 3900 ドルから約 7100 ドルに 49% 下

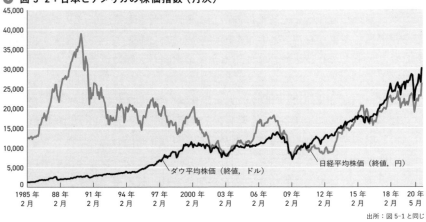

● 図 5-2：日本とアメリカの株価指数（月次）

ダウ平均株価（終値, ドル）

日経平均株価（終値, 円）

出所：図 5-1 と同じ

落した。

　この教科書の読者には，日々刻々と変化する情勢を正確に把握していくとともに，十年，四半世紀（25 年），半世紀（50 年）のタイムスパンでもそれらの情勢を評価するマインドをぜひとも培ってほしい。

No. 5-1-2

コロナ禍と財・サービスのグローバル化
―― 東アジアの新しい貿易体制

> **POINT** コロナ禍で貿易が停滞したことがきっかけとなって，
> 東アジアで新しい貿易体制が築かれつつあることを見ていこう。

まずは，地図をながめてみよう

　この項では，東アジアにおける財・サービスのグローバル化に対してコロナ禍が及ぼした影響を展望していくのであるが，その前に No. 4-1-1 の COLUMN で紹介した地図をもう一度眺めておこう。台湾から中国南部を経由してベトナムまでの沿岸部には，経済特区の都市が連なっていた。本節では，深圳（シェンチェン）市，香港（ホンコン），海南（ハイナン）島の沿岸都市が再び登場する。日本と中国の間で領土問題が生じている尖閣諸島が台湾の北東にあることも確認しておこう。

　また，内陸部の工業都市も出てくる。中国では鄭州（ヂャンヂョウ）市，成都（チェンドゥ）市，重慶（チョンチン）市が，ベトナムではハノイ市の北東にあるバクザン省がそれぞれ登場する。内陸部に視線を向けたついでに，中国の首都である北京（ペキン）市がずいぶんと北にあることや，世界で最初に新型コロナウイルスの流行が勃発した武漢（ウーハン）市が沿岸部の上海（シャンハイ）市と内陸部の重慶市や成都市の間にある位置関係も確認しておきたい。

アジアの新しい自由貿易協定

　ところで，東アジアの貿易体制にとって 2020 年最大の出来事は，日本を含む 15 カ国が 11 月に地域的な包括的経済連携（Regional Comprehensive Economic Partnership Agreement，略して RCEP）と呼ばれる自由貿易協定（**No. 3-2-2** を参照）に署名をしたことであろう。ここでいう 15 カ国とは，ASEAN（**No. 3-2-2** を参照）に加盟する 10 カ国（ブルネイ，カンボジア，インドネシア，ラオス，マレーシア，ミャンマー，フィリピン，シンガポール，タイ，ベトナム）に，日本，中国，韓国，オーストラリア，ニュージーランドが加わった国々である。なお，インドは，当初交渉に参加していたが，2019 年 11 月に

233

RCEP の協定署名はテレビ会議で行われた（AFP＝時事）

離脱した。

RCEP は，日本が中国や韓国と初めて締結した自由貿易協定である。日本が中国に対して輸出する工業製品は，2020 年現在で 8% の品目しか関税が撤廃されていないが，今後約 20 年をかけて 86% の品目で関税を撤廃する。日本から韓国に輸出される工業製品の関税撤廃率も，2020 年現在の 19% から最終的に 92% となることが見込まれている。中国と韓国は，アメリカを含めて日本の最重要貿易相手国なので，日本にとって RCEP 締結の意義はきわめて大きい。

RCEP は，2012 年 4 月に交渉が開始されたので，最終的な締結までに 8 年以上を要したことになる。2010 年代になって保護貿易主義が台頭し，とくに米中貿易摩擦についてはコロナ禍がそれを加速した側面があるので，2020 年 11 月の RCEP 締結は，東アジア地域だけでなく，世界全体の貿易秩序にとっても大きな意味があったといえるであろう。

コロナ禍での「脱中国」とは……

2020 年初め，中国の武漢市で新型コロナウイルスの感染爆発が起きるやいなや，中国との貿易に大きく依存している国々は，中国からの輸出品が途絶えたことで国内の経済活動が窮地に陥った。そこで各国政府は，貿易政策において「脱中国」を最重要課題とした。日本政府も，日本企業に対して脱中国戦略を働きかけてきた。

しかし，そうした脱中国戦略は，なかなかうまくいかなかった。

No. 1-1-3 で見てきたように，コロナ禍に最初に見舞われた中国は，世界で最初にコロナ禍から脱出した。春には工場生産が再開し，経済活動が回復した。中国に進出している外国企業も，中国国内向けや，中国からの輸出向けに生産を拡大させた。たとえば，中国に進出している日本の自動車メーカー（トヨタ自動車や本田技研工業など）の中国工場は，9 月にこれまでで最高の月間生産台数を記録した。長い期間にわたって中国経済との結びつきの強かった個々の

企業にとっては，脱中国戦略どころか，中国依存をいっそう強める方が得策だったのである。中国依存を深めようとする日本企業は，「脱中国」を進めようとする日本政府と対立する局面もあった。

ヨーロッパの国々でも，「脱中国」を進めようとする政府と，中国との関係を深めようとする企業は，緊張関係に置かれることになった。たとえば，すでにロボットの生産工場を建設していたドイツのハーン・オートメーション社は，中国でのビジネス拡大をねらい今後数年にわたって工場を増設しようとしていた。しかし，そうしたハーン・オートメーション社の企業戦略は，中国経済への過度の依存から脱しようとするドイツ政府の政策と鋭く対立した。

むしろ，「脱中国」の試行は，コロナ禍以前からの長期的な取り組みのなかで徐々に結実しつつあった。**No. 3-2-4** の COLUMN や **No. 3-4-2** でグローバル・バリュー・チェーンについて見てきたように，アメリカのアップル社は，スマートフォン，タブレットパソコン，ノートパソコンなどの生産を台湾の鴻海（ホンハイ）精密工業に委託してきた。一方，鴻海精密工業は，中国内外から部品や素材を集めて，中国の深圳市，成都市，鄭州市，重慶市にある工場でアップル社の最終製品を組み立てて世界中に輸出してきた。

しかし，中国の労働市場が逼迫し賃金が高騰してきたところに米中貿易摩擦が激化したために，アップル製品の組み立て工場をベトナムに移す計画が着々と進められてきた。ベトナム政府は，過去10年，ハノイ市の北東にあるバクザン省に大規模な工業団地を建設してきたが，鴻海精密工業もバクザン省にアップル製品の組み立て工場を移管しようとしている。

ただし，最終製品の組み立て以外は，中国からベトナムへ速やかに移転することが困難であるとされている。最終製品の組み立てであれば，それまで利用してきた中国製の部品や素材をベトナムで輸入すれば従来の生産体制を維持できる。しかし，部品や素材そのものの製造には，工場を立地する区

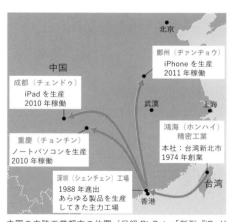

中国の内陸工業都市の位置（日経 BizGate「新型『iPad』一手に生産 『鴻海モデル』きしむ」をもとに作成）

台湾からベトナムの沿岸の特区

域に高度な人材や技術の蓄積が
必要であるが，バクザン省をは
じめとしたベトナムの工業都市
では人材と技術の集積が依然と
して乏しいのである。

香港をめぐる情勢の激変

　中国経済のグローバル化に関
わる問題としては，香港をめぐ
る経済・政治情勢も緊迫してい
た。香港では，2019年3月か

バクザン省の工業団地（2017年，新華社/アフロ）

ら大学生を中心とした民主化運動が活発になった。しかし，中国政府は，
2020年にかけて若者たちの抗議デモを鎮圧した。さらに，中国政府は，2020
年6月に香港特別行政区に対して国家安全維持法を制定した。国家安全維持
法では，香港の自治が著しく狭められるとともに，香港の人々の自由が厳しく
制限されることになった。その結果，香港という国際的な金融センターを根底
から支えてきた経済活動の自由が完全に失われたのである。

　中国政府は，香港に代わる大規模な金融センターを海南島に築こうとしてい
るが，かつての香港のような輝きを取り戻すのは難しいといわれている。中国
本土では，金融取引の自由や取引情報の保護などの国際的な金融センターに必
要不可欠となる制度基盤が致命的に欠如しているからである。これまで香港を

ベースに金融ビジネスを展開してきた銀行や証券会社の間では，東アジアでの拠点を東京やシンガポールに移転する動きが出てきている。貿易面では即座に「脱中国」とならなかったが，金融面では「脱香港」の動きが迅速なのかもしれない。

なんでもかんでもコロナ禍からなのか？

財・サービスのグローバル化については，コロナ禍だけを起点に見ていくと，情勢を大きく見誤ってしまうかもしれない。RCEP の締結も，2012 年からの交渉の積み重ねが，東アジアがコロナ禍に見舞われた年にたまたま結実した。貿易面での「脱中国」も，コロナ禍をきっかけに動き出した各国政府の貿易政策は目論見どおりに進まない一方，コロナ禍以前から何年もかけて準備してきた製品組み立て工場の移管計画の方は着実に実現しようとしている。香港をめぐる緊迫した情勢も，コロナ禍以前から進行していた。

No. 1-2-3 で見てきたように，日本経済についても，国際貿易の停滞がコロナ禍のせいとばかりはいえない。輸出や輸入は，2018 年後半から縮小し始めていた。むしろコロナ禍は，日本経済の課題をあぶり出したといった方がよいであろう。

はたして，東アジアにおける財・サービスや金融・資本のグローバル化について，コロナ禍があぶり出した本当の問題とは何だったのであろうか。

そこで，先ほど眺めた地図をもう一度見直してみよう。貿易や金融といった経済面に限っても，台湾からベトナムにかけての沿岸部では，中国と周辺各国の間で緊張が高まっている。日本やベトナムは，同地域で中国と領土問題も抱えている。今後の情勢次第では，中国と周辺各国との経済的な緊張が軍事的な衝突に発展する可能性さえ秘めているのである。

同地域がそうした深刻な経済的，軍事的な緊張を抱えているからこそ，RCEP のような中国を含めた自由貿易圏を構築して

香港　衝突する警察とデモ隊（2019 年 8 月 25 日，Studio Incendo）

いくことは非常に重要であろう。また，貿易面で真の「脱中国」を果たすためには，各国政府がコロナ禍で行ったような付け焼き刃の政策対応（十分な準備をすることなく中国以外の国にも製品や素材の輸入先を移すこと）などではなく，ベトナムをはじめとした東南アジアの国々において人材や技術を高いレベルで蓄積した工業都市を育てていくことが肝要であろう。東アジアにおける国際的な金融センターの構築についても，経済活動の自由を尊重する制度的な基盤を地道に整えていくことが不可欠となる。

　日本が上で述べてきたいくつもの分野でリーダーシップをとっていく必要性を，私たちがあらためて認識したことこそが，コロナ禍から得た真の教訓なのかもしれない。

—— No. 5-1-3 ——

コロナ禍と労働力のグローバル化
—— 外国人労働者の大量解雇と人手不足

➡ POINT　コロナ禍において外国人労働者に対する解雇と人手不足が
同時進行してきた実態を見ていくことにしよう。

外国人労働者の大量解雇と人手不足の同時進行

　新型コロナウイルスの日本国内での流行は，日本の労働市場が外国人労働者
に大きく依存していた実態を浮き彫りにした。一見すると不可思議なことなの
であるが，コロナ禍に見舞われた外国人労働市場では，大量の解雇と深刻な人
手不足というまったく反対方向の事態が同時に進行したのである。

　No. 3-1-4 で見てきたように，技能実習制度で日本に入国した外国人は，研
修とは名ばかりの単純な労働作業に従事していることが非常に多く，また雇い
主とは正式な雇用契約が結ばれていない。その結果，コロナ禍で勤務先の会社
や工場の業績が悪化するやいなや，技能実習制度で入国した外国人労働者がま
ずは「解雇」されたのである。ただし，この場合，雇用契約が正式に結ばれて
いなかったので，実態としては「解雇」であったが，制度上は「実習の中止」
となった。

　技能実習制度で入国した外国人労働者は，
入国前に予定していた業種や実習先からの
変更ができない。そのために実習が中止さ
れると本国に帰国するしか，原則，選択肢
がない。ところが，航空便が相次いで欠航
していて，帰国しようにも帰国できないの
が実態であった。後述するように，日本政
府は，2020 年 4 月，実習を打ち切られた
技能実習生に対して，人手不足の業種への
一時的な転職を認める特別な措置を実施し
た。

　日本政府は，かつて，不況で解雇された

群馬県大泉市の工場で働くインドネシア人労
働者（AFP＝時事）

外国人労働者に対して汚点といってもよい労働政策を実施したことがある。2007年から2008年にかけての**世界金融危機**（**No. 3-3-4** を参照）で日本国内の失業者数が増大したことから，失業者を減らすための政策手段として，失業した日系外国人労働者の帰国を促した。日本政府（正確には，厚生労働省）は，本国への帰国を希望する日系ブラジル人などの外国人労働者に対して，母国への帰国後は日本への再入国をしないことを前提に（より正確にいうと，将来の再入国に厳しい条件が付けられて），帰国支援金（1人当たり30万円，家族には1人当たり20万円）を支給した。この政策は，「日系人帰国支援事業」と称されていたが，結果として日本の労働市場から相当数の外国人労働者を追い出したことになった。その後，日本政府は，日本に再入国を促す声明を出したが，2010年代を通じて再入国をした日系外国人は多くなかった。

外国人労働者に頼る日本の農村

　一方，日本の農村では，外国人労働者の解雇ではなく，外国人労働者の人手不足が深刻な問題となった。日本の多くの農村は，毎年，春に技能実習生として外国人労働者を迎え入れ，収穫期が過ぎた年末に帰国してもらうという雇用サイクルを繰り返してきた。日本農業にとっては，技能実習制度で入国した外国人労働者が不可欠な存在だったのである。

　ところが，2019年末に本国に帰国した技能実習生は，2020年初めからの新型コロナウイルス流行のために春に日本に再入国することができなくなった。その結果，日本の農村は，途端に人手不足に陥ってしまったのである。とくに，群馬県や長野県で高原野菜を栽培していた農家は，例年，多数の技能実習生を受け入れていたことから外国人労働者の不足が深刻であった。

　日本政府（正確には，法務省）は，農業分野の人手不足への対応として，技能実習制度ですでに入国していた外国人労働者に対して，最長1年間に限って，業種や実習先の変更を認めた。その結果，実習先で解雇されたが帰国せずに日本に在留

キャベツを収穫する中国人技能実習生（群馬県嬬恋村，共同）

している外国人労働者には，新たな実習先として人手不足に悩む農家を選択する道が開けた。この特例措置には，技能実習制度から**特定技能資格（No. 3-1-4 を参照）**への移行も視野に入っていたといわれる。

外国人コミュニティでの集団感染

　新型コロナウイルスの流行は，外国人コミュニティに住む労働者や留学生が劣悪な居住環境に置かれている実態も浮き彫りにした。

　2020 年 10 月ごろから始まった 3 度目の感染拡大（**No. 1-1-3 を参照**）では，接待を伴う飲食店（歓楽街）や大学や高校などの課外活動とともに，外国人コミュニティにおいて新型コロナウイルスの集団感染が発生するようになった。その背景としては，狭い居住スペース，台所，トイレが少なくない人数で共有されていて，感染が起きやすい環境に置かれていたことがある。いくつかの新聞報道によると，狭い 1 部屋を 5 人から 6 人でシェアすることもめずらしくないそうである。

　外国人コミュニティの集団感染の発生のもう 1 つの理由として，外国人労働者や留学生が適切な感染予防情報から隔絶されていたことも指摘された。政府や都道府県が発信する感染予防情報は，難しい日本語で表現されていることが多く，日本に住む外国人に正確に伝わりにくかった。やや遅きに失した感があるが，厚生労働省は，2020 年 11 月になって感染予防に関する情報を，日本語の場合は，できるだけ平易に，できれば，日本語以外の多言語で情報発信をすることを関係する機関や団体に呼び掛けた。

アメリカ農業の外国人労働者不足

　ここで注意してほしいのであるが，不況による失業が外国人労働者に集中したこと，農業をはじめとする外国人労働者に大きく依存していた分野がコロナ禍で人手不足に陥ったこと，そして，外国人コミュニティで集団感染が多発したことは，何も日本に限ったことでなかったというところである。比較的単純な仕事に従事する外国人労働者に関わる深刻な問題は，多くの国々で起きていたのである。

　たとえば，アメリカのトランプ大統領（当時）は，2020 年 11 月 3 日の大統領選の投票を前にして，農業労働者の人手不足と賃金上昇に悩む農場経営者に対して便宜を図った。アメリカ政府は，その便宜のためにアメリカ国内の農業

労働者と外国からアメリカにやってきた農業労働者の両方に犠牲を強いるような移民政策の変更を行ったのである。

アメリカの農業分野の移民政策では，外国からの農業労働者がアメリカ国内の農業労働者の仕事を奪わないように，農場経営者はアメリカ国内の労働者と同水準の賃金で外国人労働者を雇わなければならなかった。ところが，アメリカ政府は，国内農業労働者の賃金は急上昇しているにもかかわらず，外国からやってきた農業労働者の賃金を2年間凍結することを発表したのである。その結果，メキシコをはじめとして中南米の国々からアメリカに入国するようになった農業労働者を，農場経営者は低い賃金で雇うことができるようになった。

もちろん，こうした移民政策の変更は，農場経営者にとって朗報であった。しかし，アメリカ国内の農業労働者は仕事を奪われ，仕事を得たければ，低賃金に甘んじなくてはならなくなった。外国からの農業労働者も，これまでよりも低い賃金を強いられた。バイデン新大統領は，2021年1月の就任後に農業分野の移民政策を元通りにするとされているが，そのために必要となる議会や行政の手続きには1年以上かかるといわれている。

外国人労働者も日本社会のステークホルダーの一員として

このようにコロナ禍において外国人労働者が経済的に不利益を被り，彼らの基本的な人権が尊重されてこなかった背景にはさまざまな要因があるが，非常に重要な要因として，民間の企業や事業主が比較的単純な仕事に従事する外国人労働者をステークホルダーの一員として認めてこなかったことがあげられる。No. 4-2-1で見てきたように，現在の民間企業は，広い範囲のステークホルダーに対して社会的な責任を負うことが求められている。企業の事業を根幹で支えている外国人労働者も，民間企業にとって必要不可欠なステークホルダーの一員として待遇が改善され，人権が尊重されるべきであろう。

残念ながら，日本社会では，外国人労働者が民間の企業や事業主にとって重要なステークホルダーであるという認識がまだまだ根付いていない。コロナ禍によってあぶり出された外国人労働者にとって深刻な問題は，日本の民間企業だけでなく，日本社会全体に対して，さまざまな外国人労働者を私たちの社会のステークホルダーとして認めていく必要性を危急の課題として突き付けたといえる。

ASSC 東京宣言

　ASSC（The Global Alliance for Sustainable Supply Chain の略，「維持可能なサプライチェーンを目指したグローバルな提携」の意味）の外国人労働者ラウンドテーブルは，その成果の一部として，2020 年 4 月に「外国人労働者の責任ある受入れに関する東京宣言 2020」（通称「ASSC 東京宣言 2020」）を発表した。本宣言は，ラウンドテーブルでの議論をもとに，日本で働く外国人の方々がいきいきと働ける環境を整備するための 13 の要件をとりまとめたものである。日本の諸制度を考慮しつつ，国際的な規範である「ダッカ宣言」や，IOM（国際移住機関）や ILO（国際労働機関）といった国際機関の規範や条文等についても最大限準拠するよう参照している。ASSC は，宣言内容の実現をめざすために，本宣言の普及に取り組むとともに，企業や政府，NPO/NGO との協働活動を進めている。

2020 年 4 月に発表された ASSC 東京宣言の表紙

コロナ禍への対応における公と私

—— 企業の社会的責任を通して

> **POINT** コロナ禍において企業が社会的責任を果たしていくためには，
> 公的な要請と私的な利益のバランスが重要であることを考えていこう。

コロナ禍と社会の不平等

　2020年2月より新型コロナウイルスが世界的に流行し始めたとき，この恐ろしい疫病が人間社会に甚大な損害をもたらすと同時に，これまで経済のグローバル化と同時に進行してきた社会の不平等化の流れを食い止めるのではないかという見通しが多くの人々に共有されていた。

　新型コロナウイルスのパンデミックは，大量の失業者を生み出し，多くの人々の所得を奪うことが容易に予想された。同時に，経済活動が停滞することによって土地，株式，債券の価値が暴落して，そうした資産を独占してきた富裕層に壊滅的な損失をもたらすと考えられたのである。また，いずれの国でも，大規模な感染対策に要する莫大な費用は富裕層に対する重税によってまかなわれると予想された。さらに疫病が過ぎ去った後には，数多くの労働者の感染死で極端な労働力不足が生じて，賃金が急上昇する可能性も指摘されていた。

　確かに，疫病や戦争などの社会混乱で経済社会の平等化がかえって進行したという事例は，過去の歴史のなかにも見出すことができる。たとえば，**No. 1-1-2** で紹介したように，アメリカや日本の社会における上位1％の人々は，戦前（第2次世界大戦以前，**No. 1-2-1** の COLUMN を参照）には経済全体の所得のかなりを独占していたが，戦争中には平等化が急速に進んだ。さらに古い事例としては，14世紀にヨーロッパで猛威を振るったペスト禍によって多くの農民や職人の命が奪われたが，ペスト禍が過ぎ去った15世紀前半には深刻な人手不足から賃金が急騰したのである。

　No. 1-1-3 や **No. 1-2-3** で見てきたように，確かに，コロナ禍で各国の経済活動は大きく停滞し，大量の失業が生じた。また，**No. 5-1-1** で見てきたように，2020年2月から3月にかけて各国の株式市場では株価が下落した。しかし，4月以降は，アメリカの株式市場を中心として，株価は急テンポで回復し

絵画『死の勝利』（ピーテル・ブリューゲル，1562 年）には，社会に壊滅的な打撃を与えた疫病と戦争がヨーロッパ人の想像力に残した強烈な印象が描き出されている（アフロ）

た。また，膨れ上がっていく経済政策の財政負担についても，富裕層や高所得者層に対する重税でまかなうという議論が表立ってなされることはなかった。すなわち，コロナ禍は，下位 99％ に災いをもたらしたが，上位 1％ にはそうでもなかったのである。

　しかしながら，コロナ禍で社会の平等化がただちに進展するという見込みは大きく間違っていたというものの，コロナ禍に見舞われた人間社会は，これまで私的な欲求を原動力として進行してきた経済のグローバル化についてかなり異なった見方をするようになったのかもしれない。私たちは，経済のグローバル化においても，政府や地方自治体などが実施する政策のような公的な枠組みと，民間企業や個人などが展開する事業活動のような私的な取り組みとのバランスを考え直すようになったのではないであろうか。

　公と私のバランスといった課題は私たちの社会にとってとてつもなく重い宿題なのであって，この短い項で系統的に論じることなど到底できない。そこで以下では，第 4-2 節で見てきたように，経済のグローバル化においても重視されるようになった企業の社会的責任を主軸にしながら，公と私のバランスを考えていくことにしよう。すでに **No. 5-1-3** で論じてきたように，コロナ禍は，外国人労働者に対する企業の社会的責任をあらためて考える重要な契機となった。私たちの社会は，それ以外のさまざまな分野においても，コロナ禍

を契機に企業の社会的責任を考えざるをえないような事態に直面してきたのである。

感染対策の現場から

　各国が展開してきた新型コロナウイルスの感染対策を注意深く見ていくと，医療システムについても，政府や地方自治体などの公的な主体が担っていくべきなのか，民間企業などの私的な主体に委ねるべきなのかが根本的に問われてきたことがよくわかる。

　イタリアでは，1990年代以降，**医療システムの民営化**が推進されてきた。その結果，収益性の高い高度先進医療にヒトとカネが投入され，先端的な治療が実践できる民間医療施設が充実してきた。一方，感染症の流行は決して頻繁に起きることがないので，パンデミックに有効に対応できる医療施設は，病院経営を圧迫する元凶として切り捨てられてきた。その結果，イタリアの医療システムは，感染症の流行に対してきわめて脆弱なものとなったのである。

　ヨーロッパでも新型コロナウイルスの流行が最も深刻だった地域は，イタリア北部のミラノ市を州都とするロンバルディア州であった。ロンバルディア州は，ヨーロッパのなかでも最も豊かな地域の１つであり，高度先進医療に対応できる民間病院が充実していた。こうした豊かな地域において感染が深刻であったのも，過去四半世紀に展開されてきた医療システムの民営化で感染対策がなおざりにされてきたからだといわれている。

　一方，日本も，医療システムの民営化が推進されてきたにもかかわらず，少なくとも2020年11月まではアメリカやヨーロッパに比べると感染対策が有効に展開されてきた。その要因の１つとして，都道府県，主要な都市，政令指定都市の区に設置されている**保健所**が重要な役割を果たしてきたといわれている。

　保健所は，そもそも，感染力の高い結核を予防する

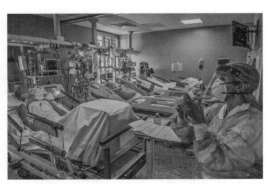

イタリア北部ロンバルディア州ブレシアにある病院の集中治療室
（ABACA PRESS/時事通信フォト）

ために設置された公的な医療機関である。結核はワクチンの普及や治療薬の開発で流行が下火になったが，近年，再び流行する兆しが見えていた。そのために全国の保健所施設は，規模を縮小しながらも，かろうじて維持されてきたのである。

　保健所が結核予防を通して培ってきた重要な予防手法には，**クラスター対策**がある。クラスター対策は，感染の初期段階で感染をもたらした人々や感染を受けた人々を丹念に追跡し，感染拡大を早期に封じ込めることを目的としている。このクラスター対策が，新型コロナウイルスの流行を早い段階で封じ込めることに寄与してきた。クラスター対策に相当するような感染対策は，ドイツ以外のヨーロッパの国々で存在していないといわれている。ただし，感染範囲がきわめて広域になると，クラスター対策は効果が限定的であるとされている。

　クラスター対策では，社会において感染を予防するという公的なミッションと，感染者個人のプライバシーを守るという私的な権利の尊重との間で微妙なバランスを保つ必要があって，民間企業などの私的な主体が担うことが非常に難しい。一方，日本の保健所という公的な機関は，感染対策における公的な要請と私的な権利の両立を可能にした。もっとも，新たな感染対策のために意図的に保健所が維持されてきたというよりも，かろうじて保健所が残っていたという方が適切なのであろう。

ワクチン開発の現場から

　No. 5-1-1 でも言及したような新型コロナウイルスのワクチン開発は，まさに民間の製薬メーカーが社会課題に果敢に取り組んできた重要な事例といえる。しかし，民間企業が自力でワクチン開発をしてきたわけではない。民間製薬メーカーによるワクチン開発の背景を見ていくと，国家が民間企業に大規模な支援を行ってきたことは明白である。

　たとえば，アメリカ政府は，とりわけ新興の製薬メーカーに対して莫大な研究開発費用を助成してきた。また，ワクチン開発に取り組む企業に対しては，開発に成功した折には，高価格で大量にワクチンを買い入れることも前もって約束していた。さらにアメリカ政府は，政府が買い入れたワクチンの副作用で接種者に甚大な被害が生じた場合にも，民間製薬メーカーの法的な責任を免じて，代わりに損害賠償を負担するとされている。

　日本政府も，開発に取り組んでいる海外の製薬メーカーに対して，高価格で

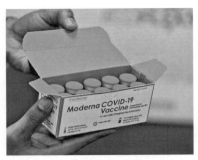
米製薬メーカー（モデルナ）の新型コロナウイル
ス・ワクチン（Sipa USA/時事通信フォト）

大量のワクチンを買い入れることを前もって約束していた。また，日本政府が買い入れたワクチンの副作用で生じた損害賠償についても，日本の法制度の関係で民間製薬メーカーの法的な責任を免じることが難しいものの，製薬メーカーに代わって損害賠償費用を負担することを決定した。

こうして見てくると，民間企業が自力で実現したように見えるワクチン開発も，実のところ，各国の政府の莫大な支援にしっかりと支えられてきたことになる。そうした公的な支援に支えられた製薬事業で生じた莫大な利益は，どこまでが民間企業のもので，どこからが社会に還元すべきものなのかはにわかに判断できないであろう。

とりわけ，民間製薬メーカーから高額で大量のワクチンを買い入れる余裕も，ワクチンの副作用による損害賠償費用を肩代わりする余裕もない途上国に対して，どのようにしてワクチンを供給していくのかは国際社会にとって非常に難しい課題であろう。その際には，ワクチン開発に成功した民間製薬メーカーにも，しかるべき費用負担が求められる可能性が十分にある。

環境問題への覚醒

コロナ禍にあって 2020 年 9 月に就任した菅義偉総理大臣も，2021 年 1 月に就任したバイデン大統領も，地球温暖化対策をはじめとした環境政策を重要な政策課題と位置付けた。とくに，アメリカでは，トランプ政権が環境政策を軽視してきたことから非常に大きな政策転換といえる。第 4-2 節で見てきたように，環境問題は，政府にとって重要な政策課題であるとともに，民間企業にとっても社会的責任を果たすべき課題である。環境問題は，まさに公と私が交錯する課題ともいえる。

実のところ，コロナ禍は，私たちの社会が環境問題に覚醒するきっかけとなったのかもしれない。中国やインドは，以前から大気汚染がきわめて深刻であった。しかし，感染対策のためにロックダウン（都市封鎖）が両国で実施され，国内の経済活動が停止されるやいなや，大気汚染が一時的に解消したのである。

コロナ禍で大気が改善したインドの首都ニューデリー（ゲッティ＝共同）

2020年1月下旬から4月上旬までロックダウンを実施した中国にも，3月下旬から10月中旬まで実施したインドにも，多くの都市には青い空が戻ってきた。もちろん，ロックダウンが解除され経済活動が再開されると，大気汚染が再び深刻になった。こうした経験は，大気汚染という環境問題がまさに人間の経済活動によってもたらされていることを世界の人々に見せつけたのである。

　コロナ禍と大気汚染については，いっそう深刻な関係もある。新型コロナウイルスは肺にひどい炎症をもたらす可能性があるが，長年の大気汚染で肺機能が低下した人々は，新型コロナウイルスに感染しやすく，感染すると重篤化しやすいことが指摘された。仮にこの指摘が正しいとすると，大気汚染が新型コロナウイルスのパンデミックをより深刻なものにしたことになる。

経済のグローバル化の行方

　経済のグローバル化というと，私的な欲求だけを目的とした経済活動の帰結のように理解されることが多い。経済のグローバル化に対してしばしば異議申し立てがなされるのも，私的な経済活動の行き過ぎに深い懸念が持たれるからであろう。

　そうした激しい批判にもかかわらず，経済のグローバル化の流れは今後も止まることもないし，コロナ禍が経済のグローバル化を頓挫させることもないであろう。しかし，経済のグローバル化の果実をより広範な人々が享受しつつ，グローバル化の弊害を最小限にするためには，私的な利益だけを優先していても決して埒が明かないのも事実である。私たちが公的で社会的な要請と私的で個人的な利益の両立を図っていく努力を継続していけるかどうかにこそ，経済のグローバル化の成否がかかっているのだと思う。

おわりに

　この教科書の原稿を有斐閣に入稿し，編集者の渡部一樹さんと一緒に編集作業に入ってしばらくして，渡部さんから「高校生でも読めるような**経済学の参考文献**もあげてもらえませんか？」といわれた。そこで，私ははたと考え込んでしまったのである。

　確かに，第2章に関連するミクロ経済学やマクロ経済学の入門書であれば，優れたものがたくさんある。しかし，それでは，第2章がはたしてミクロ経済学やマクロ経済学の入門書を焼き直したものかというと，ずいぶんと違うのである。「グローバル経済」の学習指導要領[1]から本書の第2章「市場と経済」にあたる部分の一部を引用してみよう。なお，下線は，私が付した。

　　ここでは，科目の目標を踏まえ，市場の役割と課題，経済成長など市場と経済に関する知識などを基盤として，市場と経済の動向，経済に関する理論など科学的な根拠に基づいて，ビジネスの展開について，組織の一員としての役割を果たすことができるようにすることをねらいとしている。

　第3章の「グローバル化の動向・課題」は，ヒト，モノ，カネ，情報の国境を越えた経済活動を分析する経済学に関連するように見えて，学習指導要領が求めていることは，国際貿易論や国際金融論の入門書の焼き直しというわけではない。たとえば，「金融と資本のグローバル化」には以下のような記載がある。

　　ここでは，金融のグローバル化の動向とそれに伴う課題及び国際資本移動の現状・課題について扱い，経済社会における具体的な事例と関連付けて分析し，考察する学習活動を取り入れる。また，日本における金融と資本に関する課題について扱い，経済のグローバル化と関連付けて分析し，考察する

1　文部科学省「高等学校学習指導要領（平成30年告示）解説　商業編」（2018年7月）。

学習活動を取り入れる。さらに，外国為替の仕組み，外国為替相場が変動する要因と貿易への影響，日本における外国為替相場の現状及び為替リスクに対する企業の対応策について扱う。

第4章の「企業活動のグローバル化」に至っては，大学で講じられている経済学の枠組みを大きく超えている。

　ここでは，企業が地球規模で経済を俯瞰し直接的，間接的に世界の市場と関わりをもってビジネスを展開していることについて扱い，具体的な事例と関連付けて分析し，考察する学習活動及び世界と関わりをもってビジネスを展開することを想定し，地域の資源をビジネスに役立てる方策などを考案するとともに，地域や産業界等に提案し，改善を図る学習活動を取り入れる。また，ビジネスを展開する際にグローバル・スタンダードを踏まえることの意義と課題について扱い，具体的な事例と関連付けて分析し，考察する学習活動を取り入れる。

　もちろん，大学で講じられているさまざまな経済学も，最終的には，「経済社会における具体的な事例」を科学的に解釈できる基盤を提供するとともに，経済社会を生き抜く個人として，あるいは，グローバル化する経済における企業や政府などの組織の一員として，直面する課題を解決する能力を身に着けることが目標である。しかし，大学の経済学の講義において，そうした崇高な最終目標を掲げることなどまずはしない。

　経済学の理解に不可欠な数学，統計学，外国語を習得しながら，経済学を一歩一歩学び続けた先には，あるいは，そうした崇高な最終目標に達することができるのかもしれない。しかし，私を含めて多くの人々には，高校や大学を出て社会人になってからも忍耐強く経済学を学びながらも，崇高な最終目標にほんの少し近づくことが精一杯なのではないであろうか。

　要するに，「グローバル経済」の学習指導要領は，非常にすばらしいのであるが，大変にせっかちなのである。もしかすると，他の科目の学習指導要領でも，そうしたせっかちなところがあるのかもしれない。そうであるとすると，日本の教育がうまくいかない一因は，あまりにもことを急ぎすぎているところにあるのかもしれない。"Hurry slowly" の「ゆっくり」の方も大切にすれば

と思わないでもない。

　当初，ある出版社の検定教科書プロジェクトで学習指導要領にそって「グローバル経済」の教科書を執筆していたときも，正直なところ，「こんなこと，書けるわけなどないじゃないか」と思うこともあった。結局，私が執筆したものは，文部科学省どころか，教科書出版社の「検定」にも通過しなかった。しかし，それがかえってよかったように思う。検定教科書の枠組みから解放されるやいなや居直ることができた私は，皮肉なことでもあったが，学習指導要領の趣旨を深いところで活かすことができたように思う。

　実をいうと，最初に「グローバル経済」という科目の話を聞いたときは，「商業高校の生徒たちをグローバル化の先兵とするための科目かもしれない」とうがって考えていた。しかし，学習指導要領を隅から隅まで読んでいくと，私の考えがまったく間違っていたことがわかった。大学の経済学ではほとんど取り扱われないけれども，非常に大切な項目が次から次に出てくるのである。第1章では，いきなりグローバル化する経済における格差拡大の問題を取り扱うように指示がある。第2章では，公正な競争を実現するための行政組織である公正取引委員会，労働委員会，証券取引等監視委員会の説明に紙幅を費やさなければならない。第3章では，ヒト，モノ，カネ，情報のグローバル化について，「光」ばかりでなく，「影」にも焦点を当てる必要がある。第4章では，企業の社会的責任と多様な価値の尊重を主軸に企業の国際競争を論じなければならない。だからこそ，学習指導要領にはなかった第5章でも，グローバル経済とコロナ禍のトピックスが第1章から第4章の格好のケース・スタディになったのである。

　私は，これまで慣れ親しんできた経済学の教育体系にあまりこだわらないようにした。もちろん，経済学を無視して執筆してきたわけではないが，経済学を表に登場させることはできるだけ控えた。また，自分が専門とするマクロ経済学や金融論という狭い分野に限っていえば，若い人を引き付けるような鮮やかな実際の事例を引くこともできるのであろうが，この学習指導要領が求める経済のグローバル化の広範な分野について，そのような事例を紹介することは不可能である。そこで，経済のグローバル化の当たり前の風景を紹介することに努めた。したがって，この教科書で取り扱っていることに対応するような**経済学の参考文献**を紹介することは，大変に難しいのである。

　それでも，「そこをなんとか……」と寡黙な渡部さんがいいたそうでもあっ

たので，1点だけ紹介したい。残念ながら日本語ではなく，英語なのであるが，欧米の経済学者のグループが Core Project というオンライン教科書の編集事業を展開し，以下の URL に無料で教科書を公開している。

https://www.core-econ.org/

このオンライン教科書には，初学者がグローバル経済を学んでいくうえで必要な理論やデータがふんだんに盛り込まれている。そのウェブページには，コロナ禍に関する分析も数多く紹介されている。私がこの教科書を執筆する際にも，Core のオンライン教科書をしばしば参考にさせてもらった。読者の方々には，英語だからと敬遠せずに，ぜひとも，このオンライン教科書をのぞいてほしい。

　この教科書を執筆する過程では多くの方々にお世話になった。とくに，青木玲子，安達貴教，井伊雅子，岩村充，大竹文雄，岡本正，金田光夫，齊藤肇，神事直人，中村光夫，楡井誠，町北朋洋，森口千晶，山本庸平，横山和輝，李智雄の各氏には（50 音順），拙稿に対して貴重なコメントや温かい励ましをいただいた。また，第 4-3 節の執筆では，荏原製作所，オリエンタルモーター，花王，鍋屋バイテック，ハーモニック・ドライブ・システムズ，三井住友信託銀行の企業の方々に（50 音順），御多忙にもかかわらず取材の機会をいただいた。また，本書の執筆中に訪れた掛川西高校，時習館高校，岡崎北高校，河合塾名古屋校では（訪問順），この教科書の内容の一部を用いながら講義をさせてもらった。有斐閣の渡部一樹さんには，いつもながらの慎重で丁寧な編集を行っていただいた。堀由佳里さん（デザイナー），山口みつ子さん（イラストレーター），嶋田千春さん（有斐閣）は，本書を柔らかな表情の本に仕上げてくれた。ここに，深く感謝申し上げたい。

2020 年 12 月 12 日

齊藤　誠

索引

INDEX

INDEX

259

著者紹介

名古屋大学大学院経済学研究科教授

1960年生まれ。1983年,京都大学経済学部卒業,1992年,マサチューセッツ工科大学大学院博士課程修了(Ph.D.)。1983年,住友信託銀行入社。ブリティッシュ・コロンビア大学経済学部助教授,京都大学経済学部助教授,大阪大学大学院経済学研究科助教授,一橋大学大学院経済学研究科教授を経て,2019年より現職。2007年,日本経済学会・石川賞受賞,2014年春,紫綬褒章受章。

(さいとう　まこと)
齊藤　誠

主な著作に,『金融技術の考え方・使い方』(有斐閣,2000年,日経・経済図書文化賞),『新しいマクロ経済学(新版)』(有斐閣,2006年),『資産価格とマクロ経済』(日本経済新聞出版社,2007年,毎日新聞社エコノミスト賞),『原発危機の経済学』(日本評論社,2011年,石橋湛山賞),『父が息子に語るマクロ経済学』(勁草書房,2014年),『震災復興の政治経済学』(日本評論社,2015年),『マクロ経済学(新版)』(共著,有斐閣,2016年),『経済学私小説〈定常〉の中の豊かさ』(日経BP社,2016年),『危機の領域』(勁草書房,2018年)など。

教養としてのグローバル経済
—— 新しい時代を生き抜く力を培うために
FRESH AND FRIENDLY GUIDANCE ON THE GLOBAL ECONOMY

2021年5月30日　初版第1刷発行
2023年5月15日　初版第2刷発行

著者　　　齊藤　誠
発行者　　江草貞治
発行所　　株式会社 有斐閣
　　　　　郵便番号　101-0051
　　　　　東京都千代田区神田神保町2-17
　　　　　https://www.yuhikaku.co.jp/

デザイン　　堀 由佳里
本文イラスト　山口みつ子
印刷　　　大日本法令印刷株式会社
製本　　　牧製本印刷株式会社

©2021, Makoto Saito. Printed in Japan